ベーシック
コーパス言語学

第2版

石川慎一郎 ［著］

A Basic Guide
to Corpus Linguistics

ひつじ書房

まえがき

　コーパス言語学とは、電子化された大規模な言語テキストの集成体である
コーパスに基づき、コンピュータを駆使して、主として実証的観点から言語
の諸特性を観察・調査・記述・分析する研究実践の総称です。コーパス言語
学は、言語に対する新しい見方をもたらすアプローチとして、言語学や応用
言語学はもとより、テキスト分析・文体論・言語教育・自然言語処理などの
関連分野に大きな影響を与えています。

　もっとも、コーパス言語学の歴史は決して長いものではありません。英語
において 1 億語超の大型コーパスが公開されたのは 1990 年代のことで、同
規模の日本語コーパスが公開されたのはつい最近です。コーパス言語学は、
多様な言語研究の中でもとりわけ若い学問であると言えます。このため、
「コーパス言語学」の射程や学問としての自立性、また、その目的論や方法
論についてはいまなお議論が続いていますが、若い学問であるがゆえに、既
存の枠組みにとらわれない自由な研究が可能になるという面もあります。

　本書は、言語に関心を持ち、コーパス言語学をはじめて学ぼうとする読者
を念頭に書かれたものです。限られた紙幅ではありますが、日進月歩で発展
しているコーパス言語学の最新動向をできる限り広く取りこみながら、当該
分野の基本的な理念や考え方を平易に説明することを目指しました。

　齋藤他（2005）や、荻野・田野村（編）（2011）のシリーズなど、英語コーパ
スや日本語コーパスについてはすでにすぐれた邦文の解説書が存在します
が、コーパス言語学全体をコンパクトに俯瞰する入門書として、本書が我が
国におけるコーパス研究のさらなる普及の一助になれば望外の喜びです。読
者におかれては、本書を通してコーパス言語学の豊かな可能性に触れていた
だき、各自の関心を活かしながら、多様なコーパス研究を創出していただき
たいと思います。

　本書は英語と日本語の両方を扱っていますが、英語畑出身の筆者が不十分

ながらも日本語に言及し得たのは、日本語学分野の多くの先生方のご教示の
おかげです。とくに、国立国語研究所で研鑽する機会をお与えくださった前
川喜久雄・山崎誠・プラシャント＝パルデシの各先生、研究会の場でコーパ
スに基づく日本語辞書編纂法について学ぶ機会をお与えくださった荻野綱男
先生、ご著書やご論文を通して日本語コーパス研究の基本的な枠組みについ
て多くを学ばせていただいた田野村忠温先生に厚く御礼申し上げます。

　あわせて、本書の草稿の一部にお目通しをいただき、貴重なご指摘・ご指
導を賜った井上永幸・内田諭・荻野綱男・柏野和佳子・杉森直樹・高見敏
子・田中省作・前田忠彦・宮崎佳典・李在鎬の諸先生方、また、草稿を使用
した授業の場で鋭い質問やコメントを寄せてくれた神戸大学大学院の学生諸
君、さらに、本書をより良いものにするための努力を惜しまれなかったひつ
じ書房の皆様に厚く御礼申し上げます。

2012 年 3 月

石川　慎一郎

重版にあたって

　2012 年の初版刊行以来、本書は、コーパス言語学の入門書として、幅広
い読者にお読みいただいてきました。しかし、初版から約 10 年が経過する
中で、各種のコーパスの整備が進み、新しい検索技術や分析手法も提唱さ
れ、コーパス言語学は大きな発展を遂げました。

　たとえば、初版で 32 億語と紹介していた「enTenTen」という英語コーパ
スのサイズは、現在、150 億語を超えています。また、日本語では、新た
に、800 万語を超える「多言語母語の日本語学習者横断コーパス」が公開さ
れました。コーパスの拡充や分析技術の進化は新しい研究の原動力となり、
言語に対する我々の理解をさらに深めてくれるでしょう。

　こうした変化を反映すべく、重版にあたり、記述が古くなった箇所を改
め、最近の研究に関する情報を増補することとしました。本書がこれからも
多くの読者に読まれ、コーパス言語学の理念や手法がさらに広く普及してい

くことを願っています。　　　　　（2021 年 3 月　著者記す）

目次

第 1 章　コーパス言語学への招待

1.1　コーパス言語学を学ぶ意義

　言語学にはさまざまな研究分野が存在しますが、その中で、とくに「コーパス言語学」を学ぶことにはどのような意味があるのでしょうか。

■コーパス言語学の重要性

　言語研究や言語教育に関わる多くの領域において、コーパス言語学の重要性が広く認識されるようになっています。コーパス言語学とは、電子化された言語テキストの集成体であるコーパスに基づき、主として実証的観点から言語の諸特性を観察・調査・記述・分析する研究実践の総称であり、コンピュータを駆使して大規模な言語データを処理することにより、人間の目だけでは検知できない言語の特性やパタンを解明することが可能になります。

　もっとも、内省の働かない外国語の研究ならともかく、母語の研究であればあえてコーパスを見る必要はないという考え方もあるでしょう。しかし、実際には、母語話者であってもわからないことは少なくありません。とくに、個別的な語法や語用についての母語話者の内省はかなり不安定です。

■コーパスでわかること

　ここでは、一例として、類義の畳語である「サマザマな」と「イロイロな」の表記の問題を考えてみましょう。これらを表記するには漢字(「様々な」「色々な」)と仮名(「さまざまな」「いろいろな」)の両方がありえますが、現代日本語において一般的な表記は果たしてどちらでしょうか。また、意味

を同じくする 2 語の間に漢字・仮名率の違いはあるのでしょうか。

　表記の問題は、従来の言語学では表層的・周縁的なものとされ、ほとんど扱われてきませんでした。しかし、改めてこのように問われてみると、母語話者であってもなかなか判断が定まらないことに気が付くはずです。判断の目安を求めて辞書に手を伸ばしたとしても、辞書の見出し語は仮名表記で統一されているため、表記の優先性についての情報は見つけられません。

　しかし、手元にコーパスがあれば、2 種の表記に関して頻度を根拠とした明確な指針を得ることができます。2011 年に完成した「現代日本語書き言葉均衡コーパス」で各々の頻度を調べると、次のようになっています。

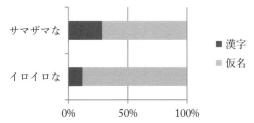

図 1　「サマザマな」と「イロイロな」の漢字・仮名表記構成比

　頻度調査の結果、いずれも仮名表記が標準であるものの、「サマザマな」の漢字率は「イロイロな」の 2 倍以上になることが明らかになりました。意味や機能が類似した 2 語の表記にこのような差があるのは興味深い事実と言えます。

　以上の結果は、皆さんの事前の予想とどの程度合致していたでしょうか。筆者自身の予想を言えば、最近は公用文などで仮名表記が推奨されていることから（廣瀬, 1989, p.66）、仮名表記が多いであろうことは予想していましたが、2 語の漢字率に差があることはまったく予想していませんでした。

　コーパスで得られる言語事実は、多くの場合、新たな問いの入り口となるものです。たとえば、今回の例で言うと、他の畳語の表記はどうなのか、後続助詞による影響はあるのか、テキストのジャンル差はあるのか、書き手の年齢は影響しているのか、時代の流れの中でどう変化しているのか、頻度の影響はあるのかといった膨大な疑問が湧きあがってくるはずです。これらの

疑問はいずれもコーパス言語学の興味深い研究テーマとなることでしょう。

■コーパスから広がる言語研究

　このように、コーパスは、外国語であれ、母語であれ、それまで当たり前だと思って見逃していた言語の種々の問題に気付くきっかけを与えてくれます。コーパス言語学を学ぶ最大の意義は、何らかの既存の言語理論や言語モデルを学ぶことよりも、むしろ、言語に対する新しい見方を体得し、自らの手で自由に言語を調査・研究する基礎力をつける点にあると言えます。

1.2　コーパス言語学の方向性

　コーパス言語学には、大きく分けて2つの研究の方向性があります。これらを理解することがコーパス言語学全般を理解する上で不可欠です。

■2つの方向性

　コーパス分析を中核とする言語研究を一般に「コーパス言語学」と総称します（2.2.5節）。コーパス言語学は、通例、自由な視点に基づく言語観察と多様な言語研究分野の横断を志向します。

　コーパス言語学では、特定の言語理論を前提とするのではなく、先入観にとらわれない白紙の状態で言語データを観察することが重視されます。固有の枠組みに束縛されることなく、自由な観点でデータを調査・分析することで、言語の特性に関する思いがけない発見をなすことが可能になります。

　また、コーパス言語学は、それ自身で完結する閉じた学問体系であるというよりも、さまざまな言語研究分野とゆるやかに連関する学際的な研究分野であると言えます。コーパス言語学では、理論的な言語分析と実践的な言語調査が、人文学的な研究アプローチと自然科学的な研究アプローチが、質的な分析と量的な分析が、それぞれ有機的に融合されます。また、コーパス言語学は、言語研究と言語教育をつなぐ上でも大きな役割を果たします。このように、異なる要素が出会い、衝突し、融合される過程で生じるダイナミズムがコーパス言語学の発展の原動力となっています。

　言語学にはさまざまな分野がありますが、言語データの精緻な観察を基盤とし、他の研究分野との自由な連携を志向するコーパス言語学は、言語学の「混成的な場」(heterogeneous field) (McEnery & Hardie, 2012, p.1) であり、言語を学ぶ入口として最適なものです。コーパスを検索し、言語の諸特性を調べ、その生起のメカニズムを考えることは、言語研究全般の基礎的なトレーニングとなり、将来の言語理論研究への自然な導入となるでしょう。

1.3　本書の射程と構成

　以下では、本書で扱う内容とその構成、および、各章の関係について簡単にまとめておきます。

■本書の射程

　前節で述べたように、コーパス言語学は、自由な言語観察と多様な研究分野との連携というユニークな特性を持つため、研究の裾野がきわめて広く、輪郭を厳密に定めて全体像を描ききることは容易ではありません。そこで、本書では、コーパス言語学がカバーしうる広範な領域の中でも、中核的な部分に絞って概観してゆくこととします。

　対象言語としては、英語と日本語を取り上げることとします。従来、コーパス言語学は、大型コーパスが数多く整備されている英語を中心に進展してきましたが、2011 年に日本語初の大型コーパスが公開されるなど、日本語コーパス研究の基盤も急速に整っています。こうした状況をふまえ、本書では、可能な限り、英語コーパス研究と日本語コーパス研究を並列的に扱っていきます。従来、英語学と日本語学の交流は必ずしも盛んではありませんでしたが、学際性を旨とするコーパス言語学を媒介として、データに基づく多言語の対照研究・比較研究の深化が期待されるところです。

■本書の構成

　英語であれ日本語であれ、コーパス言語学を初めて学ぼうとする場合、まず必要となるのは、コーパスおよびコーパス検索に関わる知識と、コーパス

を用いた言語研究に関わる知識の 2 種類であると思われます。

　そこで、本書は全体を 2 部に分け、第 1 部「コーパス研究の基礎」(第 2 〜 6 章)では、コーパスの概要と検索に関わる内容を扱います。これにより、読者はコーパス言語学の枠組みやコーパス研究に不可欠な検索技術を学ぶことができます。その後、第 2 部「コーパス研究の展開」(第 7 〜 10 章)では、語彙・語法・文法・学習者の 4 点を取り上げ、コーパス研究によって明らかにされた知見を整理し、今後の研究の進め方について触れます。これにより、読者はコーパスを切り口として言語研究を進めてゆく際の手順を学べます。

　以下では、第 1 部、第 2 部を構成する各章の内容を簡単に整理しておきます。なお、本書では、各章の冒頭に「本章の概要」というセクションを置き、その章で学ぶ内容を整理しています。その後、具体的な中身について論じた後、章末には「本章のまとめ」と「発展課題」という 2 つのセクションを置き、学んだ内容を復習し、さらに学びを深められるよう配慮しています。

■第 1 部「コーパス研究の基礎」

　第 2 章「コーパスとはなにか」では、コーパス言語学の中核をなすコーパスがいかなるものであるのかを考えます。最初に辞書や研究者による定義を比較したあと、コーパスの成立に重要となる 5 つの要件を取り上げて詳しく見ていきます。

　第 3 章「さまざまなコーパス」では、コーパスの分類論について整理した後、これまでに開発されてきた英語と日本語の主要コーパスについて紹介します。

　第 4 章「コーパスの作成」では、研究者が独自に小規模なコーパスを作る場合を念頭に置いて、コーパスデータの収集、電子化、アノテーション(情報付与)の 3 つのステップについて具体的な方法論を論じます。小規模であっても、コーパスを自作してみることで、コーパスの性質をより深く理解することができます。

　第 5 章「コーパス検索の技術」では、コーパス言語学と表裏一体をなす

基本的なコーパス検索技術として、コンコーダンス検索やコロケーション検索などを紹介します。

　第6章「コーパス頻度の処理」では、単語頻度をはじめ、コーパスから得られた各種の計量情報を扱う方法について概説します。まず、頻度の調整手法について整理した後、頻度差を検証する仮説検定、コロケーションなどの共起現象を分析するための指標について紹介します。

■第2部「コーパス研究の実践」

　第2部ではコーパス研究の実践に入っていきます。第2部の各章は、「研究の目指すもの」「先行研究」「英語分析実例」「日本語分析実例」という4つのセクションから構成されています。

　「研究の目指すもの」では、当該分野の研究の前提となる基礎概念を説明します。「先行研究」では、英語と日本語に分けて、当該分野の先行研究を紹介します。コーパス言語学は実践の学であり、実際の研究を多く知ることでコーパス研究への理解を深めることができるでしょう。

　「英語分析実例」と「日本語分析実例」では、身近なトピックを取り上げ、コーパス分析の手順例を示します。コーパス研究にはさまざまな進め方がありますが、本書では、応用言語学の代表的な研究手順に倣い、事前にいくつかのリサーチクエスチョンを用意し、簡単な仮説なり予測なりを立てた上で、それらを検証していく形で分析を進めます。入門書という性質をふまえ、本書で紹介する分析実例はデータの処理・分析ともにごく簡易なレベルにとどめており、紙幅の制約からコーパス実例の紹介も原則として省略していますので、本調査に先立つ予備調査の一例としてご覧ください。コーパス言語学では、多くの場合、自由なコーパス観察から興味を引くトピックを拾い上げ、こうした簡易な予備調査によって問題点の絞り込みとリサーチクエスチョンの精選を行った後で、本格的な検証研究に駒を進めてゆきます。

　第7章「コーパスと語彙」では、語彙や語に関わる用語・概念の整理を行った後、特定の言語変種やテキストを構成する語彙をマクロ的に俯瞰する研究について概観します。

　第8章「コーパスと語法」では、コーパス準拠辞書を例に取り上げ、コー

パスによる語法研究の対象や範囲を具体的に紹介した後、個別語の用法（コーパス言語学ではしばしば「振る舞い」という用語を用います）の解明を目指す研究について概観します。

第 9 章「コーパスと文法」では、コーパス言語学と文法研究の関わり、また、理論言語学とコーパス言語学の関係などについて整理した後、コーパスを用いた広義の文法研究について概観します。

第 10 章「コーパスと学習者」では、近年、精力的に研究が進められている学習者コーパスについて紹介します。学習者コーパスとは、第 2 言語の学習者による外国語の産出例を収集したコーパスのことです。ここでは、主要な学習者コーパスを紹介した後、学習者コーパスを用いた研究状況を概観します。

■オンライン資料のソースについて

本書では、コーパスおよびコーパス処理に関わる多くのウェブサイトやソフトウェアを紹介していますが、原則としてそれらの URL については記載していません。これは、URL の安定性や永続性が低いためです。実際、1 年もたたないうちに、多くの URL が変更されたり、リンクがつながらなくなったりしてしまうのが現状です。

しかし、当該のウェブサイト名やソフトウェア名をオンラインで検索すれば、その時点での最新の URL が簡単に見つかります。万一、探そうとする名称だけでうまく見つからない場合は、同時に「コーパス」や "corpus (linguistics)" などの語を指定して検索すると良いでしょう。

■実践の学としてのコーパス言語学

本書を通読することで、コーパス研究を進める基礎準備が整うはずです。本書は、原則として、各章を順番にお読みいただくように構成されていますが、コーパスの作成や検索について学ぶ前に、コーパス言語学の幅広い研究内容やその状況を先に知っておきたいという読者は、第 2 部を先にお読みになることも可能です。

冒頭でも述べたように、コーパス言語学は、特定の学説を受身の立場で学

ぶ学問であるというよりも、既存の枠組みに縛られず、自らデータを集め、手を動かし、頭を動かして、言語の諸相に自由に切り込んでいく実践の学であると言えます。本書を出発点として、多くの読者がさまざまなコーパス言語研究に挑戦していただくことを期待しています。

■コーパス言語学の最近の動き

コーパス言語学は、本書初版が刊行された 2012 年以降も大きく発展してきました。この間の英語コーパス研究の成果の一端は、「英語コーパス研究シリーズ（全 7 巻）」（堀・赤野（監修）2015–2019）にまとめられています。このシリーズで扱われたテーマは、英語研究（研究史・利用法）、英語教育（語彙表・教授・学習者コーパス・特定目的英語・学術目的英語・テスト）、英語辞書（語義・文法・用例・語法・類義語）、英文法・語法（複合語・連語・副詞的名詞句・繰り上げ主語受動態・語彙意味論・優先規則体系・転移修飾表現・受動形）、英語文体（英文学・大統領演説・新聞）、英語史（二重目的語構文・現在完了形）、その他の周辺領域（生成文法・認知言語学・体系機能文法・法言語学・統計学）の各領域に及びます。

また、日本語コーパス研究の成果の一端は、「講座日本語コーパス（全 8 巻）」（前川（監修）2013–2019）にまとめられています。このシリーズで扱われたテーマも、コーパス入門（意義・発展・ツール）、書き言葉コーパス（設計・サンプリング・電子化・形態素解析）、話し言葉コーパス（設計・書き起こし・単位認定・韻律情報・印象評定）、国語教育（語彙教育・作文教育・漢字教育・国語政策）、日本語教育（教育語彙表・教科書分析・作文支援）、日本語学（語彙文法・通時変化・構文）、辞書（電子化辞書・複合辞・記述内容）、自然言語処理（アノテーション・形態素解析・統語解析・意味解析・構造解析）など、きわめて広範囲に及んでいます。

これら 2 つのシリーズが扱うトピックの広さが示すのは、かつては限られた研究者だけのものであったコーパスが、言語に関心を持つすべての人に開かれてきたということです。コーパス言語学は、諸学を巻き込む言語研究の新しい「メルティングポット」として、これからもダイナミックに進化していくでしょう。

第1部 コーパス研究の基礎

第2章　コーパスとはなにか

2.0　本章の概要

　コーパス言語学の中核に位置するのはコーパスです。しかしながら、「コーパス」という用語の定義にはさまざまな考え方があり、そうした多様性が「コーパス言語学」そのもののわかりにくさにもつながっています。

　以下、本章では、はじめに、「コーパスとはなにか」という問題をいくつかの辞書や研究者の定義を手掛かりに考えます。その上で、コーパスに含まれるデータの言語種別・規模・収集方法・機械可読性などについて検討します。最後に、コーパスに基づく言語研究としての「コーパス言語学」の定義について整理を行います。

2.1　コーパスの定義

　最近、さまざまな場面で「コーパス」という言葉を聞くことが増えてきました。corpus（複数形は corpora）という語は、もともと「体」を意味していましたが、その後、次第に意味が拡張されて、作家などの「全集」を指すようになり、さらには、言語学の専門用語として、各種の「言語データベース」を指すようになっています。

■辞書に見る「コーパス」の定義
　「コーパスとはなにか」という問いへの手がかりを得るために、まずは身近な英英辞書で corpus の定義を確認してみましょう（※辞書略称については

8.1.1 節参照）。

> a collection of written or spoken texts　　　　　　　　　（*OALD* 10）
>
> a large collection of written or spoken texts that is used for language research
>
> 　　　　　　　　　　　　　　　　　　　　　　　　　　　（*Cobuild* 9）
>
> a collection of written and spoken language stored on computer and used for language research and writing dictionaries　　　　　　　（*MED* 2）

　多くの辞書が、コーパスを書き言葉や話し言葉を集めたデータベースとして定義しています。また、言語研究や辞書執筆など、コーパスの使用目的に言及したものもあります。

　次に、日本語の辞書の定義を見てみましょう。国語辞書の代表格とされる『広辞苑』の場合、1998 年刊行の 5 版に「コーパス」という項目はありませんでしたが、2008 年刊行の 6 版で新たに立項されました。同様に、最近の国語辞書の多くは「コーパス」を見出し語に挙げています。

> 言語を分析する際の対象となる資料集。文字で記された資料や録音された言語資料の集合体。　　　　　　　　　　　　　　　（『広辞苑』7 版）
>
> 言語資料。個別言語・発話などの情報を大規模または網羅的に集めたもの。　　　　　　　　　　　　　　　　　　　（『明鏡国語辞典』3 版）
>
> 言語研究のために集積された一群の資料。個別言語や、ある作家のテキスト、母語話者の発話記録などを網羅的に集めたもの。言語資料体。
>
> 　　　　　　　　　　　　　　　　　　　　　（『日本国語大辞典』2 版）

　上記では、コーパスが文字資料や音声資料を集めたデータベースであること、また、大規模で網羅性を持つことなどが言及されています。

■研究者による「コーパス」の定義

　続いて、言語学者による定義を見ておきましょう。言語学者は、辞書に比べ、より踏み込んだ定義を与えています。

A corpus is not simply a collection of texts. Rather, a corpus seeks to represent a language or some part of a language.　　(Biber et al., 1998, p.246)

a collection of naturally-occurring language text, chosen to characterize a state or variety of a language　　　　　　　　(Sinclair, 1991, p.171)

a subset of an ETL (Electronic Text Library), built according to explicit design criteria for a specific purpose　　　　　　　(Atkins et al., 1992)

a collection of pieces of language that are selected and ordered according to explicit linguistic criteria in order to be used as a sample of the language
　　　　　　　　　　　　　　　　　　　　　　　(Sinclair, 1996)

a large body of linguistic evidence typically composed of attested language use　　　　　　　　　　　　　　　　　　　　(McEnery, 2003)

（コーパスとは）対象言語の特定の側面の実態を偏りなく反映する設計に基づいて収集された、実際の用例の集合で、電子的な手段での検索が可能であり、規模が大きく、公開されているもの。　　　　（前川, 2011）

　上記では、コーパスが自然な言語を代表する標本であること、言語の特性を反映していること、基準に従って作られること、実例を集めていること、電子化されていること、などが言及されています。

■コーパスの5つの観点

　辞書や研究者の定義には、細かい部分で異なる点や力点の置き方の違いもありますが、おおよその内容は重複しています。全体を要約すると、コーパスとは、(1)書き言葉や話し言葉などの現実の言語を、(2)大規模に、(3)基準に沿って網羅的・代表的に収集し、(4)コンピュータ上で処理できるデータとして保存し、(5)言語研究に使用するものと言えそうです。

　これらの観点は、コーパスの諸相を考える切り口となります。次節では、上記の5つの観点に対応させつつ、コーパスにおけるデータの言語種別(2.2.1)、データの規模(2.2.2)、データの収集方法(2.2.3)、データの機械可読性(2.2.4)、コーパスと言語研究(2.2.5)について順に考えていきます。

2.2　コーパスの諸相

　辞書や研究者によるコーパスの定義をふまえ、以下では、コーパスに関係する 5 つの観点について検討していきます。

2.2.1　データの言語種別

　コーパスが基本的に言語データベースであることは辞書や研究者による定義の通りですが、一口に言語と言ってもさまざまなタイプがあります。

■人工言語と自然言語

　言語には、コンピュータのプログラミング言語や各種の暗号コードのように特定の目的のために作られた人工言語と、英語や日本語のように人間の意思疎通のために自然に発生した自然言語（natural language）があります。このうち、コーパスが対象にするのは、原則として自然言語です。

　自然言語というのは耳慣れない呼び方かもしれませんが、工学には自然言語処理（natural language processing：NLP）という研究分野があり、コーパス言語学と類似した問題意識を出発点として多様な研究が行われています。

■実例と作例

　自然言語には、現実のコミュニケーションにおいて使われた実例と、辞書の用例や、言語学の研究論文で検証対象として掲載された例文、あるいは外国語の教科書のスキットなど、現実のコミュニケーション以外の目的で人為的に用意された作例とがあります。このうち、コーパスが重視するのは前者のほうで、「本物の言語」（real language／authentic language）を集めることがコーパスの基本的な特徴となっています。

■書き言葉と話し言葉

　自然言語の実例には書き言葉と話し言葉があり、ともにコーパスのデータとなり得ます。書き言葉については、通例、書籍や新聞などの公刊物からデータを収集します。また、非公刊の個人の書簡や作文などを収集する場合

もあります。

　話し言葉については、映画やテレビ番組などの台本を収集する場合と、自然な環境下での自発会話を収集する場合とがあります。後者の場合、書き起こし（transcription）が行われ、書き言葉としてデータ化されます。発話には言語外の要素も含まれますが、「本物の言語」を重視する観点から、これらについても可能な限り収録することが目指されます。

　たとえば、国立国語研究所が構築した「日本語話し言葉コーパス」では、語と共起する音韻情報として（笑）（泣）（咳）（あくび）など、語と共起しない音韻情報として〈息〉などのコードが使用されています。また、ロンドンの若者の話し言葉を収集した Bergen Corpus of London Teenage Language (COLT) にも同様のコードが見られます。下記は COLT の一部です。

> <u who=21-3 id=3> Can you move down please
>
> <u who=21-2 id=4> And you said <laughing>no</> <nv>laugh</nv>
>
> <u who=21-3 id=5> because there's no room and Sonia goes <shouting>shut up! where d'you want us to go? On people's laps. Bloody hell!</>. Right, the bloke shuts up right and [<unclear>]

　上記の 2 行目を読むと、笑いながら no が発話された後、笑い声だけが続いたことがわかります。さらに、3 ～ 4 行目の shut up! から hell! までは怒鳴り声で発話されたこともわかります。最近の話し言葉コーパスには元の音声ファイルが添付されているものも多く、書き起こしデータと音声ファイルを併用することでより精緻な研究ができるようになっています。

■言語の内部的階層構造

　コーパスが収集しようとする自然言語は必ずしも一枚岩ではなく、内部に多様な階層構造を持っています。これらの個別的な階層のことを言語変種と呼ぶことがあります。

　たとえば、日本語を例にすると、産出モード変種として書き言葉・話し言葉など、地域変種として東京方言・関西方言など、発話者変種として女性・

男性の言葉など、ジャンル変種として新聞・小説・雑誌の言葉などが存在します。それぞれの変種はさらに下位区分が可能で、新聞を例にすると、記事と論説に分けられ、記事はさらに細かな内容変種に分けられます。

コーパス構築では、こうした各種の変種をうまく組み合わせ、全体として対象言語そのものを代表するようにデータを集めていきます。また、場合によっては、細分化された変種ごとに特化してデータを集めます。

一般的な言語学が、言語を整合性のある単一的・統一的なシステムとしてとらえるのに対し、コーパス言語学では積極的に言語の内部変種を認める傾向があり、それらの差の解明が重要な研究テーマとなります。

2.2.2　データの規模

辞書や研究者の多くが、コーパスを「大規模」な言語データベースと定義しています。では、「大規模」とはどの程度を言うのでしょうか。

英語や日本語の全体を対象として研究を行おうとする場合、常識的に考えて、100 語や 1,000 語のデータでは意味のある分析は不可能です。1 万語や 10 万語でも足りないでしょう。多くの中型辞書の収録語数が 10 万語を超えることからもわかるように、10 万語程度のコーパスではまったく出現しない語が多く、網羅的な言語調査ができないからです。

■なぜ規模が重要なのか

コーパスは、ある語が実際に使われていることの実在証明にはなりますが、その語が使われないという不在証明にはなりません。というのも、コーパス頻度がゼロであった場合、その語が当該言語で使用されないためなのか、あるいは、コーパス規模が小さいためにたまたま未出現であったのかが最終的に判断できないからです。ゆえに、できるだけ多くの語や句についてそれぞれ一定量の実例が得られるよう、全体として相応の規模を持っていることがコーパスには求められます。

■規模の目安

英語や日本語といった言語全般を代表するコーパスに期待される「大規

模」の程度を一意に定義することは困難ですが、既存のコーパスの規模を手
掛かりにして、おおよその見当をつけることは可能です。

　世界初の英語コーパスとして 1964 年に完成した Brown Corpus のサイズ
は 100 万語でした。その後、同じサイズのコーパスがいくつか作られ、そ
れらが現在でも研究に使用されていることを考慮すると、少なくとも 100
万語程度というのがコーパスに期待されるサイズの目安になりそうです。

　もっとも、上記からすでに 40 年以上が経過しており、現在では、期待さ
れるサイズはさらに大きくなっているという考え方もあります。1994 年に
完成した British National Corpus（BNC）と、2011 年に公開された「現代日
本語書き言葉均衡コーパス」（BCCWJ）のサイズはともに 1 億語で、これら
は現在のコーパス研究において最も信頼性の高いデータベースとされていま
す。この点をふまえると、およそ 1 億語程度というのが「大規模」コーパ
スの新しい目安になると言えるでしょう。

■拡大する規模とウェブの利用

　上記の 1 億語は膨大な量に見えますが、言語の潜在的な多様性に照らし
て考えると、1 億語だから充分というわけではありません。Kilgarriff &
Grefenstette（2003）は、英語の低頻度語や低頻度表現を研究する場合、1 億
語ではほとんど役に立たないと述べています。また、前川（2011）も、1 億語
の日本語コーパスを調査した結果、全体で 22 万に及ぶ異なり語の中で、一
定の研究が可能になる「100 以上の用例を提供できる語は 3.1 万語」に過ぎ
ず、副助詞が結合した「ほどすら」のように、ウェブでは散見されるのに
コーパスに未出現の表現も多く存在すると指摘しています。

　こうしたことから、最近では、従来の規模を大きく超えたコーパス開発も
進んでおり、英語・フランス語・ドイツ語・イタリア語・ロシア語・中国語
などでは、100 億語を超えるコーパスが完成し、公開されています。

　1 億語をはるかに超える「超大規模」コーパスを作る場合、収集しやすい
ウェブ上のデータを利用することが一般的です。この分野では、Web as
Corpus（コーパスとしてのウェブ）を略した WaC というプロジェクトが存在
し、幅広いテキストタイプや話題を包含する言語資源をウェブから自動収集

することが目指されています。

　WaC では、無作為に選ばれた内容語のペアを検索サイトに送り、検索結果のアドレスを「種」としてデータを収集するプロセスを反復することで、偏りの少ない言語データを収集します（Ferraresi et al., 2008）。WaC プロジェクトは多くの言語で進められており、すでに 13 億語のイギリス英語コーパス（ukWaC）（Ferraresi, 2007）や 3 億語の日本語コーパス（JpWaC）（Srdanović et al., 2008）が公開されています。

　また、WaC を進化させた TenTen という巨大コーパス構築も進められており、365 億語の英語コーパス（enTenTen20）や 84 億語の日本語コーパス（jaTenTen11）などが公開されています。TenTen とは 10 の 10 乗のことで、100 億語以上のコーパスの自動構築が行われています。

■大型コーパスのメリットとデメリット

　こうした一連の動きにも明らかなように、コーパスの規模については、一般論として「大きければ大きいほど良い」という立場が主流です。Sinclair（1991）も「コーパスはできるだけ大きく、かつ、不断に拡大すべきである」と述べています(p.18)。

　たしかに、大規模なコーパスがあれば、低頻度語であっても一定数の用例が確保でき、幅広い言語項目を分析対象とすることができます。また、統計学では、母集団（population）の推定精度は標本（sample）サイズの平方根に比例することが知られており（つまり、コーパスサイズが 100 倍になれば頻度の精度は 10 倍向上する）、計量的な研究をする際にも、大型コーパスであれば、得られる頻度データの信頼度が高まることになります。

　下記は、Sketch Engine という各種コーパスの統合検索システムを用い、複数のコーパスでサンプル語を検索し、頻度調査を行った結果です。それぞれ表記形による検索で、活用形や複合形などは含んでいません。また、当該表記語に異品詞の用例がある場合、それらの区別は行っていません。

表 1　異なるサイズのコーパスにおける語の出現件数

英語コーパス	animal	large	run	gradually
Brown（100 万語）	71	361	213	51
BNC（1 億語）	6,423	34,277	21,577	3,593
ukWaC（13 億語）	107,504	467,751	356,488	35,248
enTenTen（365 億語）	2,750,632	12,134,810	9,319,843	845,177
日本語コーパス	動物	大きい	走る	徐々に
BCCWJ（1 億語）	9,362	9,757	3,756	2,607
JpWaC（3 億語）	26,505	30,372	9,980	7,733

　上記を見ると、コーパスサイズが拡大するにつれて、それぞれの語のヒット件数も増えていることが確認できます。100 万語の Brown Corpus の場合、large や run では一定量の用例が取得できていますが、gradually の用例はわずか 51 件で、当該語の振る舞いを余さず調査するには不足感が残ります。しかし、1 億語の BNC になると、gradually の用例は 3,000 件を超え、まず不足はないと言えるでしょう。

　このように、コーパス研究では総じてサイズメリットが大きいのですが、一方で、あまりに大きなコーパスだと、得られたデータを分析しきれない事態も想定されます。たとえば、enTenTen では large について 1,200 万件以上の用例が得られますが、これらすべてを細かく調査することは不可能です。この点については、得られた用例をサンプリングなどで適切なサイズに圧縮すればよいとする立場と、研究目的ごとに最適のコーパスサイズというものがあり、たとえ可能であっても、それ以上大きなコーパスを使うべきでないとする立場があります（Hunston, 2002, pp.25–26）。

　こうして考えてくると、「大規模」コーパスについても、単に大きければ大きいほど良いというわけではなく、サイズメリットとサイズデメリットの相反の中で、研究目的によって相応の「大規模」の目安があると言えそうです。あらゆる研究目的に合致するコーパスサイズを決めることは不可能であり（McCarthy & Carter, 2001）、実際のコーパスサイズは、往々にして、研究対象に対する代表性と構築に要する時間的制約の折り合いによって実務的に

決められています（Reppen, 2010, p.55）。

■コーパスの規模を論じる際の留意点

　なお、コーパスサイズに関する議論では2つの点に留意する必要があります。1点目は、100万語や1億語といった目安は英語や日本語といった個別言語の総体を対象にした汎用的なコーパスについてのもので、特殊な言語変種を対象とする場合に求められるサイズはより小さいものになるということです。たとえば、日本人中学生の英作文コーパスを作るのであれば、10万語でも「大規模」と言えるかもしれません。

　2点目は、コーパスサイズの単位となる語数についてです。語認定（tokenization）にはいろいろな考え方があり（7.1.2節）、英語では isn't を1語とするか is と n't（not）の2語とするか、日本語では「図書館」を1語とするか「図書」と「館」の2語とするかなど、定義によって語数は変化します。このため、語数に代えて、文字数やコンピュータ上の情報単位であるバイト（byte）でコーパスサイズを示すこともあります。

2.2.3　データの収集方法

　辞書や研究者は、コーパスが原則として網羅的で代表的なものであるとしています。実際のコーパスデータの収集に関してはさまざまな方法論が考えられますが、ここでは、悉皆的収集法、均衡的収集法、大規模収集法について紹介します。

■3つの収集方法

　まず、悉皆的収集法とは、収集対象とするデータの全体（統計学の言葉で「母集団」［population］と呼びます）を漏れなく収集する方法です。特定作家の全作品を集めたコーパスや、特定の新聞や雑誌の過去の全ての記事データを集めたコーパスなどがこれに当たります。悉皆的収集法は対象のすべてを包含しているという利点を持ちますが、一方で、英語や日本語といった個別言語に対してこうした悉皆収集を行うのは不可能です。悉皆的収集法で構築されたコーパスは、対象となる母集団そのものと一致することから、母集団

コーパスとも呼ばれます。

　次に、均衡的収集法とは、母集団から一定の基準に基づく取捨選択を行い、母集団のさまざまな側面や特性が均衡的に再現されるようコーパスデータの収集を行う方法です。均衡的収集法で構築されたコーパスは、母集団となる元データの諸特徴を「均衡」的に取り込むことで、母集団全体を「代表」する「標本」(sample) になるよう意図されたものですので、均衡コーパス (balanced corpus)、代表コーパス (representative corpus)、標本コーパス (sample corpus) などと呼ばれます(本書では均衡コーパスという用語を使用)。なお、これらのコーパスが持つ、母集団を代表する性質を代表性 (representativeness) と呼びます。均衡的収集法によるコーパスは、地球に対する地球儀のように、言語という母集団の正確な縮図となります。

　最後に、大規模収集法とは、代表性や均衡性をデータ収集の前提とせず、むしろ、入手しやすいデータをできる限り広範にかつ大規模に収集することで巨大コーパスを作ろうとする方法です。大規模収集法では、あらかじめ細かい均衡に配慮しなくても、巨大なデータを集める過程で母集団がおのずと均衡的に再現されるようになると考えます。データの無限の累積によってデータが自己均衡化 (self-balancing) され、結果として母集団に対する代表性が確保されるという考え方は、累積的代表性 (cumulative representativeness) とも呼ばれます (McEnery at al. 2006, p.8)。主として大規模収集法に基づいて構築されたコーパスとしては、後述する Bank of English (3.2.3 節) などがあります。

■均衡的収集法の利点

　辞書や研究者の定義にあるように、コーパスデータの収集法として一般的なのは均衡的収集法です。均衡的収集法は、他の収集法に対して多くの優位性を持ちます。

　まず、悉皆的収集法に対しては、より大きな母集団を扱いやすく、構築コストが少なく、かつ、サイズが一定範囲に収まるために検索しやすいという利点を持ちます。英語や日本語といった個別言語全体を母集団とする場合、悉皆的収集法を採用できないため、しばしば均衡的手法が選択されます。

　また、大規模収集法に対しては、母集団との連関性がより強く、コーパスで観察された知見を母集団に還元して解釈しやすいという利点を持ちます。無計画にデータを収集したコーパスで興味深い事実が観察されたとしても、偶然である可能性が排除できません。たとえば、コーパスデータの大半が特定の雑誌だけから取られていた場合、得られた結果が言語全般の特徴なのか、当該雑誌の特徴なのかは不明です。これに対し、均衡的収集法に基づいて構築されたコーパスでは、観察結果の信頼度が高まります。

■均衡的収集法の実際

　均衡収集法では、通例、コーパス収集の対象として想定する想定母集団に対して、現実的で具体的な枠をはめた現実母集団を定義します。たとえば、「日本語の書き言葉全体」を想定母集団とするのであれば、「特定年に出版された日本語の書籍全体」や、「特定の図書館に収蔵された日本語の文書全体」などを現実母集団にするわけです。これにより、母集団のサイズと内部構成が明確になり、以後の作業の見通しをつけやすくなります。なお、統計学では、想定母集団のことを目標母集団（target population）、現実母集団のことを枠母集団（frame population）と呼ぶこともあります。

　次に、現実母集団の内部構成に着目し、母集団を複数の層（stratum）に分け、層ごとにデータを抽出していきます。これを層化抽出（stratified sampling）と言います。層化は必要に応じて多段階となります。たとえば、図書館の収蔵文書であれば、第1層として新聞・雑誌・書籍・論文・書簡などのジャンルが区分されます。これらは第2層以下でさらに細かく区分できます。新聞を例にすると、全国紙・地域紙・地方紙、朝刊・夕刊、政治面・スポーツ面・経済面・社会面といった区分が可能です。

　層化が終わると、母集団内の層ごとに実際のデータ量を調べて層間比率を決定し、層ごとに集めるべき標本データの量を確定します。これにより、母集団の内部構成が標本内に再現されます。図1は、母集団と標本の関係を示したものです。全体のサイズは圧縮されていますが、各構成要素の比率は保持されていることがわかります。なお、便宜的に層間比率を均等にすることもあります。

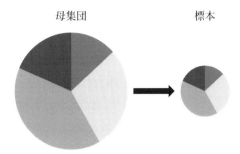

母集団　　　　　　標本

図 1　層化抽出法の標本抽出イメージ

　データ収集の枠組みが決定すれば、いよいよ、現実母集団から標本を抽出します。この際に使用されるのが無作為抽出法です。これは、袋の中に入っている玉の中から目隠し状態で 1 つを取り出すように、作為や意図がまったく働かない条件のもとでデータを選んで抜き出すことを意味します。

　たとえば、書籍から標本を採る場合は、出版目録などの現実母集団に含まれるすべての書籍に通し番号をふり、乱数表（不規則に数字が並んだ数列表）などを使ってデータを取る書籍を選びます。その後、同じく乱数表によって、どのページからデータを取るか、ページ内のどの場所から収集を開始するかを決定します。こうすることで、完全に無作為に一定量の標本データを抽出することが可能になります。

■均衡的収集法の限界

　均衡的収集法では、層化抽出法と無作為抽出法を組み合わせることで信頼性の高い言語標本の作成を目指しますが、個別言語全体を想定母集団とする場合、統計学的な意味での標本代表性を完全に満たすことは容易ではありません。というのも、想定母集団やその内部構造が完全には同定できないからです。たとえば、母集団としての日本語には何がどこまで含まれるのか、その総語数は何語であるのか、母集団内の内部構造として書き言葉と話し言葉の比率はどうなのか、母集団を構成するジャンルは果たしていくつあるの

か、などの問いに唯一の解を与えることはとうていできないでしょう。

　個別言語のコーパスを構築しようとする研究者は、「不定母集団を代表する特定の標本を作る」という矛盾に直面します。この矛盾を便宜的に回避するため、前述のように、常識的ないし実務的判断によって想定母集団に代わる現実母集団を定義した上で、母集団を層化して標本抽出を行うわけですが、作為性への批判の余地は残ります。統計学的には、先に母集団を厳密に同定し、その後で標本抽出を行うのが鉄則ですが、コーパス構築では、母集団と標本はしばしば「卵が先か鶏が先か」(Nelson, 2010) という曖昧な関係になります。

　この点をふまえ、均衡的収集法が標榜する代表性という概念そのものに疑問を呈する立場も存在します。Clear (1992) は、均衡コーパスの構築に関して、標本として抽出すべき言語単位が曖昧であることや、どれだけサイズを増やしてもすべての用例が含まれるとは言い切れないことに加え、そもそも集めようとする母集団が不定であるという問題点を挙げています(p.21)。

　また、Teubert & Čermáková (2007) は、現代アメリカ英語を均衡的に代表するとされる Brown Corpus (3.2.1 節) について、それが真に現代アメリカ英語を代表しているかどうか疑問であると述べています。彼らは、コーパスが代表するのは想定母集団である現代アメリカ英語ではなく、現実母集団としたアメリカ議会図書館の収蔵目録ではないのか、層化されたジャンル数は信用できるのか、他の層化法もあったのではないか、ほとんど読まれない本と大勢に読まれる新聞を同列に扱っていいのか、出版物以外は考えなくていいのか、アメリカ以外で刊行された出版物を含めていいのか、海外在住のアメリカ人による出版物は含めなくていいのか、アメリカ在住の移民の英語は含めるのか含めないのか、といった一連の問いを立てて、Brown Corpus が採用した均衡的収集法の問題点を指摘しています(pp.59–64)。

　こうした批判は的を射たものですが、代表性が純粋に完全な形で担保されないからと言って、ただちに均衡的収集法によって構築されたコーパスを否定するのは建設的態度と言えないでしょう。母集団としての言語の不定性に根差す本質的な制約を意識しつつ、方法論をさまざまに工夫することで標本の信頼性を実現可能な範囲で向上させるのが均衡的収集法の基本的な立場

であり、そうして作成されたコーパスを言語の標本として信頼しようというのがコーパス言語学の出発点になっています。

2.2.4　データの機械可読性

　研究者による定義が示すように、コーパスとは、ふつう、コンピュータ上に電子的に保存された言語データを指します。これにより、コーパスデータを機械によって読み取り、分析することが可能になります。コーパスの持つこうした特性は、一般に機械可読性(machine readability)と呼ばれます。

■機械可読化によって可能になること

　紙の本の場合、たとえば数百ページの中に出てくる特定の語をすべて拾い出すのは大変な作業になりますが、データが電子化されていれば、調べようとする語や表現を一瞬で抜き出し、任意の形式で表示させたり、頻度を調べたりすることが簡単に行えます。コンピュータが読み取れる形でデータが保存されていることはコーパスの重要な要件の1つです。

　下記は、専用のソフトウェアを使用し、あるコーパスに出現したinの用例を検索した結果の一部です。このように、検索対象語を中央に配置し、文脈を前後に表示する方法をKWIC（クイック）(keyword in context)形式と呼びます(5.1.1節)。

```
the period . The problem lies in the paucity and the confusing
s between current historians . In recent years several schools
rd the era as one of cataclysm in which the native British popu
, depicting the period as one in which a sub-Roman culture flo
The series of events beginning in the late fourth century , whi
```

図2　KWIC形式による "in" の出現例の表示

　このコーパス内にはinの用例が8,000以上ありますが、それらを漏れなく抽出し、上記のKWIC形式で表示するのに要する時間は一瞬です。また、inの右隣に来る語や左隣に来る語を基準として全体の並べ替え(sorting)を行うのも一瞬です。言語データが機械可読形式で保存されていることが、こうした高速処理を可能にしています。

2.2.5　コーパスと言語研究

　辞書や研究者は、コーパスが辞書編纂を含む言語研究に使用されるものであるとしています。コーパスを用いた言語研究を一般にコーパス言語学（corpus linguistics）と総称しますが、コーパス言語学は特定の言語理論を志向するものではないため、その位置づけや研究アプローチについてはいくつかの考え方があります。

　大別すれば、コーパスを独立した言語学の分野とみなし、コーパスを研究の中核に位置づけるコーパス駆動型研究を提唱する立場と、コーパスを汎用的な分析技術とみなし、コーパスを仮説検証の手段として使用するコーパス検証型研究を提唱する立場に分かれます。以下ではそれぞれの立場を順に見ていくことにしましょう。

■言語学分野としてのコーパス言語学

　「コーパス言語学とはなにか」「コーパス言語学は理論なのか技術なのか」といった問いは、コーパス学者自身によって盛んに論じられてきました。

　一方の極となる立場は、コーパス言語学の特殊性・自律性・固有性を強調し、それを独立した言語学の分野として位置づけていこうとするものです。

　一般に、ある種の研究が独立した学問分野であると言うためには、類縁の他の分野と当該分野を分かつ質的な差が必要となります。この点について、Halliday（1993）は、データの収集とデータの理論化を再融合するという点で、コーパス言語学が従来の言語への見方に質的転換をもたらす可能性を指摘しています。また、Tognini-Bonelli（2001）は、一般の言語研究が所与のルールや基準を受け入れ、それをデータに適用する形で研究を進めていくのに対し、コーパス言語学では適用に先立って（"pre-application"）自らルールや基準を定義することから、コーパス言語学は、単なる技術や方法論を超えた理論的側面を持ち、「言語研究に対する新たな哲学的アプローチ」になっていると述べています(p.1)。

■コーパス駆動型研究

　コーパス言語学を言語学の独立分野として積極的に位置づけようとする研

究者は、研究の実践において、多くの場合、コーパス駆動型(corpus-driven)研究というアプローチを重視します。

　コーパス駆動型研究は、既存のモデル・理論・仮説ではなく、コーパスやテキスト自体を出発点として、白紙の状態から新たな実証的言語記述を目指す立場です。Cheng(2012)は、コーパス駆動型研究の典型的な手順として、コーパス観察→パタン検出→臨時仮説構築→理論化という流れを示しています(p.187)。

　こうした研究は、語の連結体であるコロケーション(collocation)や談話の重要性を主張したJ. R. Firth 氏に端を発し、「コーパス言語学の父」とされる John Sinclair 氏や、氏が在籍したバーミンガム大学の研究者によって継承されてきたため、一連の研究者を新 Firth 派(Neo Firthians)やバーミンガム学派(Birmingham School)と呼びます(McEnery & Hardie, 2012, p.122)。

　特定の理論や仮説を前提として言語データを見た場合、我々は、無意識のうちに、理論に合致するデータのみを選択し、理論に合致しないデータを無視ないし軽視してしまいがちです。ゆえに、コーパス駆動型研究では、あえて前提を取り払い、虚心坦懐にコーパスを観察することで新たな言語事実を発見する重要性が強調されます。研究を「駆動」するのは、理論や仮説ではなく、コーパス自体、あるいはコーパスから立ち現れる言語事実そのものとなります。

　コーパス駆動型研究の最たる特徴は、コーパスが研究の手段兼目標となることです。多くの場合、研究には大規模収集法で構築された大型コーパスが使用されます。アノテーション(4.3節)によってあらかじめデータに品詞などの情報を付与することは避け、プレーンなテキストに対して観察を行います。これによって、既存の文法や品詞の枠組みに束縛されない自由な視点でコーパスを観察することが可能になります。Sinclair(1991)はこのことをクリーン・テキスト原則(clean text policy)と呼んでいます(pp.21–22)。

　コーパス駆動型研究では、特定の語や文法項目に注目するだけではなく、コーパスに隠された広義のパタン(pattern)の発見が重視されます。パタンは、従来の語と文法の垣根を超えた概念であり、とくにコロケーションのパタンに関心が向けられます。

　以上で述べたように、コーパス駆動型研究は、言語の見方や研究の進め方について固有の「哲学」を持っており、そのことがコーパス言語学の独立性や自立性を主張する根拠にもなっています。

　コーパス駆動型研究のアプローチは、理論志向型の言語研究に内在する問題点を明確にし、言語研究の新しい可能性を示した点で非常に重要なものですが、一方、実際の研究の場面では、純粋にコーパス駆動型だけで研究を完結することは困難です。コーパス駆動型研究は、実際的な研究手順というよりも、むしろ、コーパスを扱う際の理想的態度に関する全体的理念のようなものであると考えた方が理に適っています。

　吉田 (2009) は、コーパス駆動型研究が強調するコーパスからの思いがけない新事実の発見に関して、そうした「研究の副産物は他のアプローチでも十分に生じることである。それを発見するかどうか、それをどのように料理するかは、研究者の研ぎ澄まされた問題意識やテクニックに依存するのであり、『コーパスが(研究を)駆動している』わけではない」と指摘しています。また、コーパス駆動型研究が強調する白紙の状態での言語データの観察についても、「観測・実験を何百回続けたら自然に法則性が見えて、科学的真理に到達するということは経験科学ではありえない」と述べています。

■分析技術としてのコーパス言語学

　さて、コーパス言語学の位置づけに関して、他方の極となる立場は、コーパス言語学の応用性・汎用性・学際性を強調し、それを言語学の分野となる理論 (theory) ではなく、検索や分析に関わる技術 (methodology) として位置づけようとするものです。

　Kennedy (1998) は、内省や直観に代えて直接テキストから得たデータを使う点に独自性があるとしても、コーパス言語学を生成文法のような言語理論ないし言語学の独立した分野とみなすのは誤解を招くと述べています (p.7)。

　McEnery et al. (2006) は、音声学・統語論・意味論・語用論が言語使用の特定の側面を研究対象とするのに対し、コーパス言語学が言語研究の全体を包含することから、コーパス言語学は「言語研究・言語教育・言語習得への

コーパス応用法に関する技術および理念の全体的体系」とみなすべきである
と指摘しています(pp.7–8)。

　また、Huang(2011)は、コーパス言語学が「若い専門領域」であるとし
た上で、その本質は、つまるところ「テキスト研究のためのコンピュータを
援用する分析技術」であると述べています。

　コーパス言語学を分析技術として位置づけることは、必ずしもその価値を
否定するものではありません。事実、コーパス言語学の分析技術は、近年で
は、狭義の言語学の枠を超えて、人文科学・自然科学を含む幅広い学問分野
に広がっています。前出の Kennedy(1998)は、いわゆるコーパス言語学者
の中には、コーパス設計やコーパス構築に関心を寄せるコーパス開発者、工
学分野を基盤とするコーパス分析ツールの開発者、コーパスを利用して任意
の言語の語彙や文法の諸相を記述しようとする記述言語学者、コーパスから
得られた言語記述を言語教育や工学的な言語処理などに応用しようとする他
分野の研究者などが広く混在していると指摘しています(pp.8–9)。

　また、McCarthy & O'Keeffe(2010)では、言語教育学・言語習得論・談話
分析・文学研究・文体論研究・翻訳研究・法言語学(forensic linguistics)・語
用論・音声工学・社会言語学・メディア分析・政治的談話分析・保健コミュ
ニケーション学(health communication)といった多くの分野でコーパス言語
学が「手段」として活用されている状況が報告されています。

　コーパスのこうした広がりを考慮すれば、コーパス言語学を言語学の分野
とせず、ある種の理念に裏打ちされた分析技術の集積あるいはそれらを適用
した研究実践の集積と見なす立場は妥当性が高いものと言えるでしょう。

　なお、コーパス言語学が分析技術であることを強調する立場からすれば、
コーパス言語学(corpus linguistics)という用語は誤解を招きやすいもので
す。そこで、コーパスに固有の分析技術を援用した言語研究という意味合い
を明示する場合には、コーパス言語学に代えて、コーパス研究(corpus stud-
ies)やコーパス準拠言語研究(corpus-based language studies)といった用語が
使用されることもあります。

■コーパス検証型研究

　コーパス言語学を分析技術とみなす研究者は、コーパス検証型（corpus-based）研究を重視します。この場合、研究の対象とする個別的な語や句、あるいはそれらの振る舞いについての仮説をあらかじめ研究者の側で決めておき、その検証の目的でコーパスを利用します。コーパス駆動型研究ではコーパスそのものが研究の手段兼目標となるのに対し、コーパス検証型研究ではコーパスはあくまでも研究の手段として位置づけられます。前出の Cheng (2012) は、コーパス検証型研究の典型的な手順として、理論→仮説構築→コーパス観察→仮説確認という流れを示しています(p.187)。

　コーパス検証型研究では、通例、英語や日本語といった個別言語全般における語や句の用法解明などを目的とすることから、当該言語母集団を代表する均衡コーパスが使用されます。また、分析にあたっては、アノテーションによって付与された品詞などの情報も効果的に活用されます。

　コーパス検証型研究のもう1つの特徴は、コーパスから得られた頻度データの活用です。各種の統計処理手法を用いて仮説検証のために数学的なモデリングを試みるなど、コーパス検証型研究は、全体として、自然科学、とくに実験科学に近い研究アプローチを取ります。この点において、虚心坦懐に言語データそのものと向き合うことを強調するコーパス駆動型研究とは対照的です。

　なお、最近では、生成文法や認知言語学などの研究者が、それぞれの理論的枠組みの中で、コーパスデータを参考にして研究を進めることも増えてきました。「コーパス検証型研究」を最も広義でとらえた場合、そうした研究が包含される余地はありますが、本書では、言語学の他の分野を基盤とする研究については扱わないこととします。

■ corpus-based の二義性

　corpus-based という用語は、コーパス言語学のキーワードの1つで、一般に「コーパス準拠」と訳されますが、本書では文脈に応じて「コーパス準拠」と「コーパス検証」という訳語を使い分けることとします。

　たとえば、母語話者の内省に準拠する (intuition-based) 理論系の研究と比

較して corpus-based と言う場合には「コーパス準拠」とします。これは研究の力点が内省ではなくコーパスの側にあることを示します。corpus-based language studies（コーパス準拠言語研究）や、corpus-based dictionary（コーパス準拠辞書）などはこうした意味での使用例です。

　一方、コーパス駆動型（corpus-driven）研究と比較して corpus-based と言う場合には「コーパス検証」とします。このとき、研究の力点はコーパスではなく検証される事前仮説の側にあります。仮にこれを「コーパス準拠」とすると、力点がコーパス側に置かれ、コーパス駆動型との差が曖昧になるためです。

■コーパス研究における駆動型・検証型の循環性

　さて、以上でコーパス言語学の 2 つの主要な立場を紹介しましたが、2 種類のコーパス言語学の位置づけ、また、2 種類の研究アプローチは決して相互排他的なものではありません。実際、研究の現場においては、コーパス駆動型・コーパス検証型のアプローチはしばしば循環的に融合されます。

　たとえば、特段の目的を持たず、コーパスデータを漠然と観察していたところ、ある語の振る舞いについて一定のパタンらしきものが発見されたとします。この時、おそらく研究者は、パタンらしきものには再現性があるのだろうか、そうだとすると当該語と類似した他の語についてもそのようなパタンは確認されるのだろうか、そうしたパタンをもたらす原因はどこにあるのだろうか、といった素朴な疑問を抱くことでしょう。

　すると、今度は、そうした疑問（つまりこれが仮説に相当します）を解決するために、新しい目で同じコーパスないしは別のコーパスをより詳しく調べていきます。もちろん、すべての問いについて、はっきりした解がすぐには見つからないかもしれません。

　その場合、研究者は、再び白紙の状態に立ち返ってコーパスを全体的に眺めます。そうすることで、残された疑問を解決するヒントが言語データの中から浮かび上がってきます。それを新たな仮説に整理した後、再びコーパスを詳しく調べて仮説の妥当性を確認していくのです。

　このとき、コーパス駆動型研究とコーパス検証型研究はめまぐるしく交替

しており、両者が一体的に融合する形でコーパス言語学の実践が成立していることに気が付きます。

■本書の立場

　コーパス言語学のとらえ方にはさまざまな立場があるわけですが、それらの垣根は実際には曖昧なものです（McEnery et al., 2006, p.11）。ゆえに、本書も、いずれかの立場を是とするのではなく、むしろ、それらが混合した統合体として、コーパス言語学を緩やかに定義する姿勢を基本とします。

　まず、コーパス言語学を、コーパスに準拠した言語研究と位置づけ、内省に準拠した理論言語学と区別します。コーパス言語学が言語学の独立した分野か分析技術かという議論に関しては、コーパス言語学の応用性・学際性をふまえ、後者の立場に軸足を置きます。ただし、そうした分析技術が雑多な寄せ集めではなく、言語学の他の分野と質的に異なる独自の研究理念によって統合されていることを重視します。

　また、2種類の研究アプローチに関しては、研究の構成および実際的な進め方においてコーパス検証型に軸足を置きます。ただし、研究トピックの選定、仮説の構築、また、仮説の検証の過程においては、コーパス駆動型の理念に基づく白紙の状態での言語観察を重視します。

　これにより、コーパス駆動型・コーパス検証型という2つのアプローチを組み合わせ、コーパスに固有の分析技術を用いて行われた言語研究の実践の集積が本書で言う「コーパス言語学」ということになります。これは、いわゆる「コーパス研究」ないし「コーパス準拠言語研究」と同等の内容を指すものです。

2.3　本章のまとめ

　本章では、「コーパスとはなにか」という問いを出発点として、コーパスの定義を概観し、コーパスに含まれる言語データの種別、規模、収集方法、機械可読性、および、コーパスを用いた言語研究の諸相について整理を行ってきました。各節の概要は以下のようにまとめることができます。

2.1 節「コーパスの定義」では、コーパスが、現実の言語を大規模かつ体系的に収集し、データとして保存したものであることを示しました。

2.2 節「コーパスの諸相」では、これらの観点をより詳しく見ることとし、2.2.1 節「データの言語種別」では、コーパスが収集する言語データが、原則として、本物の自然言語であり、そこにはさまざまなタイプがあることを述べました。

2.2.2 節「データの規模」では、主要なコーパスがおよそ 100 万語から 1 億語超のサイズであること、ウェブ上の言語資料から自動的に構築された 10 億語超のコーパスも存在すること、望ましいコーパスサイズは可変的であることなどを述べました。

2.2.3 節「データの収集方法」では、悉皆的収集・均衡的収集・大規模収集という 3 つの方法について述べました。

2.2.4 節「データの機械可読性」では、コーパスのテキストデータが機械処理可能な形態で保存されることや、それによって処理が高速化されることについて説明しました。

最後に 2.2.5 節「コーパスと言語研究」では、コーパス言語学を独立した言語学の分野と見る立場、分析技術と見る立場、また、コーパス駆動型・コーパス検証型という 2 つの研究アプローチを紹介し、本書におけるコーパス言語学の定義を整理しました。

2.4　発展課題

(1) 本書で紹介したもの以外に、各種の辞書でコーパスという語を検索し、その定義を確認してみましょう。また、可能な場合は旧版の辞書を引き、コーパスという語が収録されていたかどうかを調べてみましょう。【2.1 節】

(2) コーパス言語学者が参加する Corpora というメイリングリスト上で「英語ことわざコーパス」(Corpus of English proverbs and set phrases) についての書き込み (2000 年 1 月 24 日付け。tinyurl.com/y3s6z4lk) がなされたことをきっかけに、コーパスとはなにか、という議論が展開されました

（Meyer, 2002, p.xi）。検索画面から該当のやりとりを探し、どのような議論がなされたのか調べてみましょう。【2.1 節】

(3) テレビ番組を録音し、2 〜 3 分程度の音声データを作って文字書き起こしを行い、書き起こしの問題点について考えてみましょう。【2.2.1 節】

(4) 新たに均衡性・代表性を持った日本語雑誌コーパスを作成する場合、どのような手順でデータ収集を進めるべきか考えてみましょう。【2.2.3 節】

(5) 生成文法学者 Noam Chomsky は Bas Aarts によるインタビューの中で、「コーパス言語学なるものは存在しない」と述べていますが（Aarts, 2001）、こうした発言がなされた背景について考えてみましょう。【2.2.5 節】

第3章　さまざまなコーパス

3.0　本章の概要

　コーパス言語学の急速な普及に伴い、研究の目的やスタイルに応じて、さまざまなタイプのコーパスが開発されています。

　以下、本章では、はじめに、主なコーパスのタイプを整理した後、それらの概要を説明します。その後、英語・日本語の主要コーパスについて具体的な紹介を行います。

3.1　コーパス分類

　各種のコーパスをその目的や特性によって区分することをコーパス分類（corpus typology）と呼びます。ただし、実際には多彩なコーパスが構築されており、それらを整合的に分類するのは必ずしも容易ではありません。

■先行研究におけるコーパス分類の問題点

　多くの研究者が独自のコーパス分類を提唱しています。たとえば、Hunston（2002）は、特殊コーパス（specialized corpus）、一般コーパス（general corpus）、比較コーパス（comparable corpus）、パラレルコーパス（parallel corpus）、学習者コーパス（learner corpus）、教材コーパス（pedagogic corpus）、歴史的・時系列的コーパス（historical or diachronic corpus）、モニターコーパス（monitor corpus）の8分類を（pp.14–16）、Tognini-Bonelli（2010）は、標本コーパス（sample corpus）、比較コーパス（corpora for comparison）、特殊コーパス

(special corpus)、時系列コーパス(corpus along the time dimension)、2言語・多言語コーパス(bilingual and multilingual corpus)、非母語話者コーパス(non-native speaker corpus)、話し言葉コーパス(spoken corpus)の7分類を示しています。

　2種類の分類を見ただけで、コーパス分類が複雑な問題であることがわかるでしょう。コーパス分類の難しさは、収集方法・収集データ内容・研究対象など、性質の異なる区分軸が存在し、使用される用語も統一されていないことにあります。

■新しいコーパス分類

　ここでは、コーパスが収集対象とする言語種別と、コーパスデータの収集法という2つの分類軸を定め、新たな分類を試みることとします。

　収集対象に関しては、英語や日本語といった個別言語全般、あるいはその地域的・時代的な相を集める一般コーパス(general corpus)と、新聞・小説・教科書といった個別言語を構成する特殊母集団を集める特殊コーパス(specific corpus／special corpus)を区別します。前者の多くは汎用目的コーパス(general purpose corpus)と呼ばれるものです。

　データ収集法については、前述のように、母集団のデータを全て集める悉皆的収集法、データを取捨選択して代表性のある標本を作成する均衡的収集法、大量のデータを集めることで累積的代表性の確保を目指す大規模収集法を区別します(2.2.3節)。

　以上を組み合わせることで6つの区分ができますが、実際には、個別言語全体を悉皆的収集法によって集めたコーパスや、特殊母集団を大規模収集法で集めたコーパスはほとんど存在しませんので、以下では、均衡的収集法および大規模収集法による一般コーパスと、悉皆的収集法および均衡的収集法による特殊コーパスについて概観していきます。

3.1.1　均衡的収集法による一般コーパス

　均衡的収集法によって構築される一般コーパスは、コーパス研究全般、とくにコーパス検証型研究において最も広く使用されるものです。単に「コー

パス」と言った場合、通例、このタイプのコーパスが含意されます。

■言語のスナップショットの縮尺図

　均衡的収集法による一般コーパスは、特定時点における個別言語を想定母集団とみなし、層化抽出法や無作為抽出法などによって、現実母集団のデータを均衡的に取捨選択して作られた言語標本です。こうしたコーパスは、ある時点で切り取られた個別言語の「スナップショット」の縮尺図であると言えます（Tognini-Bonelli, 2010）。

　このとき、コーパスは母集団に連動していますので、仮に、コーパスの中で単語 X より単語 Y の頻度が高かったとすると、母集団においても同様の傾向が観察されるものと推定されます。

■均衡的収集法による一般コーパスの例

　英語では、Brown Corpus（3.2.1 節）や British National Corpus（BNC）（3.2.2 節）などがこのタイプのコーパスです。前者の場合は現代のアメリカ英語の書き言葉が、後者の場合は現代のイギリス英語がそれぞれ想定母集団とされます。

　日本語でこれらに相当するのが「現代日本語書き言葉均衡コーパス」（Balanced Corpus of Contemporary Written Japanese：BCCWJ）（3.3.1 節）です。BCCWJ は「現代日本語の縮図」として、「汎用的な目的に供するコーパス」として設計されています（山崎, 2011）。想定母集団は現代の日本語の書き言葉となります。なお、BCCWJ は、出版サブコーパス、図書館サブコーパス、特定目的サブコーパスの 3 種から構成されていますが、特定目的サブコーパスは均衡的収集法によっていません。

■比較コーパス

　異なる想定母集団から同一基準で作成された一連のコーパスを指して、比較コーパス（comparable corpus）と呼ぶことがあります。

　英語の比較コーパスの中で最も広く使用されているのは、Brown Corpus（アメリカ英語・1961 年）をひな形として作られた一連のコーパスです。こ

れには、LOB Corpus（イギリス英語・1961 年）、Freiburg-LOB Corpus of British English（FLOB）（イギリス英語・1991 年）、Freiburg-Brown Corpus of American English（FROWN）（アメリカ英語・1992 年）、Kolhapur Corpus of Indian English（インド英語・1978 年）、Australian Corpus of English（ACE）（オーストラリア英語・1986 年）、Wellington Corpus of Written New Zealand English（ニュージーランド英語・1986–1990 年）などがあります。これらを組み合わせて検討することで、たとえば、イギリス英語とアメリカ英語の差や、オーストラリア英語とニュージーランド英語の差、また、1960 年代の英語と 1990 年代の英語の差などが調査できます。

　比較コーパスの開発は 2000 年代以降も続いており、イギリス英語では BLOB（1931 年）、BE06（2006 年）、CLOB（2009 年）、アメリカ英語では B-Brown（1931 年）、CROWN（2009 年）などが公開されています。

■時系列コーパス

　上述の比較コーパスのうち、時代比較を行うためのものを時系列コーパス（chronological corpus）と呼びます。時系列コーパスは、通例、1 個のコーパスの中に同一基準で収集された異なる年代のサブコーパスを包含します。

　英語の時系列コーパスとしては、Corpus of Historical American English（COHA）があります（Davies, 2011）。これは、アメリカ英語という想定母集団を小説、雑誌、ノンフィクション、新聞（1860 年代以降）、テレビ・映画（1930 年代以降）に層化し、1820 ～ 2010 年代までの 200 年にわたり、ほぼ同等の基準で 10 年ごとにデータを集めたものです。Project Gutenberg（4.1.2 節）等のアーカイブから取ったデータが含まれています。

　下記は、COHA を用い、200 年間のアメリカ英語における shall の頻度を概観したものです。shall が減少していることが確認できます。

SECTION	1810	1820	1830	1840	1850	1860	1870	1880	1890	1900	1910	1920	1930	1940	1950	1960	1970	1980	1990	2000
FREQ	2273	8727	14358	17131	15384	15478	14675	16016	14836	13456	10809	10382	6785	5701	4599	3650	3456	2784	2000	1575
WORDS (M)	1.2	6.9	13.8	16.0	16.5	17.1	18.6	20.3	20.6	22.1	22.7	25.7	24.6	24.3	24.5	24.0	23.8	25.3	27.9	29.6
PER MIL	1,924.31	1,259.82	1,042.35	1,067.46	933.97	907.54	790.58	788.35	720.16	608.94	476.15	404.70	275.78	234.15	187.37	152.23	145.12	109.97	71.58	53.27
SEE ALL YEARS AT ONCE																				

図1　COHA に見る shall の頻度変化

　日本語には、同規模の均衡的な時系列コーパスは存在しませんが、類似するものとして「『太陽』コーパス」があります。これは、1895 年に創刊され、当時、広く読まれていた月刊総合雑誌『太陽』(博文館刊) のバックナンバーの中から、1895 年、1901 年、1909 年、1917 年、1925 年、1928 年に刊行された号をコーパスにしたものです。特殊母集団に対して構築されたものであるため、コーパスとしてのタイプは異なりますが、時系列データという点では類似性を持っています。

■均衡的収集法による一般コーパスの限界

　均衡的収集法による一般コーパスは言語母集団の標本として汎用性の高いものですが、それはある限られた瞬間における言語を代表しているに過ぎません。

　たとえば、BNC は現代イギリス英語の標本とみなされていますが、実際に収録されているデータは 1964 年から 1993 年までのもので、それ以降の英語はまったく含まれていません。このため、BNC を使っている限り、最近のウェブや SNS 関係の新語はもちろん、1994 年以降に生じた表現や文法現象も観察できません。さらに、収録されている語や表現についても、1994 年以降の頻度変化や用法変化は研究できません。

　ある特定の期間を代表する言語資料としてではなく、「現代英語」ないし「現代日本語」を代表する研究資料として見た場合、こうしたコーパスは、完成した瞬間に古くなるという宿命を帯びていることになります。

3.1.2　大規模収集法による一般コーパス

　大規模収集法によって構築される一般コーパスは、もっぱらコーパス駆動型の研究において使用されます。このタイプのコーパスの数は少なく、有名なものは、後述の Bank of English に限られます。

■言語変化を監視する

　均衡的収集法による一般コーパスが特定の時点で切り取られた言語母集団の標本であるのに対し、大規模収集法による一般コーパスは、最新のデータ

を補充し続けてゆくことで変化する言語の姿を監視（monitor）します。こうした目的を持ったコーパスをとくにモニターコーパス（monitor corpus）と呼ぶこともあります。

大規模収集法による一般コーパスは、通例、均衡コーパスを凌ぐサイズとなり、均衡コーパスのように完成することがありません。データ量を無限に増やすことで、無限に近い母集団としての言語に少しでも近づこうとするのがその基本的な考え方です。前述のように、Sinclair（1991）は「コーパスはできるだけ大きく、かつ、不断に拡大すべきである」と述べていますが、この言葉は大規模収集法による一般コーパスの方向性を明確に示しています（p.18）。

大規模収集法による一般コーパスは、データ収集の時点では、均衡性や代表性をそれほど重視しません。というのも、真に莫大な量のデータを収集すれば、集めたデータが自己均衡化（self-balancing）し、結果として累積的代表性（cumulative representativeness）が達成されると考えるからです。均衡的収集法が均衡性をデータ収集の入り口で確認しようとするのに対し、大規模収集法は出口の段階でそれが満たされるという仮定に立ちます。

■大規模収集法による一般コーパスの例

前述のように、こうしたコーパスの代表格は Bank of English です。これは、バーミンガム大学の John Sinclair 氏の助言に基づき、イギリスの辞書出版社であるコリンズ社が構築したもので、6億4,500万語を超えるサイズを持ち、今なおデータ収集を継続中であるとされます（3.2.3節）。

日本語についても、おそらく辞書出版社では同様のデータベースを社内的に構築していると推定されますが、現時点において、一般に公開されている同種のコーパスは存在しません。

■大規模収集法による一般コーパスの限界

最新のデータが含まれるというメリットの一方で、こうしたコーパスにはいくつかの制約があります。

1点目は、著作権処理などが追い付かず、構築したコーパスの公開が困難

になるということです。このため、同種のコーパスの多くが出版社の非公開社内データベースとして位置付けられています。

　2 点目は、コーパスの内容が逐時的に変化するため、新語を探す辞書執筆の資料としては良くても、検証可能性が求められる言語研究では使用しにくいということです。

　3 点目は、大量のデータを取り込むためにウェブへの依存度が高まることです（2.2.2 節）。ウェブの割合があまりに高くなるようであれば、はじめからウェブをコーパスとみなしたほうが合理的だという判断もありえるでしょう。言語という無限母集団への近接法としての大規模収集法という考え方は、近い将来、ウェブ検索の中に取り込まれてゆく可能性もあります。

3.1.3　悉皆的収集法による特殊コーパス

　コーパスが対象とする言語母集団が非常に特殊かつ小規模で、それを漏らさず収集することが可能な場合は、悉皆的収集法によるコーパス構築が行われます。こうしたコーパスの例として特殊母集団コーパスがあります。特殊母集団コーパスでは、想定母集団、現実母集団、標本の 3 者は完全に一致しています。

■特殊母集団コーパス

　特殊母集団コーパスの例としては、聖書コーパスや『源氏物語』コーパスなどの作品コーパス、シェイクスピアコーパスのような作家コーパス、さらには、過去の紙面を収録した特定新聞社のコーパスなどが考えられます。

　特殊母集団コーパスを使った研究では、当該母集団の枠を超えて研究結果を客観化・一般化することはできません。たとえば、ある日本人作家のコーパスを調べて何らかの傾向が出たとして、それを当該作家の言語特性と言うことはできますが、日本語の特性を論じたことにはならないのです。

　特殊母集団コーパスは、一般的なコーパスの定義に抵触する部分が多いため、コーパスと呼ぶことを避け、データベース（database）や電子テキスト集成（digitalized text collection）といった用語を使用することもあります。

■パラレルコーパス

　小規模な特殊母集団を悉皆的に収集したものとして、他に、パラレルコーパス (parallel corpus) があります。これは、英語の原文と日本語の対訳、あるいは、日本語の原文と英語の対訳というように、対応性 (parallelism) を持った2言語のデータを同時に収録したもので、2言語コーパス (bilingual corpus) とも呼ばれます。使用されるデータとしては、特許文書・旅行会話集・ウェブ・文学作品・政府白書などがあります (村上, 2011)。

　一般に使用可能なパラレルコーパスとしては、「Wikipedia 日英京都関連文書対訳コーパス」があります。これは、情報通信研究機構がウェブ上の百科事典サイトである Wikipedia の京都関連の日本語記事に人手で英訳文をつけて構築したものです。

> <j> 龍安寺 (りょうあんじ) は、京都府京都市右京区にある臨済宗妙心寺派の寺院。</j>
> <e type="trans" ver="1">Ryoan-ji is a temple in the Myoshinji branch of the Rinzai sect, and is located in Ukyo-ku, Kyoto.</e>

　このほか、1961 ～ 2021 年出版の日本語小説に2種の機械翻訳で英訳を付けた JFIC (神戸大学石川慎一郎研究室)、ウェブの対訳データを収集した OPUS、映画字幕の対訳データを収集した Open Subtitles (ともにヘルシンキ大学 Jörg Tiedemann 研究室) なども利用できます。

　パラレルコーパスと同様のことを3言語・4言語で行えば、多言語コーパス (multilingual corpus) となります。多言語主義を掲げる欧州評議会の議事録を収集した European Parliament Proceedings Corpus はこの一例です。

3.1.4　均衡的収集法による特殊コーパス

　コーパスが対象とする特殊母集団が一定の規模を持ち、悉皆的に収集できない場合は、均衡的収集法によるコーパス構築が行われます。こうしたコーパスの一例としてジャンルコーパス (genre corpus) があります。

■ジャンルコーパス

　新聞コーパス、雑誌コーパス、文学コーパス、政府白書コーパス、工学・法学・医学コーパスなどがジャンルコーパスの例です。ジャンルコーパスの構築法は、個別言語全体を対象とする均衡コーパスの構築法に準じます。たとえば、文学コーパスを例にすると、まず、時代・内容・読者層などの観点で層化を行い、各層ごとに、無作為抽出法でデータを収集していきます。

　なお、医学英語、ビジネス日本語など、使用範囲の限定された言語を特殊目的言語（Language for Specific Purposes：LSP）と呼ぶことがあります。こうした言語を集めたジャンルコーパスは LSP コーパスと位置付けられます。

　同じ均衡的収集法によっていても、一般コーパスとジャンルコーパスを用いた研究は、しばしば、タイプが異なります。前者の場合、関心の対象は英語や日本語といった言語そのもの、あるいは当該言語における各種の言語現象となり、これらの研究は広義の言語学に分類されます。一方、後者の場合は、コーパスが対象としているジャンルの側に関心が向けられることが多く、社会学・文学・政治学・工学・法学・医学など、ジャンルに関係した学問分野の枠組みで研究が進められることも珍しくありません。

■教材コーパス

　多様なジャンルのうち、とくに、教材ジャンルに限定したものを指して教材コーパス（pedagogical corpus／teaching material corpus）と呼びます。教材コーパスは、学習者が外国語を学ぶ際に使用する教科書や参考書などを特殊母集団とし、通例、均衡的収集法によって標本を集めます。

　コーパス言語学と言語教育の親和性が高いことは前述の通りですが、教材コーパスと一般コーパスを比較すれば、外国語教育で学習者に提示している言語の真正性（authenticity）を客観的に評価することが可能になります。

■学習者コーパス

　学習者による外国語の産出を特殊母集団とするコーパスとして、学習者コーパス（learner corpus）があります。学習者コーパスでは、学習者の作文や

発話を想定母集団とし、一定の均衡的基準によってデータを収集します。

　外国語学習では、母語（第 1 言語＝L1）を出発点として、目標とする外国語（第 2 言語＝L2）に接近することが目指されますが、L1 と L2 の中間段階においては、L1 の影響を受けた特殊な L2 である中間言語（interlanguage）が使用されます。学習者コーパスは中間言語コーパスとも呼ばれます。

　学習者コーパスは種類も多く、コーパス言語学の新たな分野として独立的に研究されていますので、本書でも第 10 章において独立した形で扱います。

3.2　主要な英語コーパス

　以下では、英語・日本語を対象とした一般コーパスを紹介します。ただし、すべてに触れることはできないため、オンラインで無償使用でき、先行研究で幅広く使用されている書き言葉コーパスに限って言及します。

　英語コーパスについては、Brown Corpus、British National Corpus、Bank of English、Contemporary Corpus of American English の 4 種を取り上げます。

3.2.1　Brown Corpus

　Brown University Standard Corpus of Present-day American English（Brown Corpus）は、アメリカのブラウン大学で構築された現代アメリカ英語の書き言葉コーパスで、世界初の本格的コーパスとして知られています。均衡的抽出法に基づき、500 種のサンプルを収集しています。データ量は当時としては画期的な 100 万語です。

■開発の経緯

　Brown Corpus は、ブラウン大学の W. N. Francis および H. Kučera の両氏が、アメリカ教育省の研究資金を得て開発したコーパスです。

　1961 年にアメリカで刊行された書き言葉の収集を進め、初版は 3 年後の1964 年に公開されました。その後、採録テキストについての情報を追加し

た改訂版が 1971 年に公開され、元のテキストの誤植や、データの入力段階で発生していた誤植について広範な修正を加えた再訂・増補版が 1979 年に公開されています。

Brown Corpus は、データの収集基準を詳細に定義しており、後に、その基準を踏襲した一連の比較コーパスが構築されたこともあって、約 60 年を経た現在でも、研究目的で使用されています。

■データの収集

Brown Corpus は、参照すべき前例が存在しない中、層化抽出法や無作為抽出法を組み合わせることで、アメリカ英語という巨大な想定母集団を代表する均衡的標本を作成する方法を確立しました。その手法は、現在でも均衡コーパス構築の基本となっています。

構築に当たっては、まず、「現代 (present-day) のアメリカ英語」という想定母集団について検討を行い、書き言葉のみを対象にすること、1961 年刊行の出版物に限ること、特殊な言語使用がなされている詩、話し言葉性の強い劇、会話が 50% を超える小説は対象外にすることなどを決めました。

次いで、経験的判断に基づいて想定母集団を層化し、層化されたカテゴリごとのサンプル数の原案を作りました。原案は、検討会議に出席した専門家の意見や、出版目録における比率調査の結果などをふまえて修正されました。

その後、カテゴリごとに現実母集団を定め、無作為抽出法によってサンプルを決定しました。大半のカテゴリについては、サンプルの入手の容易性を考慮し、ブラウン大学図書館や近隣の私設図書館の蔵書目録を現実母集団としました。

サンプル数は最終的に 15 カテゴリ、全 500 種に整理され、その各々について約 2,000 語(センテンス冒頭から 2,000 語を超えたセンテンス終結部まで)、合計 100 万語のデータが集められました。

カテゴリは、A:新聞記事(8.8%)、B:新聞論説(5.4%)、C:新聞書評等(3.4%)、D:宗教(3.4%)、E:技芸・趣味(7.2%)、F:一般実用(9.6%)、G:文芸・伝記等(15%)、H:雑(政府文書等)(6%)、J:学術(16%)、K:

一般小説(5.8%)、L:推理小説(4.8%)、M:空想科学小説(1.2%)、N:冒険小説等(5.8%)、P:恋愛小説(5.8%)、R:ユーモア小説(1.8%)となっています。大きな括りで見ると、新聞等(A〜C)が17.6%、一般(D〜H)が41.2%、学術(J)が16.0%、小説(K〜R)が25.2%です。

個々のカテゴリはさらに細かく層化されています。たとえば、新聞・雑誌の記事は全体で44種のサンプルからなりますが、これらは日刊(33種)と週刊(11種)に、また、政治(14種)・スポーツ(7種)・社会(3種)・スポット記事(9種)・経済(4種)・文化(7種)に区分されています。こうした段階的層化によって、標本としての信頼性が高められています。

■データの利用

Brown Corpusや、その比較コーパス(3.1.1節)のデータは、International Computer Archive of Modern and Medieval English (ICAME)というデジタル言語データ共有機関から有償で入手することができます。

また、Brown Corpusは、Complete Lexical Tutorという英語語彙学習サイト内のCorpus Concordance Englishからオンライン検索も可能です。ここには、Brown Corpusの他、後述するBritish National Corpusの一部などがあらかじめセットされています。

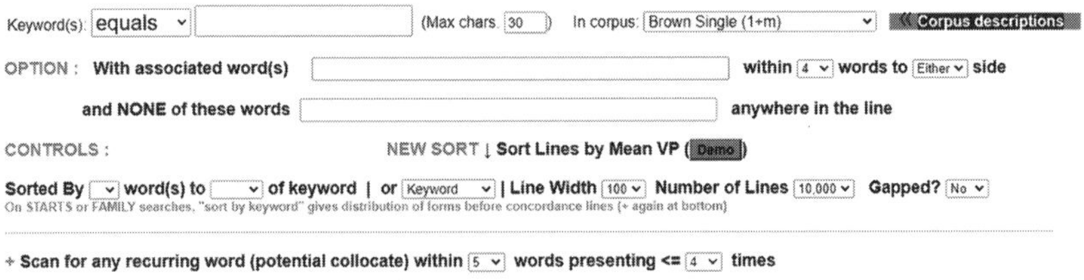

図2　Complete Lexical Tutorでの Brown Corpus 検索インタフェース(一部)

3.2.2　British National Corpus

British National Corpus (BNC)は、オックスフォード大学、ランカスター大学、イギリスの辞書出版社であるロングマン社などが加盟するコンソーシアムによって構築された現代イギリス英語の大型均衡コーパスです。BNC

は、Brown Corpus で確立された均衡的収集法の精緻化を図り、4,000 種を超えるサンプルを収集しています。データ量は 1 億語で、1,000 万語の話し言葉の書き起こしデータも含まれています。

■開発の経緯

BNC は、イギリス政府の資金援助を受けて 1991 年から 1994 年にかけて構築が行われ、1995 年に欧州圏研究者向けに初版が刊行されました。その後、2001 年には、一部データを差し替えて世界中で利用できる 2 版（World Edition）が刊行され、2007 年には、最新のデータ記録規格である XML に対応した 3 版が刊行されました。

BNC は現在利用可能な英語コーパスの中で最も学術的な信頼度の高いものの 1 つとみなされており、オックスフォード大学出版局やロングマン社（現在のピアソン社）が刊行する英語学習辞書の基礎資料として使われているほか、世界中で BNC を使用した学術論文が数多く執筆されています。

■書き言葉データの収集

書き言葉については、各種の調査結果をふまえ、分野・媒体・時代の 3 つを考慮して想定母集団の枠組みを決定しました。ここでは、オックスフォード大学が公開した第 3 版の Reference Guide に基づいて概要を見ていくことにします（BNC のデータ構成比については、さまざまな文献において、語数・文数・サンプル数に基づく値が混在しており、注意が必要です）。

まず、分野については、8 割がノンフィクションの情報伝達文（informative）、2 割がフィクションの文芸作品（imaginative）で、情報伝達文はさらに国際事情（20%）、社会科学（16%）、余暇（14%）、商業金融（8%）など、全 8 ジャンルに区分しました。

媒体については、57% が書籍、33% が新聞・雑誌などの定期刊行物、9% 程度が雑多な刊行物（パンフレット、広告等）、および非公刊の各種の書き物（個人書簡、日記等）、そして、1 ～ 2% が演説や劇の台本となっています。

時代については、現代イギリス英語の共時的コーパス（synchronic corpus）を作るという狙いから、ノンフィクションについては 1975 年以降のもの

に、フィクションについては 1964 年以降のものに限定しました。フィクションについて範囲を広げたのは、フィクションでは古いものが現在に読み継がれやすいことを考慮したためです。

このほか、比率調整は行っていませんが、長さ・範囲・内容・作者(年齢、性別、出生地、居住地)・想定読者(年齢、性別)・難易度などについても多様性が確保されるよう配慮が行われました。

書き言葉のサンプル数は最終的に約 3,200 となり、書籍の場合は 1 冊あたり最大 45,000 語が、短い記事等についてはその全体が収集されました。

■話し言葉データの収集

話し言葉は、人口分布のバランスに配慮して集められた一般話者による自然発話データ(demographic)と、内容バランスに配慮して集められた内容別データ(context-governed)から構成されています。

自然発話データは 124 人の協力者の発話を書き起こしたものです。協力者は、マーケットリサーチの専門業者によって、年齢・性別・4 段階の社会階層のすべてにおいてほぼ同数ずつになるよう集められました。居住地は全英の 38 か所に及んでいます。彼らは、2、3 日の間、外部から気付かれないようにレコーダを身に着けて生活し、その間に交わした会話をすべて録音し、会話の背景状況をメモに記録しました。会話の後で、相手の許諾が取れたデータのみがコーパスに加えられました。

内容別データは、社会におけるさまざまなタイプの発話を収録することを目的としており、教育・情報伝達場面(講義、教室でのディスカッション、ニュース報道等)、ビジネス場面(販売デモ、組合の会議等)、公共場面(教会説話、政治家のスピーチ、議会議事録等)、余暇場面(スポーツ論評、ラジオ番組への視聴者からの電話等)の 4 種についてほぼ同等の量が収集されています。

■データの利用

BNC3 版(XML 版)のデータは、現在、オックスフォード大学が運営する Oxford Text Archive から無償でダウンロードすることができます。

　また、オンラインで BNC が検索できるサイトとしては、ランカスター大学が開発したコーパス統合検索システム Corpus Query Processor（CQPweb）上にある BNCweb や、元ブリガムヤング大学の Mark Davies 氏が構築・運営する English-Corpora.org などがあります。

　CQPweb や English-Corpora.org では、BNC だけでなく、多数の大型英語コーパスがほぼ共通の検索インタフェースで利用でき、近年では世界中の研究者が利用しています。

■近年の動き

　BNC は 1994 年以降の英語の変化を反映しておらず、最新の英語研究の資料としては使用できない状態が続いていました。この点をふまえ、ランカスター大学を中心として、BNC の 20 年後のイギリス英語を集めた BNC2014 が構築されました。自然発話 1,000 万語のデータ（Love, 2020）はオンライン検索が可能で、書き言葉データは Vaclav Brezina 氏が開発した #LancsBox というコーパス検索ツールからダウンロードして検索できます。

3.2.3　Bank of English

　Bank of English は、バーミンガム大学の John Sinclair 氏の監修のもと、イギリスの辞書出版社コリンズ社が構築している大規模収集法による一般コーパスです。Bank of English は、絶えずデータを拡充することで最新の言語変化をリアルタイムに監視するモニターコーパスの代表格として認知されており、データ量は、現在、6 億 4,500 万語を超えています。

■開発の経緯

　Bank of English の開発は 1980 年に始まり、最初に、書き言葉・話し言葉を含む約 730 万語の Main Corpus が完成し、コリンズ社の辞書編纂に使用されました。これは、BNC などと同様、均衡的収集法に基づいたものとされます。その後、1982 年以降になって、Main Corpus でカバーできない英語の多様性や変化を探るため、最新の言語データを集める Reserve Corpus（予備コーパス）の作成が開始されました。

　以後、Bank of English のサイズは拡張を続け、1994 年にプロジェクトの目標であった 2 億語、2001 年に 4 億語、2008 年に 6 億語を突破し、2011 年には 6 億 4,500 万語に達しました。Bank of English は、現在では、コリンズ社の構築する 45 億語超の統合的な英語データベースである Collins Corpus の一部分となっています。

　Bank of English の意義は、Sinclair 氏が編集主幹を務めたコリンズ社の一連の辞書として結実しています。とくに、1987 年に初版が出た *Collins Cobuild English Language Dictionary* は、辞書の世界で初めて本格的にコーパスを活用した画期的なものでした (8.1.1 節)。

　「本物の英語で学習者を支援する」(Helping learners with *real* English) というキャッチフレーズを掲げ、すべての定義をコーパスに照合して見直し、すべての用例をコーパスから引用した同書は、辞書の世界、英語研究の世界に衝撃を与え、以後のコーパス言語学の爆発的な普及の契機となりました。

■データの収集

　Bank of English は商用出版社のコーパスであるため、データ収集法の詳細やコーパス全体のデータ構成は明確にされていません。そこで、Bank of English の大部分をオンライン公開したコリンズ社の Wordbanks Online (後述) の解説に即してデータの構成を見ていきます。

　テキスト種別は、新聞 (52%)、書籍 (28%)、話し言葉 (11%)、雑誌 (8%)、パンフレット・報告書等 (2%) で、書き言葉と話し言葉の比率は BNC とほぼ同じになっています。

　テキストの内容は、ニュース (52%)、テレビ・ラジオ (11%)、小説 (11%)、生活科学・文化・伝記・ビジネス (それぞれ約 3%)、宗教・コンピュータ・医学 (それぞれ 1 ～ 2%) となっており、データを取りやすいマスメディアを中心とした収集がなされていることがわかります。

　国別では、イギリス (47%)、アメリカ (35%)、オーストラリア (7%)、カナダ (6%)、インド (2%)、南アフリカ・アイルランド (1% 未満) となっています。英米以外の英語を集めたコーパスは少なく、こうした地域的多様性は Bank of English の特徴となっています。

　年代については、1960 年代 (0.03 %)、1970 年代 (0.3 %)、1980 年代
(4.7%)、1990 年代 (23.4%)、2000 〜 2005 年 (63.8%) となっており、大半
が 2000 年以降のものです。なお、Bank of English はモニターコーパスの代
表とされますが、本来、モニターコーパスには、時系列コーパスのように、
過去の言語変化を継続的に監視する面と、不断に新しいデータを加えること
で最新の言語の状態を監視する面があります。Bank of English は後者の面
に限ったモニターコーパスと言うべきでしょう。

■データの利用

　Bank of English のデータの一部 (約 6 億語) は、Wordbanks Online という
名称で、有償で公開されていました。図 3 はコーパス統合検索システム
Sketch Engine 上にあった検索インタフェースです。ただ、10 億語を超える
各種の大型コーパスが無償で使えるようになったこともあり、英語研究にお
ける Bank of English の資料的価値は以前ほどではなくなっています。日本
での Wordbanks Online の新規利用登録は 2023 年に停止されました。

図 3　Wordbanks Online 検索インタフェース (一部)

3.2.4　Corpus of Contemporary American English

　Corpus of Contemporary American English (COCA) は、前出の元ブリガム
ヤング大学の Mark Davies 氏が 2008 年に構築した現代アメリカ英語の大型
均衡コーパスです。COCA は、ウェブ上の資料を均衡的に収集するという
新しい発想に基づき、広範なサンプルを収集しています。データ量は、

BNC の 10 倍を超える 11 億語（2021 年 1 月時点）となっています。COCA はジャンルの均衡に配慮してデータを収集しているという点では均衡コーパスですが、同一基準で経年的にデータを集め、かつ、最新データの収集も続けているという点ではモニターコーパスの性質も併せ持っています。

■開発の経緯

　COCA の開発に先立つ背景として、アメリカや日本の出版社などが共同出資し、BNC のアメリカ英語版に相当する American National Corpus（ANC）を構築しようとするプロジェクトがありました。10 年余の準備期間を経て、ANC は 2,200 万語のデータを集め、1,500 万語分のサンプルデータ（open ANC：OANC）の配布にこぎつけたものの、データ収集が難航し、1 億語のコーパス開発というプロジェクトの当初の目標の達成は困難になっています。

　こうした状況の中、COCA は、ウェブ上のデータをジャンル別にアーカイブし、コーパス検索に対応するようインデックス化するという新発想で作られたコーパスです。

　もっとも、印刷媒体を電子化するのではなく、ウェブ上の電子媒体を使用しているということで、当初は信頼性に対して慎重な見方もありました。しかし、最近では学術的評価が定着し、COCA を使った研究が急増しています。Brown Corpus や BNC が構築された当時はウェブが普及していませんでしたが、ウェブが高度に発達した現在では、印刷媒体と電子媒体の垣根が曖昧になっています。この意味で、ウェブ上の信頼できる資料からジャンルの均衡に配慮してデータを収集し、それを無償で公開するという COCA の構築理念は、今後の大型コーパス開発の方向を示唆するものと言えるでしょう。

■データの収集

　COCA は、「現代アメリカ英語」という想定母集団に対して「1990 年以降のアメリカのウェブ資料」という現実母集団を規定します。そして、現実母集団を話し言葉、小説、雑誌、新聞、学術論文、テレビ・映画の 6 領域

に層化しました。層間比率は均等です。加えて、ウェブとブログのデータも収集しています。6 領域はさらに下位区分されています。

　話し言葉は放送番組のスクリプトを取得したソース別に ABC、NBC、CBS、CNN などの 9 種に分類されます。小説は内容および読者層という観点から、一般小説、雑誌小説、空想科学・ファンタジー小説、青年向け小説、映画、ファン創作の 6 種に分かれます。雑誌は報道記事、経済、科学技術、社会・人文、宗教、スポーツ、娯楽、家庭・健康、黒人、子供、男性・女性の 11 種に分かれます。新聞は内容に基づき、国際、国内、地方、金融、暮らし、スポーツ、社説、その他の 8 種に、学術論文は主たる分野に基づき、歴史、教育、地理・社会、政治、人文、哲学・宗教、科学技術、医学、ビジネス、その他の 10 種に区分されます。テレビ・映画は、2020 年に追加された領域で、テレビはコメディ・ドキュメンタリーなど全 12 種、映画はアクション・冒険・アニメなど全 19 種に分かれます。

　COCA は、主要な 6 領域の各々につき、毎年 400 万語（合計 2,400 万語）のデータを継続収集しています。COCA は、年度ごとのデータ収集基準や収集量が一貫しているため、モニターコーパスの代表とされる Bank of English（Wordbanks Online）以上に、学術的で信頼性の高いモニターコーパスとも言えます（Davies, 2011）。

■データの利用
　COCA は、前述の BNC と同様、English-Corpora.org 上のインタフェースから無償で検索が可能です。

　オンラインのコーパス検索インタフェースはこれまでにさまざまなものが開発されていますが、English-Corpora.org のインタフェースは、それらの中でも、非常に機能が充実し、かつ、直感的に使用できるものです。

　単語や句の完全一致検索はもちろん、ワイルドカード検索（文字の代わりに特殊記号を用いて検索）、レマ検索（語彙素基本形を入力して活用形を検索）、品詞検索、一定範囲内の共起語検索、類義語検索などを行うことが可能です。また、「Word 検索」では、ジャンル別頻度、語義、共起語、単語連鎖、用例などを一度に確認することができます。

3.3　主要な日本語コーパス

　日本語コーパスについては、英語に比べると絶対数が少なく、オンライン
で使用できる大型の均衡コーパスはほとんどありません。ここでは、唯一の
例外と言える「現代日本語書き言葉均衡コーパス」を中心に紹介し、補助的
に使用できるオンライン日本語データベースとして、「青空文庫」と「Google
ブックス」に言及します。

3.3.1　「現代日本語書き言葉均衡コーパス」

　「現代日本語書き言葉均衡コーパス」(Balanced Corpus of Contemporary
Written Japanese：BCCWJ) は、国立国語研究所を中心として構築された現
代日本語の大型均衡コーパスです。BCCWJ は、BNC などの先行コーパス
のデータ収集法を参考にしつつも、日本語の特性に対応した独自の均衡的収
集法を確立し、広範なサンプルを収集しています。データ量は、BNC と比
肩しうる 1 億語となっています。

■開発の経緯

　英語圏でコーパスの整備が進み、コーパスを用いた英語研究が進展する中
で、日本語についても同様のコーパス開発が以前より待望されていました。
　こうした状況をふまえ、国立国語研究所は、それまで個別に作成していた
「日本語話し言葉コーパス」や、明治〜昭和初期の雑誌データを集めた「『太
陽』コーパス」などを統合し、KOTONOHA という大規模なコーパス構築
プロジェクトを策定しました。現代日本語の書き言葉を想定母集団とする
BCCWJ は、KOTONOHA の中核として 2006 年に構築が開始され、2011
年に完成し、一般公開されました。
　この間、データ収集に並行して、形態素解析 (4.3.3 節) を含めた各種の日
本語処理技術の開発・改良が行われたほか、収集中のコーパスデータを用い
た日本語の研究も精力的に行われました。短期間に膨大な数の研究論文や報
告書が公刊され、日本語研究の新しいアプローチとしての「コーパス日本語
学」が急速に普及しました。

■データの収集

　過去のコーパス構築では、書籍からデータを取る場合、出版目録を現実母集団として標本抽出を行うことが一般的でした。しかし、出版された本の中には、自費出版物のように、ほとんど流通せず、読者がいないものが含まれているかもしれません。

　BCCWJ は、「書き言葉の実態」(山崎, 2011)、すなわち、書き言葉の社会における機能や影響に注目し、「生産(出版)されたもの」と「流通しているもの」を区分する斬新なアプローチを採用しています。このため、BCCWJ は、書き言葉の生産実態を代表する出版サブコーパス(3,500 万語)、書き言葉の流通実態を代表する図書館サブコーパス(3,000 万語)、および、その他の特定目的サブコーパス(3,500 万語)の 3 種から構成されています。

　出版サブコーパスは、2001 ～ 2005 年の刊行物を母集団とし、書籍(74%)・雑誌(16%)・新聞(10%)の 3 種のデータが含まれています。

　書籍については、国立国会図書館の蔵書目録(一部除外)を現実母集団として、日本十進分類法(NDC)によるジャンル区分と発行年による年代区分を組み合わせて層化を行いました。部分的実測に基づき、各層のデータ量を推定した上でサンプル数を決定しました。ジャンルとしては社会科学が最も多く、次いで、文学、自然科学となっています。雑誌や新聞についてもほぼ同様の標本抽出法が取られており、新聞は地域的な分布を考慮し、全国紙(5紙)、地域紙(3 紙)、地方紙(8 紙)からデータを取っています。

　図書館サブコーパスは、1986 年から 2005 年に刊行された書籍のうち、東京都内の 13 自治体以上で所蔵されている書籍を現実母集団とし、ジャンルと発行年によって層化を行い、実測をふまえてサンプル数を決定しました。出版サブコーパスにおける比率とは異なり、ここでは、ジャンルの中で文学が最も多く、次いで、社会科学、歴史となっています。

　特定目的サブコーパスは、母集団を定めて均衡的に収集するのではなく、日本語の諸相を代表するデータを広範に収集することを目指しました。政府白書(1976 ～ 2005 年)、小中高教科書(2005 ～ 2007 年度)、自治体広報紙(2008 年)、ベストセラー書籍(1976 ～ 2005 年)、Yahoo! 知恵袋(2005 年)、Yahoo! ブログ(2008 年)、韻文(1980 ～ 2005 年)、法律(1976 ～ 2005 年)、

国会会議録(1976 〜 2005 年)がここに含まれています。

　出版サブコーパスと図書館サブコーパスでは、無作為抽出法を 2 段階で実施しています。はじめに、層化された現実母集団に含まれるすべてのページの中から無作為で 1 ページを選びます。次に、ページの縦横に等間隔で 10 本の線を引き、得られた 100 の交点から無作為で 1 点を選び、その場所をデータ取得の起点と定めます。

　サンプルの長さは、原則として 1,000 字に設定されています。これを固定長サンプルと呼びます。ただし、サンプルが語の途中や文の途中で切れると、後の調査に支障が生じる可能性があるため、これとは別に、節や章などのまとまりごとにデータを取得する可変長サンプルが用意されています。可変長サンプルの平均文字数は新聞で 1,000 字程度、書籍で 4,000 字程度となっています。固定長サンプルは計量研究に、可変長サンプルは質的研究に適しています。

■データの利用

　BCCWJ の検索には、「少納言」と「中納言」という 2 種類のオンライン検索インタフェースを利用することができます。「少納言」は登録不要で使用でき、文字列検索が体験できます。これは、合致する文字列を機械的に検索するというもので、簡便に使える一方、注意点もあります。たとえば、動詞の「する」を調べようと思って「する」と入力すると、「すると」や「こする」も検索結果に含まれてしまいます。一方で、活用形の「した」や「しない」は検索結果に含まれません。

　「中納言」は、登録制で、文字列検索に加え、形態素検索が使用できます。後者は、形態素解析 (4.3.3 節) 済みのテキストデータを用いた検索で、たとえば、形態素の「為る」を入力することで、「する」とその活用形だけを一度に調べられます。また、基本となる単語の長さに関して、長単位(例:「ている」を 1 語扱い)と短単位(例:「ている」を「て」と「いる」の 2 語扱い)を区別した検索もできます。さらに、「名詞＋為る＋と」のように、複数条件を組み合わせて検索することも可能です(5.2.2 節)。

図 5　「中納言」の短単位検索インタフェース（一部）

■関連コーパス

　「中納言」からは、BCCWJ のほか、250 億語のウェブテキストを収集した「国語研日本語ウェブコーパス」の一部、660 時間分の講演や朗読を収集した「日本語話し言葉コーパス(CSJ)」、200 時間分の会話を収集した「日本語日常会話コーパス(CEJC)」、44 時間分の音声と書きおこしテキストを収集した「昭和話し言葉コーパス」、奈良〜大正時代の文献 1,890 万語を収集した「日本語歴史コーパス」、日本語学習者のインタビュー発話を収集した「多言語母語の日本語学習者横断コーパス(I-JAS)」なども検索できます。

3.3.2　その他のデータベース

　補助的に使用できるオンライン日本語データベースとして、「青空文庫」と「Google ブックス」を紹介します。ただし、これらは何らかの言語母集団の標本としてのコーパスではないことに留意が必要です。

■「青空文庫」

　「青空文庫」は、著作権保護期間(70 年)の終わった日本語の文学作品や、著者が公開を許諾した作品などを電子化して公開している「インターネット図書館」です。2023 年現在では約 1 万 9 千件のデータが収録されています。

　もっとも、基準を立てて体系的に収集しているわけではないので、収録作品は、時代的にも内容的にも均衡性が保証されたものではありません。日本十進分類法（NDC）のジャンル別で見ると、全体の約80％が文学作品で占められており、文学以外、とくに、産業や言語に関係する分野のデータはほとんど含まれていません。

　「青空文庫」に収録された作品テキストの中身に対してオンラインで網羅的な検索を行うには、トップページの右側上方にある検索ボックスに単語を入力してGoogleやbingなどで全文検索を行うほか、「Aozora Search」などの専用の検索インタフェースを利用することもできます。後者は日本語全文検索システムGroongaを利用したもので、検索結果から、著者別、分野（NDC）別、著者生年別に、該当する結果だけを抜き出して表示させることができます。

　なお、「青空文庫」の詳細については、4.1.3節で触れることとします。

■ Googleブックス
　「Googleブックス」は、Googleが各種の書籍（雑誌含）を電子化してインデックスを付与しているもので、最新の出版物を含め、幅広いジャンルの日本語の書籍データを検索することができます。書籍検索を行うには、通常のGoogle検索を行った後、結果の上部にある「もっと見る」内の「書籍」をクリックします。これにより、Googleがインデックスしているすべての書籍の中から、当該語を含む書籍がリスト表示されます。

　このとき、一定の条件でフィルタリングが可能です。まず、検索対象となるウェブページに関して、ウェブ全体にするか、日本語ページのみにするかを選べます。次に、対象とするテキストについて、全文表示のみ（検索語を含むページの表示が可）、限定・全文表示のみ（検索語の前後だけ見られるスニペット表示が可）、これら両方、のいずれかが選べます。また、テキスト種別については、本・雑誌・新聞・すべての中から指定できます。最後に、時期に関しては、19世紀・20世紀・21世紀・すべての時代から選べるほか、任意の期間を指定して調べることもできます（例：2023年1月〜12月等）

3.4　本章のまとめ

　本章では、はじめに、先行研究におけるコーパス分類を概観した後、コーパスの収集対象となる言語種別と、コーパスデータの収集法という 2 つの分類軸に基づく新たな分類枠を設定し、各タイプのコーパスを紹介しました。

　3.1 節では、均衡的収集法による一般コーパス（一般コーパス・比較コーパス・時系列コーパス）、大規模収集法による一般コーパス（モニターコーパス）、悉皆的収集法による特殊コーパス（特殊母集団コーパス・パラレルコーパス）、均衡的収集法による特殊コーパス（ジャンルコーパス・教材コーパス・学習者コーパス）について紹介しました。

　3.2 節および 3.3 節では、英語コーパスとして、Brown Corpus、British National Corpus、Bank of English、Contemporary Corpus of American English を、日本語コーパスとして、「現代日本語書き言葉均衡コーパス」他を紹介しました。

　コーパスにはさまざまな種類がありますが、自分で使ってみることで、それぞれのデータ特性や長所・短所が見えてきます。3.2 節および 3.3 節で紹介したコーパスはどれもオンラインで使用できますので、身近な単語や表現を入力し、検索を体験してみると良いでしょう。

3.5　発展課題

(1) 任意のオンラインコーパスで "corpus" という語を検索し、直前に生起する語を見ることで、本章で扱ったもの以外にどのようなタイプのコーパスがあるか調べてみましょう。【3.1 節】

(2) Brown Corpus、British National Corpus、Contemporary Corpus of American English、および、一般の検索サーチエンジンにおいて、高頻度語である sheep と run、低頻度語である kibe（あかぎれ）と cark（倒れる）の 4 種をサンプル語として検索し、コーパスサイズとヒット件数の関係を調べてみましょう。【3.2 節】

(3)「現代日本語書き言葉均衡コーパス」、Google ブックス、および、一般
の検索サーチエンジンにおいて、高頻度語である「幸福」と「歩く」、
低頻度語である「禍機」(災いの予感)と「入り臥す」(没入する)の 4 種
をサンプル語として検索し、コーパスサイズとヒット件数の関係を調べ
てみましょう。【3.3 節】

第4章 コーパスの作成

4.0 本章の概要

第3章で概観したように、英語・日本語ともに、すでに、均衡性に配慮した大型のコーパスが開発されていますが、研究目的によっては、そうした既存コーパスのみに頼るのではなく、自分自身で言語データを集めてコーパスを作る作業も重要になってきます。自作コーパスは、多くの場合、規模が小さく、データの中身がよくわかっていることから、質的な記述分析に適しています。さらに、自作コーパスによる調査を予備研究として位置づけ、大型コーパスを用いた研究につなげてゆくこともできるでしょう。

本章では、個人研究者が英語ないし日本語を研究する目的で、書籍を想定母集団とする一定の均衡性を持つ小規模コーパスを作成する場合を例に、その手順を、データ収集（collection）、電子化（computerization）、アノテーション付与（annotation）という3段階（Meyer, 2002, p.55）に分けて説明します。

4.1 データの収集

データ収集に先立ち、現実母集団を定め、どのようなデータをどう集めるかを決めます。この作業をコーパス設計（corpus design）と呼びます。もっとも、設計理念を明確にすることは重要ですが、初めからあまりに厳密な設計を行うのも現実的ではないでしょう。Meyer（2002）は、世界の英語変種を収集する International Corpus of English（ICE）の構築を振り返り、作業過程で、当初の設計を何度も変更したことを告白しています（p.56）。

4.1.1　収集データの選定

　無限にも思える古今の書籍群の中から、どの作品のどの部分をコーパスに加えるかを決めることは容易な作業ではありません。そこで、現実母集団を定義し、収集作業を具体化する必要が生じます。

■現実母集団の定義

　書籍コーパスと言っても、範囲が曖昧では作業が進められません。そこで、想定母集団としての書籍に対し、実際に同定可能な現実母集団を定義します。この際、構築するコーパスの代表性と構築コストの折り合いの中で、さまざまな選択があります。

　たとえば、現実母集団を「出版目録に掲載されている 1940 ～ 2020 年刊行の書籍すべて」などと定義すれば、幅広い対象が含まれ、コーパスは代表性の高いものになりますが、対象書籍は膨大な数となり、無作為抽出で選ばれた書籍を実際に入手できる保証もありません。構築には多大な費用と時間が必要になるでしょう。逆に、作業効率のほうを重視すれば、たとえば、「所属先の大学の図書館に収蔵されている 2020 年刊行の書籍」や、「ウェブ上の電子アーカイブで無償公開されている書籍（年代不問）」に母集団を限ることもできます。コーパスの代表性と作業条件を考慮しながら、妥当な現実母集団を定義するわけです。

■層化観点の決定

　母集団が大きなものである場合、通例、それを段階的に層化して均衡性を確保します。一般に、内容ジャンルや年代が層化の観点として使用されますが、このほか、流通量・執筆者属性・読者属性なども観点となり得ます。これらの中から研究目的に応じた観点を決定します。

　層化観点が決まれば、組み合わせによって個々の層が定義されます。その数は観点ごとの下位区分の数の積となります。たとえば、内容と年代を層化観点とし、前者を 10 区分、後者を 4 区分とすると、全体で 40 の層ができることになります。細かい層化は標本の代表性を高めますが、同時に作業量を増大させますので、これも現実的な値になるよう考える必要があります。

■層間比率の決定

　層化観点と下位区分が決まると、それらで定義された層ごとに収集する
データ量を決めます。たとえば、年代を観点として、1980 年代、1990 年
代、2000 年代、2010 年代の 4 種に下位区分する場合、望ましいのは、各層
（年代）ごとの書籍の実際の出版量を調査し、その比率を根拠として層間比率
を決めることです。

　ただし、そうした調査が常に可能とは限りません。そこで、より簡便に、
層間比率を均等とする方法もあります。この場合だと、4 種の年代層から取
るデータ量を同一にし、コーパスに占める 4 層の比率を 25% ずつにするわ
けです。既存の大型均衡コーパスの中にも、層間比率を均等にしているもの
があります。

■無作為抽出の実施

　無作為抽出も、多くの場合、段階的に行われます。たとえば、具体的に定
義された現実母集団に含まれるすべての書籍に通し番号をつけてその中から
無作為に書籍を選び（第 1 段階）、その後、個々の書籍ごとにデータを採取
するページを選び（第 2 段階）、最後に、当該ページ内でデータ採取を開始
する点を選ぶと（第 3 段階）、3 段階で無作為抽出を行ったことになります。

　Brown Corpus の構築では無作為抽出のために乱数表を使用しましたが、
Excel 関数（randbetween）などで整数値の乱数を発生させることもできます。

■著作権への配慮

　データ収集にあたっては著作権への配慮も必要です。多くの国でフェア・
ユース（fair use）の概念が存在し、利用目的・著作物の性質・利用する量・著
作物の価値の毀損性などの点で問題がない場合、非営利の個人研究であれば
著作物の複写利用が可能とされています。しかし、大量に収集したり、作成
したコーパスを第三者に配布したりすればフェア・ユースの範囲を超えると
考えられます（Meyer, 2002, p.61）。私的にコーパスを作成する場合も、本来
は、著作権保護期間が終了してパブリックドメイン（public domain）に入った
作品を集めるなどの配慮が求められます。

64

■標本の収集

　データを取るべき書籍とその箇所が決まれば、手作業でコンピュータに打ち込むか、スキャナで取り込んだ画像を光学文字読み取り（optical character reader：OCR）ソフトウェアで文字変換して電子データに変換していきます。最近のソフトウェアでは、従前は困難であった日本語の文字化の精度も向上していますが（三井, 2011）、文字化の作業は相応のコストを要しますので、個人研究のレベルであれば、各種のウェブサイトや電子ファイルなど、あらかじめ電子化されているテキストを母集団にするのも一案です。

■サンプルサイズの決定

　代表性の高いコーパスを作るためには、できるだけ多量のサンプルからできるだけ少量ずつデータを採取することが望まれます。その際、1個のサンプルが全体に占める比率が判断の目安になります。

　100万語を集める場合、10サンプルから10万語ずつ取れば、1個のサンプルの占有比は10%、100サンプルから1万語ずつ取れば1%です。Brown Corpus は 500 サンプルから 2,000 語ずつ取っていたので 0.2%、BNC は約 4,000 種のサンプルから最大 45,000 語ずつ取っていたので 0.045% でした。

　個人研究の場合、あまりに厳しい基準を踏襲するのは困難ですので、集めようとするデータの総量をふまえ、代表性と作業量の折り合いを考えながら、実現可能な範囲で適切なサンプルサイズを決定してゆくことが求められます。

■属性情報の記録

　コーパスに採録が決まったサンプルについては、属性を詳細に記録することが重要です。作家名、作品名に加え、可能な場合は、作家の性別や生年、作品の執筆年、長編・短編の別、内容区分、出版社、発行部数などを調査し、統一的に記録しておけば、後で、集めたデータの中から、その都度の研究目的に応じて、資料を自由に組み合わせて分析することが可能になります。

4.1.2 英語データの収集

個人研究で小規模な書籍コーパスを作成する場合、前述のように、公開されている書籍の電子データを利用するのが簡便です。ここでは、主として英語の電子書籍アーカイブである Project Gutenberg について紹介します。

■ Project Gutenberg とは

英語の電子書籍のアーカイブとして最も有名なものは Project Gutenberg です。Project Gutenberg とは、Michael S. Hart 氏が創始した印刷版書籍の体系的な電子化・公開化のプロジェクトで、1971 年の創始以来、多くのボランティアが協力して、文学作品を中心とした各種書籍の電子化を行っています。公開されているものは、著作権保護期間（アメリカでは当初は著作権者の死後 50 年間、現在は 70 年間）の終了した書籍に限られます。

■ データの信用性

ボランティアの仕事は、かつては書籍を手作業でコンピュータに入力することでしたが、最近では、光学文字読み取り（OCR）ソフトウェアによる処理結果と原文のスキャン画像を照合・修正する校正作業を体系的に分担するようになっています。

一般に、ウェブ上で閲覧できる電子書籍の難点はテキストの信頼性の低さでしたが、Project Gutenberg では、OCR 結果と原文を突き合わせる本校正（proofreading）と、作業済みのテキストを流し読んで不備がないかを確認する確認校正（smooth reading）の 2 段階のステップを設け、作品ごとの作業の進捗をウェブ上でリアルタイム管理するシステムを導入することにより、従前にあった誤植などの問題はほとんど解消されています。

■ 収録データ

執筆時点において、Project Gutenberg が所蔵する電子書籍の数は 6 万件以上となっています。よくダウンロードされている作家は、Charles Dickens (1812–1870)、Conan Doyle (1859–1930)、Mark Twain (1835–1910)、William Shakespeare (1564–1616)、Jane Austen (1775–1817)、H. G. Wells (1866–

1946）などで、幅広い作品が収録されていることがわかります。

　公文書や著作権者が許諾を与えた書籍を除き、最近のデータがないのは残念ですが、20 世紀以降の作品であれば、基本文法の点では現代英語と大きく変わらないので、著作者リストや作品リストを現実母集団とみなし、年代などを観点として無作為抽出すれば、一定の均衡性を確保したコーパスが作成できます。

　なお、文学作品の場合、無色透明の英語というよりも、「ディケンズの英語」や「オースティンの英語」など、書き手個人が強く意識される傾向があります。一般的な英語研究用のコーパスとするには、1 つの作品から取得するサンプルサイズを小さく設定し、サンプルの数を増やすか、あるいは、書き手の個性が薄いデータを利用することが適切です。Project Gutenberg には、*Encyclopaedia Britannica* 11 版（1910–11 年刊行）などの事典も公開されています。膨大な書き手が関与している事典は、個人の文体が表に出にくい言語資料と言えます。

4.1.3　日本語データの収集

　日本語で Project Gutenberg に相当するのは「青空文庫」（3.3.2 節）です。ここでは、書籍コーパスのデータとして利用する可能性について考えます。

■「青空文庫」とは

　「青空文庫」は、読む人にお金や資格を求めない「青空の本」を集めようとする富田倫生氏らのコンセプトのもと、1997 年に創始された「インターネット図書館」です。Project Gutenberg と同様、多数のボランティアによって、著作権保護期間（日本では著作権者の死後 70 年間）の終了した文学作品や、著作権者が公開を許諾した書籍の電子化が進められています。

　収録作品数は 2011 年には 1 万点を突破し、2023 年時点では 1 万 9 千件に達しています。電子テキストの信頼性を増すため、データ入力者とデータ校正者を別に定める作業体制がとられています。

■収録データ

　「青空文庫」でよく読まれている作家は、夏目漱石（1867–1916）、太宰治（1909–1948）、小林多喜二（1903–1933）、宮沢賢治（1896–1933）、福澤諭吉（1835–1901）などです。大半が 20 世紀の作家ですが、英語に比べると日本語は経年的な言語変化の幅が大きくなっています。したがって、コーパスを作る場合には、年代を観点とした層化を行い、20 世紀初頭の有名作家の作品だけでなく、存命の著作権者から提供された最近の作品もバランスよく組み合わせていくことが重要になります。

■日本語の電子化の難しさ

　英語に比べ、日本語の表記は非常に複雑で、それらを一貫した共通フォーマットでテキストとして記録するのは想像以上に大変な作業となります。

　「青空文庫」では、作業にあたるボランティア自身が、こうした問題を公開のウェブ掲示板等で議論し、全体の同意を形成しつつ、1 つ 1 つ新たな規約として決定してきました。過去には、使用する文字コードの範囲をどこまで許容するか、特殊な外字をどのように記載するか、「二カ月」などの「カ」の表記をどう処理するか（「カ」「ヶ」「ヵ」等）、底本の行頭の字下げ数をどう判断・処理するか、底本尊重の原則と底本の誤植修正をどう整合的にルール化するかなどの問題が真摯に話し合われています。

　こうした議論をふまえ、作業マニュアルは逐次的に改訂されます。たとえば、「青空文庫・外字注記辞書」の場合、本書執筆時点の版数は 8 版です。マニュアルの改訂記録を概観すると、作業を進めれば進めるほど、既存の規約では対応できない細かい問題が出てきたことがわかります。「青空文庫」では、検索性の向上のため、国立国会図書館が運営する各種アーカイブの統合検索システム「Japan Search」との連携も計画されています。

4.2　データの電子化

　データ収集が済めば、次に行うのはテキストファイルの保存です。この際、汎用的環境で分析が可能になるよう、また、文字化けなどがないよう、

ファイルタイプと文字コードを統一しておく必要があります。

4.2.1　ファイルタイプの統一

　コンピュータが扱う文書ファイルには、文字情報のみを含むテキストファイルと、文字以外の情報を含み得るバイナリファイル（Word のファイルなど）とがあります。

■テキストファイルの利点

　コーパスを構築する際には、テキストファイル（txt）形式で保存するのが原則です。

　テキストファイルは、文字以外の情報が含まれていないことから、コンピュータのオペレーションシステムを問わずに読み出しが可能であること、ほとんどの言語処理ソフトウェアで扱えること、サイズが小さいこと、処理が高速であることなどの点で、コーパスデータの保存に適しています。

4.2.2　文字コードの統一

　テキストファイルは非常に汎用性の高い形式ですが、実際には、保存した元のデータが正しく再現されないこともしばしば起こります。特に問題となるのが、いわゆる文字化け（character error）です。

■文字化けの起こる理由

　コンピュータは、個々の文字をいったん固有のコードに変換して（この過程をエンコード［encode］と呼びます）保存しますが、文字化けの理由は、保存時のコード体系と読み出し時のコード体系が一致しないことです。たとえば、X というエンコード形式で保存されたファイルがあったとして、それを Y という形式で読み出そうとすると、文字化けが起こったり、ファイルを開けなくなったりします。

　一般に、半角文字は文字化けが起こりにくいと言われますが、英語テキストでも文字化けは起こり得ます。Scott（2010）は、自身が開発した Word-Smith Tools というコーパス検索用ソフトウェアにおいて、文字化けがどの

ように発生し、それをどう解決したかを詳細に記述しています。また、英語に比べてコードが複雑な日本語では、文字化けははるかに深刻な問題です。

■エンコード形式の乱立

　英語であれ日本語であれ、さまざまなコード体系が混在しているのは、コンピュータで扱える文字の種類が段階的に増えてきたためです。

　初期のころは、コンピュータの能力の限界もあり、英語や日本語といった個別言語ごとに、最低限必要な文字を表示するためのコードを開発していました。その後、コンピュータの性能が向上するようになると、より多くの文字を表示させる方向へ、さらには、世界の文字を共通のコードで表示させる方向に転じ、その都度、さまざまなコードが開発されてきました。現在では、後述する UTF が標準的なエンコード形式となっていますが、過去に開発されたコーパス処理ソフトウェアの中には UTF が使えないものもあります。

　現在、英語・日本語のプレーンテキストに使用されているコードは、英語コード、日本語コード、汎用コードの 3 種に大別できます。

■英語コード

　英語は文字数が少ないので、シンプルなコードで表現が可能です。代表的な文字コードとして ASCII (American Standard Code for Information Interchange) があります。

■日本語コード

　日本語は文字数が多いので、より複雑なコードが必要となります。また、コンピュータのオペレーションシステムによって異なるコードが使用されます。

　主として Windows で使用されているコードが SHIFT-JIS (略称 SJIS) で、UNIX 系 (Mac OS X、Linux など) で使用されているコードが EUC-JP (Extended UNIX Code Packed Format for Japanese) です。

■汎用コード

　上記の各コードが、基本的に個別言語内で閉じたコードになっているのに対し、最近では、アルファベット・漢字（中国語・台湾語・日本語・朝鮮語等）・平仮名・カタカナ・ハングル・キリルなど、世界中のさまざまな文字を1個の巨大な単一体系 (uni-code) で表現しようとするコードが開発されています。これらを Unicode と呼びます。

　Unicode に従って個々の文字をコードに変換する際には、いくつかのフォーマット形式 (UTF：unicode transformation format) があります。8ビット符号単位を使用するのが UTF-8、16ビット符号単位を使用するのが UTF-16 です。UTF-16 には、エンディアン (Endian) と呼ばれるバイト順の並べ方が2種類あり、コードの大（コード順上位）→小（下位）に並べたものを UTF-16-Big Endian（略称 UTF-16-BE）、小（下位）→大（上位）に並べたものを UTF-16-Little Endian（略称 UTF-16-LE）と呼びます。

　UTF では、自身のエンディアンのタイプやファイルタイプを示すため、データの冒頭にバイト順マーク (BOM：Byte Order Mark) を付けることができます。一般に、UTF-8 は BOM が不要で、UTF-16 は BOM が必要とされていますが、実際にはともに付いている場合とそうでない場合があります。

■改行コード

　エンコードに関しては、改行をどのようにコード化するかという問題も存在します。改行を示すコードには CR (Carriage Return) と LF (Line Feed) という2種類がありますが、オペレーションシステムによって改行コードが異なります。前述の ASCII コードの場合、Windows では CR＋LF、UNIX 系では LF、旧 Macintosh では CR が使用されています。

■どの形式で保存すればよいのか

　これからコーパスを作ろうとする場合は、保存のたびに、あるいは、データごとに、ばらばらのエンコード形式になってしまわないよう、自らのコーパスで使用するエンコード形式を事前に決めておくことが望まれます。

　どのエンコード形式を採用するかは難しい判断ですが、最近のコーパス研究では、テキストファイルの国際共有を目指す観点から、多言語処理に対応する Unicode 系（とくに UTF8）を推奨する立場が標準的になっています。
　ただ、コーパス研究では、ファイル結合・文字種変換（旧字⇔新字など）・文字列検索など、各種の目的に応じて、さまざまなソフトウェアを使用することになりますが、それらの中には UTF が使用できないものも存在するので注意が必要です。なお、BCCWJ などの検索に使用する「中納言」（3.3.1節）では、検索結果をダウンロードするときに、UTF-8、UTF-16 LE、SHIFT-JIS、EUC-JP の 4 種のエンコード形式が選べます。

■ Word によるテキストファイルの保存
　MS Word の場合、ファイルを保存する際にファイルの種類として「書式なし(*.txt)」を指定すると、以下のファイル変換画面が表示されます。

図 1　Word におけるファイル変換画面

　「エンコード方法」で「その他」を選ぶと、「US-ASCII」、「日本語（シフト JIS）」、「日本語（EUC）」、「Unicode（UTF-8）」など、各種の形式が選択できますので、事前に決めたエンコードを指定します。あわせて、改行コードについても指定することができます。上図において、「Unicode」とあるのは UTF-16-Little Endian、「Unicode（ビッグエンディアン）」とあるのは UTF-16-Big Endian を表わしています。

■テキストエディタの使用

　文字化けの問題を回避する鍵は、テキストファイルのエンコードを常に確認することですが、一般的なワードプロセッサでは、通常、エンコード形式が表示されません。このため、コーパス研究では、テキストファイルの処理に特化したエディタと呼ばれるソフトウェアが広く使用されます。

　下記は、代表的なエディタ（5.2.3節）とされる「秀丸」でテキストファイルを開いたところです。

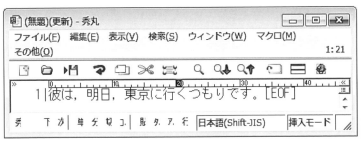

図 2　「秀丸」の画面

　画面の下部を見ると、日本語の SHIFT-JIS 形式でデータが読み出されていることがわかります。万一、正しく表示されない場合は、UTF-8、UTF-16、EUC、JIS など、その他のエンコード形式で読み込み直すことができます。

4.3　データのアノテーション

　以上、「データの収集」と「データの電子化」によって、テキストの収集が一通り完成したことになり、クリーン・テキスト原則（Sinclair, 1991, pp.21–22）（2.2.5 節）の考え方に立てば、コーパス構築の作業はここで終了ということになります。

　しかし、作成したコーパスを用いて詳細な機械検索を行おうとする場合、通例、品詞や基本形などの情報をあらかじめテキストに埋め込んでおきます。とくに、語と語が切れ目なく続く日本語の場合、そうした情報がない

と、語の単位での検索すらできません。実は、Sinclair 自身も、品詞タグ付けを全面的に否定したわけではなく、品詞情報を付与した場合は、プレーンテキストと別個に保存しておくべきだと付言しています（Sinclair, 2005）。

　こうした情報付与のことを、一般に、アノテーション（annotation）と呼びます。以下では、アノテーションの概要を整理し、収集したデータにアノテーションを行う方法を概観します。

4.3.1　品詞タグ付け

　アノテーションとは、本来、「注釈を付ける」という意味で、コーパスにおけるアノテーションにはさまざまなレベルがあります。

■メタテキストとタグ

　アノテーションでは、プレーンテキストの中に、言語学的な情報や解説を書き込んでいくことになります。こうして付与された情報は、テキスト自身についての注釈的テキストであることからメタテキスト（meta-text）と呼ばれたり、個々の語の言語学的特性の目印となる名札のようなものであることからタグ（tag）と呼ばれたりします。

　タグ付与の作業をタグ付け（tagging）と呼びます。タグは、テキスト内の個々の語に特殊な記号をつけて記載するのが一般的です。品詞タグ（POS［parts of speech］tag）や意味タグ（semantic tag）のほか、テキストや発話者の属性情報を記録するタグもあります。

■なぜ品詞タグ付けが必要なのか

　各種のタグの中で、最も広く使用されているのは品詞タグです。品詞タグは、プレーンテキストだけでは見落としがちな個々の語の機能を明示化し、コンピュータによる機械検索の精度を飛躍的に向上させます。

　一例として、下記の文について考えてみましょう。

（1）　Daisy loves a daisy.（デイジー［女性名］はヒナギクが好きだ。）

（2）　そのなかはなかなか暑かったよ。

　これらをそのまま機械処理すると、人名のDaisyと花名を表わすdaisy、「なか」と「なかなか」が区別されずに同じ語と判定されてしまいます。

　このとき、品詞タグが付いていれば、正しく処理することが可能です。下記の例では、単語の後にアンダーバーをはさんでタグを記載しています。

（1'）　Daisy_NP0　loves_VVZ　a_AT0　daisy_NN1 ._.

（2'）　その_連体詞　なか_名詞　は_係助詞　なかなか_副詞
　　　　暑かっ_形容詞　た_助動詞　よ_終助詞　。_句点

　(1')では、1つ目のDaisyには固有名詞(NP0)のタグが、後のdaisyには普通名詞(NN1)のタグが付いています。同様に、(2')では最初の「なか」には名詞の、後半の「なかなか」はひとかたまりで副詞のタグが付いています。これにより、字面では同じに見える語を正しく区別できます。

■品詞タグ付けと形態素解析

　英語は語間が物理的にスペースで区切られていますので、品詞タグ付けの作業は個々の語の品詞を判断するだけで済みます。

　一方、日本語は文字列が切れ目なくつながっていますので、語の品詞を判断する前提として、連続する文字列を語の単位に「分かち書き」し、活用形を処理する作業が必要になります。日本語で「語」と言った場合、ふつう、単独で意味を持つ最小言語単位である形態素(morpheme)を指すことから(7.1.2節)、この作業を形態素解析(morphological analysis)と呼びます。日本語処理では、分かち書きと品詞判定は一体的に行われるため、品詞タグ付けという呼び方は一般的ではありませんが、本書では、便宜上、品詞タグ付けという用語を総称的に使用します。

■品詞タガーと形態素解析器

　品詞タグ付けは言語処理において重要な役割を果たし、とくに日本語研究では不可欠なものと言えます。しかし、膨大なデータに対して品詞タグを手作業で付与していくのは現実的ではありません。

　そこで、入力されたテキストを解析し、自動で品詞タグを割り振るシステムが開発されています。これらは、英語処理では品詞タガー（POS tagger）、日本語処理では形態素解析器（morphological analyzer）と呼ばれます。本書では、便宜上、品詞タガーという用語を総称的に使用します。

■品詞解析アルゴリズム

　品詞タガーには、通例、個々の語が取り得る品詞の情報と、品詞結合に関する一般的なルール情報が組み込まれています。

　品詞分析には各種の方法が提唱されていますが、基本となるのは、目に見えている文字列はその背後にある品詞の連鎖に依存し、品詞連鎖の中で、ある品詞はその直前の品詞に依存しているという考え方です。代表的な理論が隠れマルコフモデル（Hidden Markov Model：HMM）と呼ばれるものです。

　品詞の連鎖については、さまざまな組み合わせが考えられます。たとえば、「神戸大学」という文字列の場合、(1)［神_名詞］［戸_名詞］［大_名詞］［学_名詞］、(2)［神_名詞］［戸_名詞］［大_接頭辞］［学_接尾辞］、(3)［神戸_固有名詞］［大_接頭辞］［学_接尾辞］、(4)［神戸_固有名詞］［大学_名詞］、(5)［神戸大学_固有名詞］などが想定され、このような組み合わせの総体をラティス（lattice）構造と呼びます。

　しかし、(1)のように名詞が4連続するパタンや、(2)〜(3)のように接頭辞と接尾辞が直接連続するパタンは、日本語の文法規則上、実現可能性が低いことがわかります。こうして、直前語と当該語の品詞に関して、ありうるすべての組み合わせの確率を求め、全体の接続コストが最も低い（実現確率が最も高い）パタンを選び、正しい組み合わせとして決定するのです。

■品詞区分

　品詞というのは、揺れのない単位のように思われがちですが、実際には、辞書を見ても、同じ語が異なる品詞に分類されている例は珍しくありません。こうしたずれは、品詞体系の差や、品詞分類の細かさの差に起因します。

　たとえば、日本語の「きれいだ」は、国文法（学校文法）では形容動詞、日

本語文法ではナ形容詞と分類されます。また、英語の played は、分類の細かさによって、動詞、一般動詞、一般動詞過去形など、さまざまな品詞があてられます。

　そこで、品詞タグを付与する場合は、使用した品詞タグ分類を明記しておくのが一般的です。こうしたタグ分類のことを、通例、英語ではタグセット（tag set）、日本語では形態素の一覧表という意味で「辞書」と呼びます。

　Sinclair（1991）のクリーン・テキスト原則（pp.21–22）でも批判されるように、あるタグセット（辞書）を選ぶことには、その品詞の枠組みを無条件に受け入れるという側面があり、現在では、アノテーションつきのデータと、アノテーションなしのデータを二重に収録するコーパスも増えています。

4.3.2　英語テキストの処理

　ここでは、英語テキストへの品詞タグ付けに使用できるシステムとして、CLAWS と Brill Tagger の 2 種類を紹介します。

■ CLAWS の概要

　英語の品詞タガーとして広範に使用されているのは、ランカスター大学で開発された CLAWS というシステムです。これは Constituent Likelihood Automatic Word-tagging System のアクロニムで、文の「構成要素」となる語の品詞をその生起する「確率」に基づいて「自動」で判定し、個々の「語」に「タグ付け」を行うものです。

　CLAWS は 1980 年代から開発が進められ、現行版にあたる CLAWS4 は British National Corpus（BNC）や English-Corpora.org 上の多くのコーパスの品詞タグ付けに使用されています。BNC への自動タグ付けでは、精度が 96 ～ 97% に達したことが報告されています。

　すでに述べたように、英語の品詞分類にはさまざまな粒度があり、CLAWS にも複数のタグセットが存在します。これまでに、CLAWS1（約 130 種）、CLAWS2（約 160 種）、C5（約 60 種）、C6（約 160 種）、C7（約 140 種）、C8（約 170 種）などが開発されています。C5 は BNC のタグ付けに使用されたもので、大型データを処理するため、あえてシンプルな分類になっ

ています。

■ CLAWS の使用法

　CLAWS を使ってタグ付けを行うには Free CLAWS web tagger が利用できます。Free CLAWS では、タグセットは C5 と C7 の 2 種類から、出力形態は、テキスト内の個々の語の直後にタグを挿入する Horizontal、語を縦に並べて隣の列にタグを記載する Vertical、個々の語に XML 風のタグを打ち（例：<w>X</w>）、タグ内に単語の出現順や品詞情報を併記する Pseudo-XML の 3 種類から、それぞれ選択可能です。

　以下は、I went to London to see him. というテキストに C5 タグセットでタグ付けを行い、Horizontal で出力するよう指定したところです。

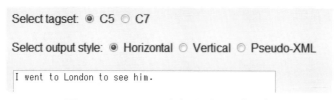

図3　Free CLAWS の文字列入力画面（一部）

以上の指定によって、下記の結果が得られます。

I_PNP　went_VVD　to_PRP　London_NP0　to_TO0　see_VVI　him_PNP　._PUN

　I は人称代名詞（personal pronoun：PNP）、went は語彙的意味を持つ動詞の過去形（VVD）、to は前置詞（preposition：PRP）、London は単複の別を持たない固有名詞（Noun Proper：NP0）、次の to は不定詞マーカー（TO0）、see は動詞の不定詞（infinitive）形（VVI）、最後の him は人称代名詞（PNP）です。前置詞の to と不定詞の to が正しく区別されていることに気が付きます。なお、him に文末を示す SENT というタグが付く場合は、...him XXX. のように、末尾に何らかの文字を追加入力すると正しく解釈されます。

Free CLAWS は一度に処理できる量に制限が設けられていますので、大量のデータにタグ付けを行いたい場合は、あらかじめ CLAWS を組み込んだ Wmatrix などの有償のタグ付けシステムを利用することになります。

■ Brill Tagger の概要

　Brill Tagger は、Eric Brill 氏が 1993 年に開発したもので、英語だけでなく、様々な言語に移植されて広く使用されています。Brill Tagger は、「教師あり学習」(supervised learning)に基づく品詞の判定を行っており、分析の見本になるデータ(＝教師)を前もって用意しておくことで、高い分析精度を実現します。

■ Brill Tagger の仕組み

　品詞タガーには、個々の語が取り得る品詞情報のリストと、品詞連結に関わる文法ルールが組み込まれています。Brill Tagger では前者を Lexicon(辞書)、後者を Contextual Rule(文脈ルール)と呼んでいます。

　タガーは、はじめに、Lexicon に基づき、各語にとって最も可能性の高い品詞を仮判定します。その後、あらかじめ用意された Contextual Rule を適用し、当該語(品詞)と前後のつながりをふまえ、仮判定された品詞を修正する仕掛けです(Mohammad & Pedersen, 2003)。

　Lexicon は、Brown Corpus に基づくもの (Brown)、アメリカの経済紙である Wall Street Journal のデータ (WSJ) に基づくもの、両者をあわせたもの (Brown.and.WSJ) の 3 種、Contextual Rule は、同様に、Brown、WSJ と、WSJ のデータに基づき、具体的な語を考慮した判定修正を行わないもの (WSJ_Nolex)の 3 種が用意されています。

　Brill Tagger を使うには、コペンハーゲン大学が提供する CST's POS Tagger を利用するのが便利です。Free CLAWS と同様、検索ボックスに分析したい文を入力して(あるいはテキストファイルをアップロードして)Process my text というボタンを押すと、画面下部の Output の箇所に、タグ付けされたテキストが表示されます。

CST's online tools

Here you can analyse text with a combination of CST's tools.
All tools support Danish and some tools also support other languages.

Language: [English ▾]　Bonus code: [　　　　　　]

Write a few lines ...
I went to London to see him.

... or specify a text or RTF file.　Or view a **demo text**!
[ファイルを選択] 選択されていません

図 4　CST's POS Tagger 入力画面（一部）

下記は、先ほどと同じ文にタグ付けを行った結果です。

I_PRP　went_VBD　to_TO　London_NNP　to_TO　see_VB　him_PRP　._.

Brill Tagger のタグセットは総数 50 未満の小規模なもので、ここでは前置詞の to と不定詞の to は区別されていません。このほか、後藤一章氏が作成した Go Tagger でも同様の分析が可能です。

■タグセットによる品詞分類の違い

タグセットが異なれば、タグ付けの結果も異なります。以下では、後続名詞を限定する決定詞（determiner）（例：such、little、this、his など）が異なるタグセットでどのように区分されるか見てみましょう。

Brill Tagger のタグセットはシンプルで、決定詞はすべて DT（決定詞）に区分されます。CLAWS の C5 も比較的シンプルで、決定詞は DT0（一般決定詞）、DPS（所有格決定詞）（例：*his* friend）、DTQ（WH 決定詞）（例：*which* boy）の 3 種に区分されます。

一方、CLAWS の C7 タグセットは細かく、決定詞は生起位置の制約性によって、(1) 他の決定詞に後続して使用し得る後置決定詞（例：that *same* thing）、(2) 他の決定詞に先行して使用し得る前置決定詞（例：*all* these days）、(3) 前置決定詞の前でも後置決定詞の後ろでも使える自由位置決定詞（central determiner）（例：some）の 3 種に大別されます。さらに、被修飾名詞の単複特性、当該語が形容詞由来の場合の級、代名詞由来の場合の格なども

考慮され、全体として下記の 13 種に区分されます。

DA（後置決定詞）、DA1（後置決定詞・単数名詞接続）、DA2（後置決定詞・複数名詞接続）、DAR（後置決定詞・比較級）、DAT（後置決定詞・最上級）、DB（前置決定詞）、DB2（前置決定詞・複数名詞接続）、DD（自由位置決定詞）、DD1（自由位置決定詞・単数名詞接続）、DD2（自由位置決定詞・複数名詞接続）、DDQ（WH 決定詞）、DDQGE（WH 決定詞・所有格）、DDQV（WH 決定詞・ever 型）

　品詞タグセットは、細かければ細かいほど良いとは一概に言い切れません。自らが構築しようとするコーパスの特性に合わせて、また、自らの研究目的に応じて、適切なタグセットを選択する必要があると言えるでしょう。

4.3.3　日本語テキストの処理
　日本語テキストへの品詞タグ付け（形態素解析）に使用できるシステムとしては JUMAN、ChaSen、MeCab、KNP、Web 茶まめなどがありますが、ここでは、ChaSen と Web 茶まめについて紹介します。

■ ChaSen の概要
　日本語処理の世界で広範に使用されている形態素解析器の 1 つが、奈良先端科学技術大学院大学で開発された ChaSen（「茶筌」）というシステムです。入力文を単語単位に分割し、品詞を付与する機能を持ちます。
　ChaSen は、隠れマルコフモデル（4.3.1 節）のアルゴリズムを採用しており、1996 年に β 版が公開された後、1997 年に Version1、1999 年に Version2、2007 年に Version 2.4 が公開されています。

■ IPA と UniDic
　一般的な品詞タガーと同様、ChaSen も解析にあたって、語や品詞関係を定義した辞書を使用します。使用できるのは IPA や UniDic です。
　IPA 品詞体系日本語辞書（IPADic）とは、情報処理振興事業協会（IPA）が定

める品詞体系 (THiMCO97) に基づいて開発された機械用辞書のことで、1998 年に公開されました。以後も、奈良先端科学技術大学院大学を中心に拡張と修正が行われています。現在、30 万語以上のデータが登録されています。

　UniDic とは、国立国語研究所が開発した形態素解析用電子化辞書で、短単位 (7.1.2 節) という一貫した「語」の単位に基づいています。現在、20 万語以上のデータが登録されています。ChaSen 上で UniDic を使用して行った形態素解析の精度は、正確性と網羅性の指標である適合率 (precision) と再現率 (recall) の調和平均 (F 値) で 0.975 を超える高い水準にあることが報告されています。

■ ChaSen の使用法

　ChaSen にはさまざまな配布形態がありますが、コマンドなどの特殊な知識が不要で、一般に使用しやすいのは、Windows 用の WinCha2000 と呼ばれるバージョンです。辞書についてはあらかじめ IPA が組み込まれています。

　WinCha は、出力オプションとして、表層語 (テキストに出現した表記形)・基本形 (表記形の元になっている基本の形)・読み (フリガナ)・発音 (助詞の「は」をワとするなど実際の音表記)・品詞・活用 (動詞・助動詞等の活用タイプ) の 6 種類から必要なものを選択することができます。解析結果は、テキスト内の構成語を縦に並べて新たな列にタグの情報を記載してゆく方式で出力されます。列と列の区切り法については、タブ・空白・改行・読点から選択できます。

　下記は、「私は彼に会うためにロンドンに行った。」という例文に WinChaでタグ付けを行った結果です。品詞表記は略記としています。

私 (名詞―代名詞) は (助詞―係助詞) 彼 (名詞―代名詞) に (助詞―格助詞) 会う (動詞―自立) ため (名詞―非自立) に (助詞―格助詞) ロンドン (名詞―固有名詞) に (助詞―格助詞) 行っ (動詞―自立) た (助動詞―特殊)。(記号―句点)

　上記を見ると、連続した文字列が形態素単位で正しく分かち書きされているだけでなく、「〜は」が係助詞で、「〜に」が格助詞であるなど、個々の品詞も細かく認識・判定されていることがわかります。

　WinCha は、上記のように直接入力された短い文のみならず、ファイル単位のデータであってもそのまま解析が可能です。

■ Web 茶まめ

　Web 茶まめは、国立国語研究所が提供するオンラインの形態素解析システムです。現代語（一般・話し言葉）や古典語（上代・中古・中世・近世・近代）に対応した UniDIC 辞書のほか、IPA 辞書を使った解析が可能です。分析は、MeCab というシステム上で行われます。MeCab は「条件付き確率場」モデルを採用しており、直前語と当該語の品詞の関係だけを見ていた「隠れマルコフモデル」より品詞推定精度が向上しています。分析テキストの直接入力のほか、テキストファイルのアップロードにも対応しており、分析結果は表計算ファイルとしてダウンロードすることができます。

■辞書による品詞分類の違い

　日本語形態素解析器の場合も、使用する辞書によって、分かち書きや品詞判定の結果に違いが生じます。以下は、IPA と UniDic、および、京都大学で開発されている JUMAN 辞書を使用し、「美しい花ときれいな絵」という句を解析した結果です。

　IPA：美しい（形容詞、自立、形容詞・イ段、基本形）／花（名詞、一般）／と（助詞、並立助詞）／きれい（名詞、形容動詞語幹）／な（助動詞、特殊・ダ、体言接続）／絵（名詞、一般）

　UniDic：美しい（形容詞、一般、形容詞、連体形－一般）／花（名詞、普通名詞、一般）／と（助詞、格助詞）／きれい（形状詞、一般）／な（助動詞）／絵（名詞、普通名詞、一般）

　JUMAN：美しい（形容詞、イ形容詞イ段、基本形）／花（名詞、普通名詞）／と（助詞、格助詞）／きれいな（形容詞、ナ形容詞、ダ列基本連体

形)／絵(名詞)

　例として「きれい」に注目すると、IPA は名詞／形容動詞語幹、UniDic は形状詞(形容動詞語幹の意)、JUMAN は「きれいな」の形でナ形容詞に分類しています。これは、IPA と UniDic が国文法(学校文法)の、JUMAN が日本語文法(益岡・田窪, 1992)の枠組みにそれぞれ依拠しているためです。

4.4　本章のまとめ

　言語研究では、たとえ小規模なものであっても、データの中身を知悉したコーパスを自作・活用することで研究の可能性が広がります。本章では、コーパス作成の手順を、データ収集・電子化・アノテーションの 3 つの段階に分けて概観しました。

　4.1 節では、データ収集の方法を論じました。まず、4.1.1 節ではデータ収集において問題になる均衡性や著作権の問題に触れ、4.1.2 節、4.1.3 節では、それぞれ英語データと日本語データの収集方法の一例を紹介しました。

　4.2 節では、データの電子化プロセスに着目しました。4.2.1 節ではテキストファイル形式がコーパスの標準であることを指摘し、4.2.2 節ではテキストファイルで用いられる各種のエンコード形式を紹介しました。

　4.3 節では、プレーンテキストに品詞情報を付加するアノテーションについて概略しました。4.3.1 節では品詞タグ付けの概要を説明し、4.3.2 節と 4.3.3 節ではそれぞれ英語テキストおよび日本語テキストに品詞タグを付与する具体的な方法を解説しました。日本語の場合、品詞タグ付けは、しばしば、形態素解析の作業の中に統合されます。

　テキストデータの収集から、収集したデータの加工・処理に至る手順を理解するには、実際にやってみることが重要です。大型コーパスを用いた本格的な言語研究の前段階として、まずは、手元にある各種の言語データを用いて小規模なコーパスを作成してみると良いでしょう。

4.5 発展課題

(1) Project Gutenberg より Arthur Conan Doyle の *The Adventures of Sherlock Holmes*（テキスト ID：1661）内の A Scandal in Bohemia、The Red-headed League、The Man with the Twisted Lip のデータを取得し、次いで、青空文庫より「ボヘミアの醜聞」（作品 ID：226）、「赤毛連盟」（作品 ID：8）、「唇のねじれた男」（作品 ID：50712）のデータを取得して簡易なパラレルコーパスを作成し、各種の英語表現がどのように邦訳されているか調べてみましょう。【4.1 節】

(2) Word で日本語・英語・記号の混在した短い文章を作成して UTF-8 形式のテキストファイルで保存した後、それをエディタ上で開き、SHIFT-JIS、EUC-JP、UTF-16、UTF-32 などとして読み込んだ場合にどのような文字化けが発生するか確認してみましょう。【4.2 節】

(3) 上記（1）で収集した英語テキスト、日本語テキストの一部を抜き出し、Free CLAWS と Web 茶まめを使って品詞タグ付けを行ってみましょう。【4.3 節】

(4) CLAWS のウェブサイトを見て、C5 と C7 というタグセットにおいて、動詞がそれぞれどのように分類されているかを調べてみましょう。また、浅原・松本（2003）などの資料を読み、IPA 辞書の品詞体系において、動詞がどのように区分されているか調べてみましょう。【4.3 節】

第 5 章　コーパス検索の技術

5.0　本章の概要

　コーパス言語学では、データの機械可読性を活かし、言語資料を縦横に検索して観察することが研究の中心となります。コーパス研究を行う上で、多様なコーパス検索技術への理解を深めることはとくに重要です。

　以下、本章では、コーパス言語学における基本的なコーパス検索技術について解説し、その後、検索に使用し得るツールについて論じます。

5.1　コーパス検索技術

　「コーパス言語学」が言語学の分野なのか、あるいは検索に関わる技術なのかという議論にもあったように (2.2.5 節)、コーパス言語学とその検索技術は不可分の関係にあると言えます。

　コーパス言語学を特徴づけるさまざまな検索技術は、コーパス研究者が実践を通して経験的に積み上げてきたものですが、後述するように、コーパス検索に特化したソフトウェアであるコンコーダンサ (concordancer) が普及する過程で、それらは整理され、体系化されてきました。

　以下では、コンコーダンス検索、コロケーション検索、単語頻度検索、特徴語検索という 4 つの検索技術について考えていきます。これらは多言語に適用可能なものですが、ここでは、それぞれにつき、英語もしくは日本語の分析例を示します。なお、分析に使用するコンコーダンサは後述のAntConc と KH Coder です。

5.1.1 コンコーダンス検索

"concordance" という語は「用例索引を作る」という意味を持ちます。コーパス言語学でコンコーダンス検索と言う場合は、大量のテキストから指定語を検索し、当該語を含む用例を抽出して一覧表示する機能を指します。

ワードプロセッサなどの検索機能が1個の文書ファイルを対象とし、見つかった対象語をハイライトするだけであるのに対し、コンコーダンス検索では、複数の文書ファイルから当該語を含む行を抜き出し、それらを一覧で表示します。抽出された個々の行をコンコーダンスライン（concordance line）、抽出行の全体が表示された画面をコンコーダンス画面と呼びます。

■コンコーダンス検索の意義

コンコーダンス検索は、コーパス言語学において最も重要な検索技術です。コンコーダンス検索によって、巨大コーパスから関連事例のみを効率的に収集し、検索対象語の文脈中での機能や振る舞い（behavior）を実証的観点から観察することが可能になります。コーパス言語学、とくに、コーパス駆動型研究において重視される白紙の状態での精緻な言語観察は、コンコーダンス検索なしには成立しません。

■ KWIC 形式

コンコーダンス検索では、調査対象語（keyword）を前後の言語的文脈（context）の中で表示します。これを KWIC（keyword in context）形式と呼びます。KWIC 形式では、通例、調査対象語を中心語（node）として行の中央に配置し、前後の文脈の長さを均等にします。これにより、中心語の左右にどのような語が来ているかが直観的にわかります。

ただし、初期状態ではコンコーダンスラインがテキスト内での出現順に並び、そのままではパタンがはっきり読み取れません。そこで、中心語の左右の語を基準として並べ替え（sorting）を行い、中心語の特性を読み取りやすくします。

■コンコーダンス検索の流れ

　ここでは、International Corpus of English (ICE) のイギリス英語版の書き
言葉データ（約 40 万語）を用い、interested のコンコーダンス検索を行いま
す。当該データの中で interested はどのような振る舞いを見せているので
しょうか。

　検索により、以下のようなデータが得られます（実例は一部のみ）。

```
ently psychologists have been interested in examining the length of ti
y when I saw you . If you are interested - Chiquitas - Leceister Leice
ght be there - - you might be interested to go . Like you , studying i
last week and I 'm really not interested . He tries so hard . I shall
you again . Thought you 'd be interested in the enclosed . Have a litt
```

　コーパス駆動型研究の原則に従い、白紙の状態でデータを眺めてみます
が、interested の左右には雑多な語が出現しており、傾向は見えてきません。
　そこで、interested の左側の語を基準として並べ替えを行います。

```
you again . Thought you 'd be interested in the enclosed . Have a litt
ound healing field who may be interested in developing the system with
nts to the event . You may be interested to see the enclosed latest ed
ght be there - - you might be interested to go . Like you , studying i
 enquire whether you might be interested in an invention developed in
```

　すると、interested の左隣には原形の be が、be の左隣には may、might、
would（'d）などの助動詞、その左隣には you が多く出現していることが見え
てきます。
　続いて、interested の右側の語を基準として並べ替えを行います。

```
tion shops . If you are still interested in applying for the job , ple
LEVISION companies said to be interested in bidding for the Wales and
 Alternatively , you might be interested in collaborating through a CA

conscious ) . He doesn't seem interested in the fact that Hanold forge
in November , I would be very interested in the idea of a return visit
ng term planning will be more interested in the way each part is devel
```

　これにより、interested の右隣には in が圧倒的に多く、in の右隣には、具

象名詞よりも、動名詞や抽象概念を表わす名詞が多いことがわかります。

　以上より、分析したデータに限って言えば、interested は自分自身の興味関心について陳述するだけでなく、他者の興味関心について推測するような文脈でも使用され、興味関心が向けられる対象は、身近な娯楽・趣味というよりも、抽象性の高い行為や概念であることが示唆されました。

　コンコーダンス検索は、中心語を含む用例を抽出して一括表示するだけのシンプルなものですが、並べ替えを併用することで、中心語の振る舞いのパタンが視覚的に検出しやすくなります。これは、記述的な言語観察にとって大きな助けとなります。コンコーダンス検索は、言語データから各種の言語事実を発見する上で不可欠な基礎技術と言えるでしょう。

5.1.2　コロケーション検索

　何らかの語と、語もしくは語以外の要素が結合する現象をコロケーション（collocation）と総称します。コロケーション検索は、コーパス言語学において、コンコーダンス検索と双璧をなす重要な検索技術とみなされます。

■コロケーションの定義

　広義のコロケーションには、語と語、すなわち中心語（node）と共起語（collocate）からなる語結合（例：「強い」＋「意志」）に加え、語と文法範疇が結合する連辞的結合（colligation）（「強い」＋名詞）、語と、同じ意味を持つ語集合が結合する優先的意味選択（semantic preference）（強弱を意味する語＋「意志」）、語と話者の態度や談話機能が結合する談話的韻律（discourse prosody）（「強靭な」＋肯定的含意）などが含まれますが（Stubbs, 2002, pp.64–66）、狭義では語結合を指します。

　語結合は、偶然によることもあれば、パタンに支配されることもあり、前者を自由選択原理（open choice principle）、後者をイディオム原理（idiom principle）と呼びます（Sinclair, 1991, pp.109–110）。これらを区別せず、複数語の連鎖の総体を指す場合には、複数語連結単位（multi word unit：MWU）、単語連鎖（cluster）、nグラム（n-gram）、語彙束（lexical bundle）などの用語も使用されます。nグラムとは「n語の連鎖」の意味で、2語連鎖は

バイグラム (bigram)、3 語連鎖はトライグラム (trigram)、4 語連鎖は 4 グラム (4 gram) などと呼ばれます。コーパス言語学でコロケーションを扱う場合、こうした機械的連鎖が議論の出発点となります(石川, 2018)。

■コロケーション検索のタイプ

コロケーション検索には、中心語と生起する共起語を調べる共起語検索、中心語と共起語が結合したコロケーションを対象とする単語連鎖(cluster) 検索、任意の長さの単語列を対象とする n グラム(n-gram)検索があります。

■共起語検索

共起語検索とは、中心語を基点として、一定の範囲(range)内に出現した共起語を網羅的に抽出する検索のことです。

英語研究では、左右 3 語の内容語、左右 4 語、隣接 2 語など、多様な範囲で分析が行われてきましたが (堀, 2009, pp.4–7)、一般には左右 4 語の範囲で重要なコロケーションが見つかりやすいとされます (Stubbs, 2002, p.29)。一方、日本語研究では、こうした目安は必ずしも確立していません。

共起語検索では、範囲を広めに取ると、当該語が生起する全般的な意味環境を調査することになり、範囲を狭めていくと、直前・直後など、当該語が生起する局所的な統語的環境を調査することになります。

■共起語検索の流れ

ここでは、「現代日本語書き言葉均衡コーパス」に含まれる書籍データの一部(約 35 万語)を用い、「自分」の共起語検索を行います。一般には、熟語の構成要素である「自身」や「勝手」、反義語としての「相手」などの共起が予想されますが、実際のデータではどのようになっているのでしょうか。

範囲を左右 5 語とし、名詞に限って検索すると、以下のような結果が得られます。

N	抽出語	品詞	合計	左合計	右合計	左5	左4	左3	左2	左1	右1	右2	右3	右4	右5
1	自身	名詞	10	2	8	0	0	1	1	0	8	0	0	0	0
2	自分	名詞	10	5	5	0	1	0	4	0	0	4	0	1	0
3	人間	名詞	8	2	6	0	0	2	0	0	0	0	1	2	3
4	部屋	名詞	8	1	7	0	1	0	0	0	0	6	1	0	0
5	名前	名詞	7	1	6	0	0	0	1	0	5	0	0	0	1
6	存在	サ変名詞	6	0	6	0	0	0	0	0	0	2	2	1	1
7	子供	名詞	5	2	3	0	2	0	0	0	3	0	0	0	0
8	意志	名詞	4	0	4	0	0	0	0	0	3	1	0	0	0
9	悟り	名詞	4	0	4	0	0	0	0	0	4	0	0	0	0
10	発表	サ変名詞	4	1	3	1	0	0	0	0	0	0	0	2	1

図1 「自分」と共起する名詞のリスト（一部）

　このような表を、出現位置別共起語頻度表（positional collocation frequency table）と呼びます。これを見ると、当該コーパスにおいて、「自分」と共起しやすい語はおよそ3種に区分できそうです。

　1つ目は、同一語を含め、「自身」「人間」「存在」など、自己に言及する語です。「自身」は中心語の右1（右側1つ目）位置に出現しており、予想通り、熟語の形を取っています。2つ目は「意志」「悟り」「発表」など、「自分」に直属する精神活動に関する語で、3つ目は「部屋」「名前」「子供」など、「自分」の所有物に関する語です。「自分」の共起語が、「自分」を起点として、同心円的に広がっていることがわかります。

　こうした頻度表は、コロケーション情報を効率よく圧縮したものとしてさまざまな利用が可能ですが、機械的に作られた表であるため、とくに中心語から離れた共起語の中には偶然その位置に出現しただけの語が含まれている場合が多くなります。このため、コーパス言語学では、共起語分析を独立的に実行するよりも、テキストデータを直接観察できるコンコーダンス分析などと組み合わせて実行するのが一般的です。具体的には、共起語分析で重要な共起語の目当てをつけ、中心語と当該共起語を同時に含むコンコーダンスラインを抽出して、2語の共起が真に意味のあるものかどうかを確認していきます。頻度表はコーパス解釈の手段であって目的ではないということに留意する必要があります。

■単語連鎖検索

　共起語検索がコロケーションを構成する一定範囲内の共起語をマクロ的に調べるのに対し、単語連鎖検索は、中心語と共起語からなる語結合そのものを検索の対象とします。単語連鎖（cluster）とは、任意の n 語の連鎖を指す n グラムとは異なり、指定語を含む任意の n 語の連鎖として定義されます。

　注意すべきは、n グラムであれ単語連鎖であれ、検索で得られる連鎖は機械的に切り出されたもので、意味のあるかたまりとは限らないことです。McEnery & Hardie（2012）は、British National Corpus で cheese を含む 3 語連鎖を抽出したところ、cheese and wine（20 回）や cheese and tomato（15 回）よりも、意味をなさない cheese and a（23 回）のほうが多かったと報告しています（p.124）。

■単語連鎖検索の流れ

　ここでは、Brown Corpus の一部（約 100 万語）を用い、great の単語連鎖検索を行います。great は一般に「偉大な」という意味を持ちますので、great men や great country などの共起が予想されますが、当該コーパスではどのようなコロケーションが構成されているのでしょうか。

　連鎖の長さを 3 〜 4 語として検索すると、以下のような結果が得られます。

Rank	Freq	Cluster
1	31	a great deal
2	29	of the great
3	13	a great many
4	12	great deal of
5	12	of a great
6	11	is a great
7	10	a great deal of

図 2　great を含む 3 〜 4 語連鎖（一部）

　リストを見ると、当該コーパスでは、great が一般名詞を従える例は少なく、むしろ、a great deal や a great many のように、量を含意するコロケーションが優勢的であることがわかります。単語連鎖検索は、共起語検索だけ

ではとらえられない語結合の実際の姿を浮かび上がらせます。

5.1.3　単語頻度検索

　単語頻度検索とは、コーパスを構成するすべての語の頻度を調査し、頻度順に構成語を並べたリストを作成する検索技術のことです。頻度検索によって作成される一覧表は、一般に、頻度表（frequency list）、単語表（word list）、語彙表（vocabulary list）などと呼ばれます。

　単語頻度検索を行う場合は、語認定の方針を決めておく必要があります。語の定義にはさまざまな考え方がありますので（7.1.2 節）、どのような品詞・形態素区分を採用するのか、基本形（think ／考える）と活用形（thinking、thought…／考えない、考えた…）などを同一語とみなすか別語とみなすか、といった決定を行います。

　作成される頻度表は、一般的には頻度の降順（多→少）で並べられますが、電子データの特性を生かし、特定の基準に基づいて、さまざまな並べ替え、組み換えが可能です。たとえば、語頭文字の昇順で並べ替えると、接頭辞などがかたまって並びます。逆に語尾文字の昇順で並べ替えると、接尾辞などが固まって並びます。また、日本語の場合は、単純に頻度を比較すると、助詞が圧倒的に高頻度で、他の品詞の頻度情報が埋没しがちなので、品詞タグの情報を使い、機能語を除いたり、あるいは品詞ごとの頻度表を作成したりする工夫も重要になってきます。

■単語頻度検索の意義

　理論系の言語学では、非文か否か、つまりはある表現が文法的に成立するか否かに関心が向けられますが、コーパス言語学では、成立する表現の中に隠された典型性やパタン性の段階に関心が向けられます。

　このとき、議論の根拠となるのが頻度です。あり得る多様な語や表現の中で特定のものだけが高頻度であれば、それは典型性やパタン性の証左であると考えられます。このため、コーパス研究では頻度が重視されます。

■単語頻度検索の流れ

　ここでは、日本語の小説を集めたコーパス(約 170 万語)を用い、単語頻度調査を行います。小説ではどのような語が多用されているのでしょうか。

　分析にあたり、形態素解析器には ChaSen、辞書には IPA を使用し、語の単位は基本形とします(これにより、活用形の頻度は基本形頻度に合算されています)。また、助詞などの機能語は分析から排除します。

　単語頻度検索では品詞を区別する場合としない場合がありますが、まず、区別せずに高頻度語(上位 30 語)を検索すると、以下のような結果が得られます。

表 1　高頻度語リスト

抽出語	出現数	抽出語	出現数	抽出語	出現数
思う	3192	家	1398	来る	1084
自分	2892	前	1390	今	1083
見る	2852	手	1372	持つ	1025
言う	2480	考える	1321	心	1005
顔	2023	声	1284	見える	992
人	1995	先生	1187	帰る	977
女	1885	眼	1166	云う	950
出る	1651	加藤	1153	太郎	917
知る	1636	目	1144	口	915
男	1464	行く	1118	聞く	912

　当該コーパスの場合、上位 30 語は名詞と動詞がほぼ半分ずつになっています。このうち、動詞は意味的に 4 つのタイプに区分できます。1 つ目は「思う」「考える」などの思考動詞、2 つ目は「言う」「云う」などの発話動詞、3 つ目は「見る」「見える」「聞く」「知る」などの知覚動詞、4 つ目は「出る」「行く」「来る」「帰る」などの往来・移動動詞です。興味深いことに、上位語には動作動詞がほとんど見られません。これらは、小説における語りの特性を反映したものと言えるでしょう。

　次に、品詞別の高頻度語(上位 10 語)を検索すると、以下のような結果が得られます。

表2　品詞別高頻度語リスト

形容詞		形容動詞		ナイ形容詞		副詞	
若い	481	急	292	ちがい	264	少し	593
悪い	474	好き	292	問題	222	決して	285
長い	469	いや	277	違い	191	本当に	229
早い	421	不安	242	仕方	115	突然	219
美しい	413	必要	235	間違い	89	もう一度	190
白い	412	静か	205	だらし	53	同時に	176
小さい	367	無理	176	しかた	36	又	168
大きい	352	不思議	170	とんでも	31	全く	152
暗い	335	自然	163	限り	21	当然	152
強い	298	幸福	155	申訳	20	別に	137

　品詞を区別しないと、高頻度語は名詞と動詞で占められていましたが、品詞別に見ることで、高頻度語をより多角的に観察することができます。たとえば、形容詞に注目すると、「若い」「悪い」「長い」などが多く、当該コーパス中で描写される事物のどのような属性に注意が向けられているかがわかります。また、副詞を見ると、陳述内容を強調する「決して」や「本当に」よりも、陳述を緩和する「少し」のほうが多用されていることもわかります。

　単語頻度検索は、コーパスの特性を語彙レベルで観察するための強力な検索手法であり、検索で得られた頻度表を概観することで、以後の研究テーマが浮かんでくることも少なくありません。

5.1.4　特徴語検索

　特徴語（keyword）検索とは、2コーパスにおける頻度を比較し、一方において顕著に多く出現している語を検出する検索技術のことです。なお、"keyword"という用語は、コーパス言語学では、他に、コンコーダンス検索における調査対象語の意味で使用されることもあるので注意が必要です。

　イギリス英語とアメリカ英語、書籍の日本語とウェブの日本語というように、内容や規模の点でほぼ対等のものを比較することもあれば、日本語話者の英作文と母語話者の英語、特定の小説と現代日本語全体というように、小規模で特殊なものと大規模で一般的・標準的なものを比較することもありま

す。後者の場合、小規模で特殊なほうを分析対象コーパス（target corpus）、
一般的・標準的なほうを参照コーパス（reference corpus）と呼びます。

■特徴語検索の意義

　仮に 2 コーパスが言語的・内容的に均質であるとするならば、同じ語の
頻度はおよそ同じであろうと予測されます。つまり、ある語が一方でのみ過
剰によく出ていたとすると、その語は当該コーパスの言語的・内容的性質を
集約したものであるとみなすことができます。

　コーパス言語学における特徴語検索の意義は、コーパスが代表する言語変
種の諸特徴を、具体的で個別的な語のレベルに還元し、実証的手法で分析・
検証できるようにする点にあります。

■特徴度のとらえかた

　特徴語検索では、比較するコーパスの一方でのみ顕著に多用されている語
を検出するわけですが、「顕著」の程度は主観では決められません。そこ
で、特徴語検索では、この判断に統計を用い、カイ二乗統計量（chi-square
value）や対数尤度比（log-likelihood ratio）などの統計値を基準にして（6.2〜6.3
節）、両コーパスにおける頻度分布の差の顕著さ、つまりは特徴度を計量化
します。

　コーパスを構成する語は場合によって数千、数万に及びます。これら全て
についてコーパスごとに頻度を調べ、複雑な統計値を計算するのは手作業で
は難しいため、特徴語検索は、通例、何らかのソフトウェアを用いて実行さ
れます。

■特徴語検索の流れ

　ここでは、International Corpus of English（ICE）のイギリス英語版の書き
言葉（約 40 万語）と話し言葉（約 60 万語）のデータを用い、それぞれの特徴
語検索を行います。書き言葉では難語を、話し言葉では口語的な語を使いが
ちであることは予想がつきますが、実際にはどのような語がそれぞれの産出
モードを特徴づけているのでしょうか。

対数尤度比を基準として検索すると、以下のような結果が得られます。

表3　書き言葉・話し言葉別特徴語リスト（上位10語）

書き言葉特徴語	統計値	話し言葉特徴語	統計値
the	1079.6	uh	7319.5
of	617.4	uhm	5434.1
by	465.2	I	4659.1
for	388.2	yeah	2765.1
may	360.5	you	2598.0
however	339.0	's	2511.0
such	251.9	't	2175.6
its	244.9	it	2120.1
sincerely	243.0	yes	2086.5
be	241.3	that	1758.2

　当該コーパスにおいて、書き言葉の主な特徴語は、単語間の連結関係を示す前置詞群（of、by、for）、照応機能を持つ決定詞群（the、such、its）、状態を表わすbe動詞、主張を留保する助動詞（may）などで、書き言葉が複雑な構造を持ち、決定詞によって結束性を高め、状態描写が中心で、言い切りを避ける特質を持つことが示唆されます。一方、話し言葉の主な特徴語は、人称代名詞（I、you）、フィラー・応答表現（uh、uhm、yeah、yes）、縮約語（'s、't）、物を指す代名詞（it、that）などで、話し言葉が話者・聴者の関係を基軸とし、くだけた口語的表現を用い、両者の共通理解をもとに照応を多用する特質を持つことが示唆されます。

　このように、抽出された特徴語をグルーピングすることで、テキストやコーパスの全体的な特徴・性質・方向性がかなり正確に記述できます。表のみを論じるのではなく、コンコーダンス検索などと組み合わせて用いれば、特徴語分析は、応用性が広く、使用価値の高い検索技術であると言えるでしょう。

5.2　コーパス検索のためのツール

　大規模データに対して、各種の検索を手作業で行うことは困難であり、

コーパス言語学では何らかの検索支援ツールを使用するのが普通です。

■コーパス検索ツールのタイプ

　コーパス検索ツールとしては、コンコーダンサ (concordancer) と呼ばれるコーパス検索用ソフトウェア、オンラインコーパス専用の検索インタフェース、テキスト処理用のエディタ、自作の検索プログラムなどがあります。

　これらはいずれも一長一短があり、コンコーダンサやオンライン検索インタフェースは、前提知識がなくても一通りの検索ができる一方、検索の中身がブラックボックス化されやすいという問題があります。エディタは、汎用的な環境で高精度の検索が行える一方、後述する正規表現 (regular expression) の習得が必要になります。自作プログラムは、研究目的に応じて最適の処理が行える一方、プログラミング言語の習得が必要になります。

　いずれのツールが良いかは、利用者のコンピュータ技術や研究目的によって変わってきますが、本書では、初心者にも使いやすいものとして、コンコーダンサとオンライン検索インタフェースを中心に紹介します。

5.2.1　コンコーダンサ

　コンコーダンサ (concordancer) という語は、もともと、特定作家が使用した各種の文例を集めた紙の資料を指していましたが、現在では、コーパスから用例索引を自動で作成するソフトウェアを意味します。

　コーパス言語学の発展の中で、各種のコンコーダンサが開発されてきました。McEnery & Hardie (2012) は、コーパス黎明期の 1970 年代後半に開発された大型コンピュータ用コンコーダンサを第 1 世代、1980 年代後半に開発されたパーソナルコンピュータ用コンコーダンサを第 2 世代、1990 年代後半以降に開発された多機能コンコーダンサを第 3 世代、現在、開発中のオンライン検索インタフェースを第 4 世代と呼んでいます (pp.37–48)。

　現在、使用されているコンコーダンサには、用例を抽出するコンコーダンス検索に特化した単機能コンコーダンサと、各種の検索をパッケージ化した多機能コンコーダンサがあり、英語では後者、日本語では前者が一般的です。

■英語コンコーダンサ：WordSmith Tools

コーパス研究が早くから進んでいた英語では、研究者の多様なニーズに応える形で、多機能コンコーダンサの開発が盛んに進められてきました。

1990年代において広く使用されたのは、Mike Scott 氏の開発による WordSmith Tools です。WordSmith Tools の機能には、大別して、用例検索（Concord）、単語頻度検索（Wordlist）、特徴語検索（Keyword）の3種があり、用例検索の下位区分として、コンコーダンス検索（concordance）、出現位置別共起語頻度検索（collocates）・出現位置別共起語検索（pattern）・単語連鎖検索（clusters）、コーパス内出現位置検索（plot）があります。

単語頻度検索では、個々の語の頻度を調べるだけでなく、コーパス内のテキストごとに、単語長、文長、語彙密度（lexical density）（7.1.5節）などを計算する機能が備わっています。また、コーパス内出現位置検索とは、ある語がコーパスないしテキストのどのあたりに出現したかをグラフで示す機能です。小説や映画のスクリプトなどを分析する場合、特定の語が作品の冒頭部・中央部・末尾部のどこに出やすいかが観察できます。

図3　映画 *Rain Man* の台本における助動詞 can の出現位置検索結果

WordSmith Tools では、研究者が結果の解釈に専念できるよう、徹底した自動化が図られています。たとえば、コンコーダンス検索画面で中心語を入力するだけで、自動的にコロケーション系の検索も実行されて結果が別ウィンドウに表示されます。研究者は、ソフトウェアのタブを順番に押すだけで、すべての結果を見ることができます。

■英語コンコーダンサ：AntConc

有償の WordSmith Tools に代わって、最近の研究で広く使用されるようになってきているのが、Laurence Anthony 氏が開発した AntConc です。

AntConc は、フリーウェアであること、直観的に使用できること、ユーザーとの意見交換により頻繁に改良が行われていること、仕様の透明性が高

いこと、ユーザーが検索条件をカスタマイズしやすいこと、処理が高速なことなど、理想的なコンコーダンサに期待される多くの特徴を備えています。

　AntConc の機能は WordSmith Tools とほぼ同様で、コンコーダンス検索（Concordance）、コーパス内出現位置検索（Concordance Plot）、単語連鎖検索（Clusters）、コロケーション検索（Collocates）、単語頻度検索（Word List）、特徴語検索（Keyword List）などが提供されています。

図 4　コンコーダンス検索時の検索語入力、並べ替え基準指定画面

図 5　コンコーダンス検索結果表示画面（上部は機能切り替えタブ）

　Antconc は、2021 年末に、それまでの Version 3 が Version 4 に変わり、大きな変更がありました。Version 4 では、(1)イギリス英語・アメリカ英語の参照コーパスデータのダウンロード機能、(2)レンジ数・尤度比・効果量といった詳細な統計値の出力、(3)オープンスロットを含めた n-gram 検索（例：in the X of Y など）、(4)分析結果をグラフィカルに表示する Wordcloud 機能などが加わりました。本書は原則として Version 3 を使用していますが、今後、Version 4 の新しい機能を用いた研究が増えてくることでしょう。

■日本語コンコーダンサ：ひまわり
　国立国語研究所が開発した、日本語に対応したフリーのコンコーダンサがひまわりです。ひまわりは、XML 形式（通常のテキストに <corpus></cor-

pus> などのタグを付加して構造化したもの）のデータから文字列を検索し、検索結果を KWIC 形式で表示させることに特化した単機能コンコーダンサです。

　ひまわりは、検索結果を表示する際に、当該語（キー）の前文脈（直前位置の文字）または後文脈（後続位置の文字）を基準とした並べ替えを行うことができますが、コンコーダンス検索以外の機能はサポートしていません。国会会議録、Wikipedia、青空文庫などの形態素解析済みデータをプロジェクトのウェブサイトからダウンロードして検索することが可能です。

■日本語コンコーダンサ：KH Coder

　日本語の多機能コンコーダンサとしては、樋口耕一氏が開発したフリーウェアの KH Coder があります。KH Coder は、形態素解析器（ChaSen、MeCab）、形態素解析用辞書（IPA）、統計エンジン（統計処理システム R）を内包しており、1 つのソフトウェア上で、データの形態素解析から各種の検索、さらには頻度データを用いた高度な統計分析までを連続的に行うことができます。

　KH Coder は、AntConc などと同様、ユーザーとの公開の意見交換を経て頻繁に更新されています。最近のバージョンでは、形態素解析器の MeCab や UniDic 辞書も使用可能になり、多言語化も実現されています。バージョンアップにあたり、あえて古いバージョンの検索環境を保持しているので、過去の研究の再現性も担保されています。

　KH Coder の機能は豊富で、形態素解析に関しては、エンコードの自動判定、エンコードエラーの自動検出・修正などが可能です。検索に関しては、コンコーダンス検索に加え、活用形別頻度検索（「抽出語リスト」結果画面の単語の「＋」より）、出現位置別共起語検索（「KWIC コンコーダンス」結果画面の「集計」より）、特徴共起語検索（「関連語検索」）、品詞別頻度順語彙表作成（「抽出語リスト」結果画面の「Excel 出力」より）などが可能です。また、統計分析に関しては、ファイル内の語群に対して、対応分析（2 次元グラフ表示）、多次元尺度構成法（同）、階層的クラスター分析（樹形図表示）、共起ネットワーク分析（ネットワーク図表示）、自己組織化マップ（マップ表

示)などの手法で分類を行うこともできます。

図6　検索機能指定画面

　KH Coder は多くのすぐれた特徴を持つソフトウェアですが、コーパス研究での利用にあたってはいくつか注意を要する点もあります。

　1点目は、本来、社会調査における日本語テキストの内容分析用に開発されたものであるため、統計機能が充実している反面、初期設定では機能語などが分析対象から排除されるということです。これについては、設定ファイルを書き替えることで対処可能です。2点目は、読み込めるファイルが1つのみだということです。これについては、あらかじめ複数ファイルを1個に統合しておくことで解決できます。3点目は、検索条件などのカスタマイズを行うには一定のコンピュータ技術が求められるということです。4点目は、数十万語以上のデータを解析する場合には、結果表示までに相当の時間を要する場合があることです。

　もちろん、上記は KH Coder 自体の問題ではなく、あくまでも、コーパス言語学で使用する場合の留意点です。これらに気を付ければ、KH Coder は、日本語コーパスの研究に多面的に利用できるソフトウェアです。

■コンコーダンサの功罪

　以上で見たように、英語・日本語ともに、各種のコンコーダンサを手軽に使用できる環境が整いつつありますが、コーパス言語学全体の中で見ると、

コンコーダンサには、プラスとマイナスの両面が存在すると言えます。

プラス面は、とくに多機能コンコーダンサを使用することで、言語処理の特別な知識や技術がなくとも、高度な言語分析が可能になる点です。コンコーダンサが提供する機能をうまく組み合わせて使用することで、多様な視点から言語データを観察し、言語のさまざまな特性について理解を深めることが可能になります。コーパスの使用者は、必ずしも言語処理の専門家ばかりではありません。多くの人々がコーパスを各自の目的に応じて活用できるようになったのは、コンコーダンサの恩恵と言えるでしょう。

コンコーダンサの問題の1つは、各人がそれぞれ異なるソフトウェアを用いるために結果が比較しにくいことでしたが、少なくとも英語においては、標準的なコンコーダンサが確立しつつあります。これにより、結果の相互検証が行いやすくなり、研究全体の精緻さも向上しています。

AntConc の開発者である Anthony（2009）は、コーパス研究におけるコンコーダンサの貢献について、WordSmith Tools が存在していなかったら、2000 年以降のコーパス研究の大半や、現在のようにコーパスが教育現場で活用される状況は存在していなかっただろうと述べています（p.89）。

一方、マイナス面については、便利さゆえに、研究者がコンコーダンサに過度に依存しがちであることが挙げられます。コーパス言語学を特徴付けるコーパス駆動型の研究アプローチでは、既存の枠組に縛られず、言語を白紙の状態から観察することの重要性が強調されたわけですが（2.2.5 節）、コンコーダンサに頼りすぎると、言語を自分の目で見る機会が減る危険性があります。また、統計値を用いた特徴語の自動検出などでは、アルゴリズムがブラックボックス化されて検証が行いにくいという問題もあります。

Gries（2010）は、プログラミング・データベース・統計学といった素養を備えていないコーパス研究者が多く、結果として「眼前にある最も安易な選択枝」であるコンコーダンサへの依存が高まり、コンコーダンサがなければ研究を進められない状況が生じていると批判しています（p.124）。

もっとも、以上の批判は、コンコーダンサ使用そのものの是非を問うものというより、望ましいコンコーダンサの使用法を示唆するものと解すべきでしょう。コーパス言語学におけるコンコーダンサ利用の留意点としては、仕

様書や関連論文を読んでコンコーダンサの特性を理解すること、コンコーダンサが出力する結果だけで結論を出さず、必ず言語データに戻って確認する習慣をつけること、可能な場合は他の方法による検索を部分的に組み合わせ、コンコーダンサによる検索結果の妥当性を確認すること、研究に使用する場合は使用したコンコーダンサのバージョンを確認し、従前の研究との整合性に考慮すること、などが挙げられます。

　Anthony（2009）も強調するように、コーパス研究は、適切に設計されたコーパスに加え、内省とコンコーダンサが一体となって進められるべきもので（p.90）、コンコーダンサをよく知り、それを正しく使えるようになれば、コーパス言語学の可能性は大きく広がると思われます。

5.2.2　オンライン検索インタフェース

　コーパス言語学の潮流は、コーパスを各自の端末に保存してツールで分析するスタイルから、サーバー上に格納されたコーパスをオンラインの検索インタフェースを通して分析するスタイルに移行しつつあります。McEnery & Hardie（2012）はこれを第4世代コンコーダンサと総称しています（p.43）。

　オンライン検索インタフェースは、かつてはごく単純な検索にしか対応していませんでしたが、英語では多機能コンコーダンサに匹敵するものが次々に開発され、日本語でも形態素単位の検索環境を提供するものが登場しています。こうしたインタフェースの多くは初心者でも直観的に使えるよう工夫されており、一般利用者・言語学習者・入門学生を含むコーパス利用者の拡大に貢献しています（Anderson & Corbett, 2009, p.2）。

　以下では、English-Corpora.org 上の複数のオンラインコーパスの共通検索インタフェースと「現代日本語書き言葉均衡コーパス」用検索インタフェース「中納言」を紹介します。後者については、テキスト内の文字列を対象とする文字列検索と、形態素（語彙表）単位での検索が可能な短単位・長単位検索がありますが、ここでは短単位検索を紹介します。

■ English-Corpora.org 用検索インタフェース

　English-Corpora.org 用検索インタフェースの例として、ここでは British

104

National Corpus（BNC）の検索画面を見てみましょう。

　まず、検索語の入力については、通常の単語や連語の入力のほか、品詞を指定した入力が可能です。たとえば、make には動詞と名詞（製品・型など）がありますが、単語の後にアンダーバーを挟んで make_v や make_n のように入力すれば品詞を区別できます。また、[make]_v や [make]_n、あるいは MAKE_v や MAKE_n のように入力すれば活用形も一度に検索できます。

　このほか、文要素を品詞で指定して構文の検索を行うことも可能です。

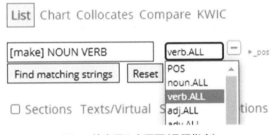

図7　検索語入力画面（品詞指定）

　たとえば、[make] の後に品詞（POS）のプルダウンから noun.ALL、verb.ALL を順に選べば、自動的に [make] NOUN VERB と入力され、make＋名詞＋動詞の形の使役文が多く得られます。

　検索には、検索語の総頻度を示す List、検索語のジャンル別・年代別頻度をグラフ表示する Chart、検索語の前後指定範囲内に出現する共起語を一覧表示する Collocates、2種の検索語について、その共起語を頻度順または比率順に表示する Compare、検索語を含む用例を一覧表示する KWIC の5つのタイプがあります。

　このうち、Chart（グラフ表示）と Compare（2語比較）は他のコンコーダンサにはあまり見られないユニークな検索機能です。下記は、前述の make＋名詞＋動詞の構文を Chart 検索した結果と、類義語である make と create のそれぞれ後続2語範囲に出現する名詞を頻度順に Compare 検索した結果です。

SECTION	ALL	SPOKEN	FICTION	MAGAZINE	NEWSPAPER	NON-ACAD	ACADEMIC	MISC
FREQ	1338	104	165	145	202	192	191	339
WORDS (M)	100	10.0	15.9	7.3	10.5	16.5	15.3	20.8
PER MIL	13.38	10.44	10.37	19.97	19.30	11.64	12.46	16.27
SEE ALL SUB-SECTIONS AT ONCE								

図 8　Chart 検索結果画面（make ＋名詞＋動詞構文のジャンル別頻度）

WORD 1 (W1): MAKE (9.88)

	WORD	W1	W2	W1/W2	SCORE
1	SENSE	2425	45	53.9	5.5
2	USE	1976	7	282.3	28.6
3	WAY	1872	4	468.0	47.4
4	DIFFERENCE	1204	2	602.0	61.0
5	LOVE	919	3	306.3	31.0

WORD 2 (W2): CREATE (0.10)

	WORD	W2	W1	W2/W1	SCORE
1	JOBS	237	14	16.9	167.2
2	PROBLEMS	213	25	8.5	84.1
3	CONDITIONS	141	45	3.1	30.9
4	OPPORTUNITIES	88	11	8.0	79.0
5	ATMOSPHERE	80	8	10.0	98.8

図 9　Compare 検索結果画面（make と create の後続名詞）

　図 8 からは当該構文が新聞・雑誌で多用されることがわかります。また、図 9 からは make が make sense（わかる）や make use（利用する）などのイディオムで使用されやすく、create は jobs、problems など、社会的な状態・状況を含意する名詞と共起しやすいことが分かります。

　コーパス言語学と検索技術は密接に関係しており、こうした新たな検索機能の開発によりコーパス研究の可能性がさらに広がっています。

■「現代日本語書き言葉均衡コーパス」用検索インタフェース（「中納言」）

　「現代日本語書き言葉均衡コーパス」（BCCWJ）の検索インタフェースには「少納言」と「中納言」があります。「中納言」では文字列検索と形態素検索の 2 種類が行えます。文字列検索は文字列を対象とした機械的な検索のため、検索対象以外の用例の混入や（「山」を検索すると「岡山」や「山本」も出てくる）、検索対象の取りこぼし（「動く」を検索しても活用形が出てこない）といった制約があります。

　一方、形態素検索ではより詳細な調査が可能です。ここでは、短単位検索の実例として、「努力して」や「協力すれば」など、名詞＋する＋助詞の組み合わせを網羅的に検索してみます（「中納言」V2.4.5 に基づく）。

　まず、「中納言」の短単位検索画面を開き、検索語（キー）入力行の最初のボックスにプルダウンから「語彙素」を入れ、続いて、検索語ボックスにキーボードから「為る」を入力します。「為る」という特殊な形で入力するのは活用形も包含する語彙素単位で指定するためです。

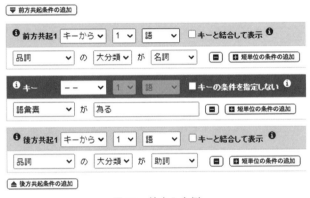

図10　検索入力例

　その後、上方の「前方共起条件の追加」を押して新しい入力行を表示させ、最初のボックスにプルダウンから「品詞」を入れ、2つ目と3つ目のボックスに同じくプルダウンから「大分類」「名詞」と入れます。これで、「品詞の大分類が名詞」である語が前接することが指定できました。

　最後に、「為る」を入力した検索行の下方にある「後方共起条件の追加」を押してさらに新しい入力行を表示させます。ここに、先ほどと同じ要領で「品詞」の「大分類」が「助詞」と入力して後接要素を指定します。

　以上の準備を終え、画面下方にある「検索」を押すと検索が実行され、約51万件がヒットし、そのうちの500例が表示されます。用例の上部には、前文脈、後文脈、品詞、活用型、レジスター（いわゆるジャンルのこと）などのボックスがあり、ボックス内の三角マークを押すことで、その観点で全体を昇順・降順に並べ替えることができます。

　また、「検索結果をダウンロード」を押すと検索結果(最大 10 万例)が保存され、Excel などで詳しく内容を見ることができます。なお、「列の表示」というセクションで、結果画面に表示させる情報を選べますが、ダウンロードデータにはすべての情報が保存されます。

　このように、「中納言」の形態素検索を使えば様々な用例を取り出せますが、慣れるまでは練習が必要です。必要に応じて文字列検索の結果と比較するなどして、ほしい用例が正しく取れているか確認が必要です。

■オンライン検索インタフェースの留意点

　最近のオンライン検索インタフェースは、多様な検索に対応し、使用法も平易であり、コーパスの入門者が使用するものとしても適しています。

　しかしながら、オンラインコーパス全般の問題として、元になっているコーパスデータの一部が予告なく差し替えらえることがあります。多くは、著作権への対応や、公開後に見つかった文字化けの修正など、コーパスデータの質を高めるための修正ですが、結果として、同じ検索をしても得られる結果が異なる場合が存在します。

　また、検索システム自体が変更されることもあります。とくに、English-Corpora.org の検索インタフェースは、新しい機能をめまぐるしく盛り込み続けています。これも本来は歓迎すべきことですが、一方で、再現性に影響が出る可能性も否定できません。オンライン検索インタフェースは総じて発展途上であり、今後も機能の追加や検索アルゴリズムの改良・変更などが予想されます。使用にあたってはこれらの点への留意が不可欠です。

5.2.3　その他のツール

　前述のように、コンコーダンサやオンライン検索インタフェースは、便利な反面、ソフトウェアへの過度の依存につながる危険性を持ちます。これらを問題視する研究者は、検索ツールとして、より汎用的で仕様のはっきりしたエディタや、自作のプログラムを使用することを推奨しています。それぞれの概要について、以下、簡単に見ておきましょう。

■エディタ

エディタとは、テキストファイル用の文書ソフトウェアのことです。エディタは、文を書くだけでなく、強力な検索機能を活かして、コンコーダンス検索にも使用できます。国内で広く使用されているエディタとしては、斉藤秀夫氏の開発による「秀丸」(4.2.2 節)があります。

エディタでは、通常のファイル内検索に加え、複数ファイルから検索語を含む行を抜き出して表示させることが可能で、この機能をグローバル検索もしくは grep 検索と呼びます。これにより、任意のファイルを横断的(global)に調べ、正規表現(regular expression)で指定された内容に合致する行を抽出し、画面上に一覧表示する(print)ことができます。グローバル検索によって、コンコーダンス検索結果に近似した出力が得られます。

図 11　グローバル検索結果表示例(Brown Corpus における think 用例)

なお、正規表現とは、文字列を正確に指定するための特別な表記コードのことです。多くの場合、メタキャラクタと呼ばれる特殊な記号をテキストと組み合わせて表記します。たとえば、A|B と入力すれば A と B の両方が、A(B|C)と入力すれば AB と AC の両方が、A.B と入力すれば AXB や AYB といったすべての 3 文字列が、A.*B と入力すれば字数に関わらず A と B にはさまれたすべての文字列が検索されます。これにより、(男子 | 女子)(生徒 | 学生 | . 学生)というシンプルな記述で、「男子生徒」、「女子学生」、「男子中学生」、「女子大学生」など、関連するさまざまな組み合わせを網羅的に検索対象に指定することができます。

正規表現には複雑なバリエーションがあり、それらを組み合わせれば、対象文字列を過不足なく完全に取り出せると言われていますが、使いこなすにはかなりの習熟を必要とします。本書では正規表現の詳細は扱いませんが、興味を持った読者は大名(2008)、大名(2012)、田野村(2011b)などを参照す

るとよいでしょう。正規表現はエディタだけでなく、コンコーダンサやオンライン検索インタフェースの一部においても使用が可能です。

　エディタを用いたグローバル検索は、手法が汎用的で、コーパス言語学外でも使用例の蓄積があるため、再現性の高い検索が可能になります。日本語コーパス研究におけるエディタの効果的活用については丸山（2011）や田野村（2011a）の解説が有益です。ただし、多機能コンコーダンサが実装する多様な検索をエディタだけで行うことはできません。

■自作プログラム

　コーパス言語学の勃興の当時から活動していた研究者の多くは、高度なプログラミング技術を持ち、自らの研究目的に応じて、その都度、各種のプログラムを自作してきました。当時は手軽に使用できるコンコーダンサがほとんどなく、プログラムを書くことがコーパス研究を行うための前提条件だったという事情もあります。

　Biber et al.（1998）は、研究者は自らプログラムを作成すべきだと強調した上で、その利点として、既存コンコーダンサでできない分析が可能になること、検索速度と精度を向上できること、使いやすい形で分析結果を出力できること、サイズの制約なく分析できること、の 4 点を挙げています（pp.255–256）。

　テキスト処理に適したプログラミング言語としては AWK、perl、Python など、大規模データに対する検索システムとしては MySQL や postgreSQL などがあります。SQL とは、構造化検索言語（Structured Query Language）のことで、情報検索に特化したプログラミング言語の 1 つです。とくに、テーブル（表）の形式で保存された情報データベースを効率的に管理することができ、オンライン検索インタフェースの中にも SQL 技術を使用しているものが少なくありません。

　現在では、エディタやコンコーダンサが広く普及しており、かつてのように、コーパス研究を行う上でプログラミング能力が必須であるとは言い切れないと思われますが、仮にエディタやコンコーダンサを使用する場合であっても、プログラミングやコンピュータの基礎的な知識を学ぶことはやはり有

110

益です。

　とくに日本語研究の世界では、形態素解析器1つ取ってみても、コマンドプロンプトを使用するものが少なくありません。コマンドが使えなければ、使用できる解析器や形態素解析辞書も限られてしまいます。しかし、最低限のコンピュータの知識があれば、最先端のものを含め、各種の解析器や辞書を併用することができます。

```
Microsoft Windows [Version 6.1.7600]
Copyright (c) 2009 Microsoft Corporation.  All rights reserve

C:¥Users¥b>juman
今日は雨が降っています。
今日 きょう 今日 名詞 6 時相名詞 10 * 0 * 0 "代表表記:今日/き

@ 今日 こんにち 今日 名詞 6 時相名詞 10 * 0 * 0 "代表表記:今E
:時間"
は は は 助詞 9 副助詞 2 * 0 * 0 NIL
雨 あめ 雨 名詞 6 普通名詞 1 * 0 * 0 "代表表記:雨/あめ 漢字読
```

図12　コマンドプロンプト上でのJUMAN解析結果表示例（白黒反転）

5.3　本章のまとめ

　コーパスを用いた研究において、収集した言語資料からさまざまな情報を取り出すには検索のプロセスが重要になります。本章では、コーパス言語学と表裏一体をなす重要な検索技術について紹介し、その際に使用できるツールについて整理しました。

　5.1節では、検索技術として、コンコーダンス検索、コロケーション検索、単語頻度検索、特徴語検索の4種を取り上げ、英語・日本語の実例を示しながら、それぞれの検索の目的・性質・利点などを説明しました。

　5.2節では、コーパス検索用ツールとして、コンコーダンサ、オンライン検索インタフェース、エディタ、自作プログラムに言及しました。

　各種のツールには、カバーする機能、前提とする使用者のコンピュータ能力などに差があり、それぞれに長所と短所があるわけですが、本書は、コーパス言語学の入門書として、コンコーダンサとオンライン検索インタフェースの使用を前提として以下の記述を行っていきます。ただし、それらを使用する場合であっても、言語データを人の目で丁寧に観察・確認することの重

要性を忘れるべきではありません。

5.4　発展課題

(1) オンラインの英字新聞サイトより、英文データを集め、AntConc を用いて、interested のコンコーダンス検索を行い、本章で見られた傾向と一致するかどうか確認してみましょう。【5.1.1 節】

(2)「現代日本語書き言葉均衡コーパス」で、「自分」を含む用例を検索し、本章で見られたような傾向が再現されているか質的に確認してみましょう。【5.1.2 節】

(3) 2 種類の日本の新聞社のサイトより、社説データを同一時期・同一範囲（たとえば 4 月冒頭の 1 週間分）の条件で取得し、単語頻度解析にかけ、上位語にどのような違いがあるか調べてみましょう。【5.1.3 節】

(4) Project Gutenberg より、同時代の作家の作品を 2 種類取得し、AntConc で特徴語分析を行い、どのような語が抽出されるか調べてみましょう。【5.1.4 節】

(5) オンラインコーパスの検索インタフェースの例として、English-Corpora.org（たとえば COCA など）のものと、3.2.1 節で紹介した Complete Lexical Tutor を比較し、共通する機能、一方にのみある機能を調べてみましょう。また、その結果を AntConc の機能と比較してみましょう。【5.2 節】

第6章　コーパス頻度の処理

6.0　本章の概要

　コーパス言語学において頻度は語や表現の典型性や標準性の根拠であり、経年的な言語変化を見取る鍵にもなります。コーパスの大型化や均衡的な資料収集法の確立によって、コーパスから得られる頻度データの信頼性は飛躍的に上昇しましたが、一方で、取り出された頻度データの扱いについては注意も必要です。

　以下、本章では、はじめに各種の頻度の定義を確認した後、頻度差や共起度の評価の手法について論じます。

6.1　さまざまな頻度

　頻度と言えば、一般に、コーパスから取り出された生の値を意味しますが、研究の目的によっては、元の頻度をさまざまに加工した値を用いることがあります。以下では、各種の頻度について概観します。

6.1.1　粗頻度

　粗頻度（raw frequency）とは、コーパスから観測された頻度情報のことを意味します。英語の raw には「生の、未加工の」といった意味があり、コーパスから取り出された状態のまま、調整を加えていないことをふまえ、このように呼びます。

■粗頻度の特性

　粗頻度は計量研究の基礎となる指標ですが、粗頻度には、それを取り出す元となったコーパスサイズの情報はまったく含まれていません。たとえば、「10回」という粗頻度があった場合、それが1万語コーパスから得られた10回なのか、100万語コーパスから得られた10回なのかは示されていないのです。このため、サイズの異なる複数のコーパスから取り出された粗頻度を互いに比較することはできません。

6.1.2　調整頻度

　調整頻度（adjusted frequency）とは、異なるコーパスから得られた頻度の相互比較が可能になるよう、粗頻度を一定の基準によって調整した値のことです。基準は絶対的に決まっているものではなく、比較するコーパスのサイズなどをふまえて判断します。

■調整頻度の特性

　すでに述べたように、粗頻度のままでは複数のコーパスから得られた頻度を比較することはできません。たとえば、ある語の頻度が500万語コーパスで10回、2,000万語コーパスで30回だったとして、単純に10と30を比較することに意味はありません。

　この場合、共通の物差しを用意して、個々の頻度をそれに合わせて調整する必要があります。頻度の調整にはさまざまな方法があり、最も単純な方法は、観測された度数を総度数で割り、相対頻度（relative frequency）とすることです。上記の場合だと、それぞれ、0.000002回（10÷500万）と、0.0000015回（30÷2,000万）となります。

　ただし、これでは、あまりに値が小さくなりすぎ、研究には不便です。そこで、コーパス言語学では、単純な相対頻度に代えて、任意の調整基準を定め、基準に対する比率値として粗頻度を調整します。このようにして作られた値を調整頻度と呼びます。

■ PMW と各種の基準値

　調整頻度の基準値にはさまざまな値を使用できますが、値をある程度大きくして読み取りやすくするため、コーパス研究では、通例、「100 万語あたり調整頻度」が使用されます。「100 万語あたり」というのは英語では per million words と書きますので、頭文字を取って PMW と表記します。上記の例では、それぞれの調整頻度は PMW で 2 回と 1.5 回となります。

　なお、PMW は最も一般的な基準値ですが、どんな場合でも PMW が適当なわけではありません。たとえば、5 万語コーパスと 20 万語コーパスの頻度を PMW でそろえるのは不適とする立場もあります。実際には 100 万語まで調べていないのに、あたかも 100 万語分を調べたように見えてしまうためです。一般に、元のサイズを超えて基準値を設定することはデータが本来持つ情報量を過大解釈することにつながるため、好ましくありません。

　調整頻度における基準値の決定については、調整しようとするすべてのコーパスサイズの下限値を超えない範囲で最も大きな 10 の乗数（1 万、10 万、100 万、1,000 万…）を選ぶのが原則です。

6.1.3　標準化頻度

　標準化頻度（standardized frequency）とは、データ全体の平均やばらつきを考慮に入れて、個々の値が全体に占める位置を示すように変換した統計値です。

　調整頻度が、コーパスサイズを基準として個々の語の頻度を調整したものであったのに対し、標準化頻度は、他の語の頻度との関係で当該語の頻度を再定義したものと言えます。

■標準化頻度の特性

　標準化頻度は統計学で言う標準得点のことです。標準得点には、平均が 0、標準偏差（後述）が 1 となるよう変換した z 得点と、平均が 50、標準偏差が 10 になるよう変換した Z 得点があります。Z 得点は $Z = 10z + 50$ という式で z 得点を調整した値で、一般に、偏差値として知られています。

　標準得点の利点は、単一の値を見るだけで、全体における位置がわかるこ

116

とです。たとえば、テストの得点が65点であった場合、クラス全体の中で良いのか悪いのか判断できませんが、z得点で＋1.5（Z得点で65）だったとすれば、全体の中でかなり上位に位置していたことがわかります。

　頻度も同様で、単一語の頻度では他の語との関係が判断できませんが、たとえば、全ての代名詞の中である代名詞のz得点が－1（Z得点で40）だったとすれば、全体の中で低位に位置していることがわかります。

　コーパス言語学で標準化頻度を使用するメリットは2点あります。1点目は、任意の頻度が全体に占める位置がわかりやすく示せることで、2点目は、総語数が不明な2種類のコーパス間で比較を行う場合に、ある語の粗頻度を一群のデータ内での位置として読み替えることで、相互比較が可能になるということです。

■標準化頻度の求め方

　z得点を求めるには、平均と標準偏差（standard deviation）を知る必要があります。標準偏差は、(1)個々のデータの値と平均値の差（＝偏差）を求め、(2)個々の偏差を2乗して総計し（偏差平方和）、(3)偏差平方和をデータの個数－1で割り（分散）、(4)分散の平方根（√）を取った値のことです。Excelではstdev（値1, 値2…）という関数で求めることができます。

　標準偏差がわかれば、個々のz得点は、standardize（値, 平均, 標準偏差）という関数で簡単に求められます。前述のように、z得点は平均が0になるよう調整された値ですので、値がプラスであれば平均より上方に、マイナスであれば下方にずれていることがわかります。Z得点の場合は50を基準として平均より上か下かが判断できます。

■頻度標準化の例

　下記は、あるコーパスにおいて、5種類の代名詞の粗頻度を調べ、その値をz得点およびZ得点に換算したものです。標準化頻度を見れば、個々の語が代名詞グループ内で平均よりどのぐらい多く、あるいは少なく使われているのか一目でわかります。

表 1　代名詞の粗頻度・標準化頻度表

代名詞	粗頻度	標準化頻度	
		z 得点	Z 得点
I	102	1.30	63.00
you	78	0.72	57.22
he	42	− 0.14	48.56
she	11	− 0.89	41.09
we	7	− 0.99	40.13

　上記の場合、5 種類の代名詞の中で、I と you の頻度が平均をかなり上回っていることがわかります。他のコーパスから得られた代名詞頻度についても同様の標準化を行えば、両コーパスの総語数が不明の場合でも、値を相互に比較することができます。

6.2　頻度差の検証

　調整頻度（6.1.2 節）を用いれば、サイズの異なるコーパス間であっても任意の語の頻度を比較できます。しかし、母集団の標本としてのコーパス比較で得られた結果を母集団に敷衍して議論する場合には、通例、統計的な手続きが必要です。

6.2.1　仮説検定の概要

　前述の通り、各種のコーパスの中で最も一般的なものは、何らかの個別言語ないし言語変種を母集団（population）として仮定し、その標本（sample）となるよう作られた均衡コーパス（balanced corpus）です（3.1.1 節）。

　たとえば、アメリカ英語コーパスとイギリス英語コーパスで単語 X の頻度を比較したところ、イギリス英語コーパスで頻度が高かった場合、我々は、「単語 X はアメリカ英語よりもイギリス英語で多用される」という結論を導きがちですが、こうした主張を行う際には、コーパスで観察された頻度の差が母集団においても真に意味があるか否かを確認する仮説検定（statistical hypothetical testing）という手続きを踏むことが推奨されます。

■なぜ仮説検定が必要か

　母集団を代表しているコーパスに差があれば、当然、母集団にも差がある
と考えがちです。しかし、いかに周到に設計された大型均衡コーパスであっ
ても、母集団そのものでない以上、コーパスを通して母集団のありようを推
定する際には常に誤差の可能性が存在します。

　アメリカ英語コーパスとイギリス英語コーパスにおいて、単語Ｘの頻度
を調べたところ、100万語あたり(PMW)の調整頻度で、それぞれ100回と
110回だったとします。前述の通り、母集団の推定には誤差が伴います。仮
に誤差幅をプラスマイナス10%とすると、アメリカ英語という母集団にお
けるＸの頻度は90〜110回、イギリス英語という母集団におけるＸの頻
度は99〜121回となります。このとき、母集団における真の頻度は、イギ
リス英語のほうが多い場合(例：100回／110回)だけでなく、両者まったく
同じ場合(100回／100回)や、むしろアメリカ英語のほうが多い場合(110
回／99回)も想定されます。

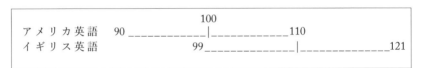

図1　母集団における頻度の幅

　つまり、コーパス頻度で差があったというだけでは、母集団でも本当に差
があるかどうか断言できないのです。

　統計学では、標本の中で見られる「見かけ上の差」と、標本が代表する母
集団における統計的に「意味のある差」つまり「有意差」を区別して考えま
す。仮説検定とは、標本における「見かけ上の差」が母集団における「意味
のある差」とみなし得るか否かを決定するための手続きであると言えます。

■仮説検定の仕組み

　仮説検定(statistical hypothetical testing)の論理の組み立ては独特です。ふ
つう、我々は差に意味があること証明したいわけですが、仮説検定では、は

じめに、証明したい内容をあえて裏返しにして、差がない、つまり、コーパスで観測された 2 つの頻度は実は同等であるという仮説を立てます。この仮説は、条件が整えば最終的に無に帰すものなので、帰無仮説（null hypothesis）と呼びます。

　次に、統計値を手掛かりにして、帰無仮説を「無に帰す」ことができるかどうか検討します。最終的に、仮説が安全に棄却（reject）できれば「差は有意」と結論し、安全に棄却できなければ帰無仮説のほうを採択（accept）して「差は有意でない」と結論するわけです。

■カイ二乗統計量

　仮説検定には各種ありますが、コーパス研究では、コーパス全体に占める語や表現の出現比率に関心があるため、比率検定の一種であるカイ二乗検定（chi-square test）を行います。検定に用いるカイ二乗統計量（chi square value）（χ^2）は、コーパスから得られた頻度（実測値）と、帰無仮説が正しい場合に予想される頻度（期待値）の差を調整した値となります。

$$\chi^2 = \Sigma \ \frac{(\text{実測値} - \text{期待値})^2}{\text{期待値}}$$

　カイ二乗統計量が取る値は統計量の理論分布に基づきあらかじめ決まっています。ゆえに、手元のコーパス頻度より計算された統計量と理論分布に基づく統計量の限界値を比較することによって、手元のデータが帰無仮説からどのぐらいずれているか、すなわち、観察された差に意味があるかどうかを評価することができます。

■αとp値

　差が有意であると言うには、帰無仮説を棄却しなければなりません。その際、本当は帰無仮説が正しかったのに、勇み足で、誤って帰無仮説を棄却してしまう危険性が存在します。

　誤って仮説を棄却してしまう危険性の確率は理想的には 0 であるべきで

すが、実際には、ごくわずかの危険性であれば許容範囲とみなします。このとき、許容範囲の上限値として事前に決めておく値のことを有意水準（significance level：α）と呼びます。α は通例5%と決められていますが、目的によっては、より厳しい基準として1%や0.1%が使われることもあります。α が5%であるとすると、95%以上の信頼度（confidence level）で帰無仮説を棄却できることになります。

　一方、実際のデータから計算された、帰無仮説を誤って棄却してしまう危険性の確率のことを、probability の頭文字を取って p 値と呼びます。計算で求めた p 値が事前に決めておいた α 未満であれば、安全に仮説を棄却できることから差は有意であると結論し、p 値が α 以上であれば、仮説を棄却する危険性が高すぎるため仮説を採択し、差は有意でないと結論します。

■結果の報告

　帰無仮説が棄却された場合は α を添えて「5%水準で差は有意」（略記法：$p<.05$）のように、棄却されなかった場合は「差は有意でなかった」（略記法：not significant を短縮した ns）のように結論します。

　最近では、有意かどうかに関わらず、得られた p 値を正確に報告することと、2つの値の実質的な差を示す「効果量」（effect size）を報告することが推奨されています。

6.2.2　仮説検定の手順

　仮説検定を行うには、（1）コーパスで観測された頻度（実測値）に基づいて実測値表を作成し、（2）両コーパスでの頻度に差がないと仮定した場合に予測される頻度（期待値）を計算して期待値表を作成し、（3）実測値表と期待値表の値を公式に代入してカイ二乗統計量を計算し、（4）任意の α におけるカイ二乗統計量の理論値を調べ、（5）手元のデータから計算で得られた統計量の値と理論値を比較して仮説棄却の可否を判断する、という手順を踏みます。また、簡便法として、（3）〜（5）に代えて、（3'）表計算ソフトで p 値を直接計算する、という方法もあります。

■カイ二乗検定の流れ

　単語 X の頻度が、総語数 1 万語の A コーパスで 5 回、総語数 2 万語の B コーパスで 25 回であったとします。1 万語あたりの調整頻度で比較すると、A コーパスで 5 回、B コーパスで 12.5 回となり、見かけ上は十分に差がありそうです。以下、前述の手順に沿って仮説検定を進めていきます。

■(1)実測値表の作成

　まず、表計算ソフト上で、列方向に X 頻度、X 以外頻度、行方向に A コーパス、B コーパスを配置した表（表 2）を用意します。コーパス内における語の分布状況を記録するため、単語 X だけでなく、コーパスの総頻度や単語 X 以外（つまり X の非出現）の頻度も記入するのが重要です。この表は、実際に得られた実測値を記載しているので、実測値表と呼びます。また、網掛け部分を 2 × 2 の分割表と呼びます。

■(2)期待値表の作成

　続いて、もう 1 つ同様の表を用意し、今度は、帰無仮説が正しいとした場合に予想される頻度を計算して書き加えていきます。A および B のコーパスにおける実測頻度は 5 と 25 でしたが、もし両者の間に差がないとすると、それぞれの頻度はどうなっていたはずと考えられるでしょうか。

　A および B のコーパスの総語数は 1 万語と 2 万語で、コーパスサイズの比率は 1：2 です。ゆえに、単語 X の頻度合計に相当する 30 をコーパスサイズにあわせて 1：2 の比率で按分した 10 と 20 が、それぞれの期待値となります。期待値は、実測値の合計をコーパスサイズの比率をふまえて按分した値と定義できます。この表は、帰無仮説が正しいとした場合に期待される値を記載しているので、期待値表と呼びます。

122

表2 実測値表	X	X以外	総頻度
A	5	9995	10000
B	25	19975	20000
合計	30	29970	30000

表3 期待値表	X	X以外	総頻度
A	10	9990	10000
B	20	19980	20000
合計	30	29970	30000

■(3)統計量の計算

カイ二乗統計量の公式は、「実測値から期待値を引いた値を二乗し、期待値で割る」というものでした。Σは、上記で網掛けを施した分割表内の4つのセルごとに同じ計算をして、結果を合計することを意味しています。

この場合の計算式は、$(5-10)^2/10 + (9995-9990)^2/9990 + (25-20)^2/20 + (19975-19980)^2/19980$ となり、3.754という値が得られます。これが手元のデータから計算されたカイ二乗統計量です。

■(4)統計量の理論値を調べる

統計量の理論上の限界値はあらかじめ決まっています。これを調べるには、αと自由度（degree of freedom：df）という値が必要です。αは前述の通り、5%とします。自由度は、データの中で自由に値を取り得るデータの個数のことで、分割表内の(行数－1)×(列数－1)で求められます。今回は$(2-1)\times(2-1)$となって自由度は1です。

カイ二乗統計量の限界値を調べるには、統計学の教科書などに載っている統計量の表を参照するか、表計算ソフトで値を確認します。Excelの関数はCHISQ.INV.RT（確率, 自由度）なので、αを5%とする場合なら、CHISQ.INV.RT（0.05, 1）と入力すれば限界値3.841が得られます。

■(5)統計量の比較

データから得られた統計量(3.754)は、5%水準における統計量の理論上の限界値(3.841)を上回っていませんでした。つまり、帰無仮説は棄却できず、母集団では頻度の差は有意でないと結論されます。

仮説検定の結果を論文などに記載する場合は、有意性判断の根拠を示すた

めに、計算で得られた統計量も添え書きしておくとよいでしょう。

■(3')p 値の直接計算

Excel の関数を利用すれば、統計量を比較するプロセスを省略し、手元の
データから p 値を直接計算することもできます。

p 値を計算する関数は CHISQ.TEST（実測値範囲, 期待値範囲）です。ゆ
えに、「実測値範囲」として表 2 の網掛け部分を、「期待値範囲」として表 3
の網掛け部分を指定すれば、p 値として 0.052689… という値が得られます。

これは、$\alpha = 5\%$ (0.05) をわずかながら上回っていますので、やはり「差
は有意でない」という結論に至ります。

■カイ二乗検定の使用に関して

以上、カイ二乗検定の概要を説明してきましたが、最近では、オンライン
で検定ができるサイトも用意されています。ランカスター大学の UCREL
Significance Test System では、コーパスサイズと頻度を入れるだけで各種の
検定結果や効果量が一度に出力され、有益です。

こうしたサイトの助けもあって、コーパス研究における仮説検定は広く普
及しましたが、使用にあたっては留意点もあります。まず、カイ二乗検定に
ついては、分布の当てはまりをよくするためにイェーツ（Yates）補正を行う
ことが一般的です。また、サイズが異なるコーパス間で比較を行う場合には
対数尤度比検定を、期待値が 5 未満になる場合にはフィッシャー（Fisher）の
正確確率検定を使用することが推奨されています。

仮説検定全般に関しては、条件によって検定が甘くなってしまうことに注
意が必要です。たとえば、コーパスが大きいとそれだけで有意になりやすく
なるため、差の実質的な大小を示す効果量の報告が推奨されます。また、検
定を繰り返す際には α の調整も検討すべきでしょう。$\alpha = 5\%$ で検定を 5 回
反復すると、研究全体で見れば誤りの危険性は 20% を超えます。この時、
α を検定回数で割っておくボンフェローニ（Bonferroni）補正などを適用する
ことができます（上記であれば α_B を 0.5% とする）。

検定は科学研究の信頼性を支える重要な枠組みですが、一般に思われてい

るほど絶対的なものではありません。p値が5%を超えるか否かだけですべてを結論するのは賢明な態度とは言えないでしょう。最近の学界では検定への過信を戒める声が出始めており、コーパス研究においても検定を「賢く使う」姿勢がますます重要になってくるものと思われます。

6.3　共起を測る指標

　多機能コンコーダンサを用いれば、任意の長さの語の連鎖（n グラム）や特定語を含む任意の長さの語の連鎖（単語連鎖）など、広義のコロケーションをコーパスから機械的に抽出できます。しかし、そこには構成要素間に意味的・機能的な結びつきやまとまりのない偶然の連鎖も含まれます（5.1.2 節）。

　コーパス言語学では、機械的に抽出された連鎖の重要度を評価するため、計量指標を使用する場合があります。使用される指標は、共起頻度に基づくもの、共起強度に基づくもの、共起有意性に基づくものに大別できます。

　ここでは、中心語 X と共起語 Y が隣接して生起する最も単純なコロケーション XY を例として取り上げ、各種の指標を概観していきます。以下、コーパス総語数は N、X と Y の頻度はそれぞれ X と Y、X と Y の共起頻度、つまり、コロケーション XY の頻度は F と記載します。なお、コーパス中に出現するすべての語の中で、最後に出現する語は後続語を持ちませんので、厳密に言えば N はコーパス総語数 -1 で定義すべきですが、実際には総語数で代用して問題ありません。また、中心語と共起語の区別は意味論的なものではなく、便宜的なものです。

6.3.1　共起頻度の測定

　たとえば、2 種類のコロケーションがあり、いずれがより重要なコロケーションであるかを判断する最も単純な方法は、コロケーション自体の頻度を数えることです。ここでは、コロケーションの頻度を共起頻度（frequency of co-occurrence：F）と呼びます。共起頻度は、情報理論の文脈では共起度（matching coefficient）と呼ばれることもあります。

　たとえば、British National Corpus（BNC）で blue sea と blue denim の共起

頻度を調べると、それぞれ 48 回と 14 回となります。このことは、前者が後者よりも一般性の高いコロケーションであることを示しています。

■共起頻度の問題点

　共起頻度では、コロケーションを構成する個々の語の単独頻度は考慮されていません。ゆえに、たとえば、blue sea が blue denim の 3 倍以上出現していても、sea が denim よりも blue と強く結びついているとは言えないのです。BNC を調べてみると、denim と sea の単独頻度はそれぞれ 233 回と 12,632 回です。sea は denim の 60 倍近く出現しているのに、共起頻度では 3 倍程度の差しかないわけで、blue と sea の結びつきはそれほど強くありません。

　松尾他（2005）は、現実の人間関係のネットワークをウェブから自動抽出する手法を検討した研究の中で、異なる「氏名の共起の強さを知るために、両者の名前の AND をとりヒット件数（共起頻度）を得ることは有用である」ものの、「それを単純に関係の強さの推測値とするのは問題」だと指摘しています。同じことが blue sea や blue denim についても言えます。

6.3.2　共起強度の測定

　コロケーションの重要度を評価する 2 つ目の方法は、コロケーションを構成する個々の語に着目し、それらの共起強度を計量しようとするものです。

　共起強度は、中心語と共起語の単独頻度をふまえて共起頻度を補正した尺度のことで、コロケーション内での 2 語の結びつきの強さを示します。ただし、必ずしも数学的ないし言語学的に厳密に定義された概念ではなく、文脈によっては、次節で触れる共起有意性を包含する場合もあります。

　共起強度の測定に利用可能な変数としては、共起頻度を示す F に加え、中心語・共起語の単独頻度を示す X、Y、コーパス総語数である N などがあります。変数の組み合わせによって複数の指標が存在しますが、大別すると、データ集合の類縁性を評価する類似度系指標と、中心語と共起語が互いに相手の情報をどの程度持っているかを示す情報量系指標に分かれます。

■類似度系指標の概要

　類似度系指標は、コーパス言語学に限らず、情報理論の分野でも幅広く活用されています。ここでは、代表的なものとして、ダイス係数（Dice's coefficient：D）、ジャッカード係数（Jaccard index：J）、コサイン類似度（cosine similarity：Cos）、シンプソン係数（Simpson's coefficient：S）の4種を取り上げます。

　それぞれの公式は以下の通りです。これらは、松尾他（2005）に示された論理式を数式として整理したものです。

$$\text{ダイス係数}\quad D = 2 \times \frac{F}{X+Y} \qquad\qquad \text{ジャッカード係数}\quad J = \frac{F}{X+Y-F}$$

$$\text{コサイン類似度}\quad Cos = \frac{F}{\sqrt{X} \times \sqrt{Y}} \qquad\qquad \text{シンプソン係数}\quad S = \frac{F}{\min(X,Y)}$$

　すでに述べたように、共起頻度が高くても、中心語や共起語の単独頻度が高ければ共起強度が強いとは限りません。そこで、各指標は、共起頻度（F）を分子に、中心語と共起語の単独頻度（X、Y）を分母に置き、共起頻度を補正しています。指標値は、単独頻度が高ければ下がり、低ければ上がることとなり、共起強度の尺度として機能します。

■類似度系指標間の違い

　単独頻度の分母への組み込み方の違いが4つの指標を特徴づけています。分母が大きければ共起頻度に対する補正力が大きくなり、共起頻度が高い結びつきが低く評価されることもあります。一方、分母の値が小さければ補正力は小さくなり、共起頻度の高い結びつきがそのまま高く評価されます。

　一例として、XとYが100と200、Fが20であったとすると、それぞれの分母は、ダイス係数が300、ジャッカード係数が280、コサイン類似度が141、シンプソン係数はXとYのうち小さい方の値を取るので100となり、分母の大きいダイス係数やジャッカード係数の共起頻度補正力が相対的に強くなっています。

■相互情報量の概要

　共起強度を測定する指標としては、前述の類似度系指標に加え、相互情報量（Mutual Information：*MI*）も広く使用されています（Oakes, 1998, pp.63–65）。相互情報量は、中心語と共起語が互いに相手の情報をどの程度持っているかを示す値です。平たく言えば、「X と言えば Y」ないし「Y と言えば X」というように、片方の語の中にあらかじめ他方の語の情報が取り込まれているような強い結びつきが成立していることが評価されます。

　たとえば、「赤い色」と「赤い夕焼け」という例の場合、共起頻度では「赤い色」の方がはるかに高くなりますが、「赤い」と言えば「色」、「色」と言えば「赤い」という強い関係が成立しているわけではありません。一方、「赤い夕焼け」の場合は、「夕焼け」と言った瞬間に「赤い」の共起が強く予測されます。言い換えれば「夕焼け」という語の中には「赤い」という語の情報があらかじめ含まれていると言えます。相互情報量はこうした関係を評価します。

　相互情報量の公式は下記です。

$$MI = \log_2 \frac{F \times N}{X \times Y}$$

　分子に *F* を、分母に *X* と *Y* を置く点では類似度系指標に似ていますが、相互情報量は、*X*、*Y*、*F* に比べてはるかに巨大な値を取るコーパス総語数（*N*）を *F* にかけることで、指標値全体に一種のインフレーションを起こし、結果的に *F* の影響力を弱めています。*N* をかけることで値は非常に大きなものとなりますが、最後に対数変換されることで値は圧縮されます。

　対数（logarithm）は、$\log_x y$ の形で記載されるもので、底（x）を何乗すれば真数（y）になるかを示します。$\log_2 8$ であれば 3、$\log_{10} 1{,}000{,}000$ であれば 6 となり、底 > 1 の場合は、対数変換により、大きな値も効率よく圧縮できます。

　類似度系の指標に比べ、相互情報量は、共起頻度の影響を極端に抑制することで、ごく低頻度でも顕著な結びつきを示すコロケーションを高く評価します。

6.3.3　共起有意性の測定

　コロケーションの重要度を評価する 3 つ目の方法は、観測された共起が、偶然による共起確率を超えて、真に意味のあるものになっているかどうかを確認しようとするものです。すでに述べた仮説検定の考え方に沿って、観測された共起が全くの偶然によるという仮説を立て、この仮説から手元のデータがどの程度離れているかを統計値によって評価します。

　このタイプの指標としては、対数尤度比（log likelihood ratio：LL）（G^2）や t スコア（t score）（t）があります。前者はカイ二乗統計量に類似した対数尤度比統計量に、後者は t 検定で使用される t 統計量に基づきます。

　本来、こうした統計量は、手元のデータから計算された値と理論値との比較によって有意性の有無を検証するためのものですが（6.2.1 節）、コーパス言語学では、スコアの大きさが共起の有意性ないし確信度の高さを示す連続指標とみなされています。このため、文脈によっては、前節の共起強度と一体的に扱われることもあります。

■対数尤度比の概要

　対数尤度比は、共起が偶然によると仮定した場合の期待値と実測値のずれの大きさを評価します。統計量が大きければ、共起の有意性が高く、2 語の結びつきに意味があることを、統計量が小さければ、共起の有意性が低く、2 語の結びつきに意味はないことを示します。

　対数尤度比統計量の公式は下記です。

$$G^2 = \quad 2 \times \Sigma \text{実測値} \quad (\log_e \text{実測値} - \log_e \text{期待値})$$

　計算の途中段階で、実測値と期待値が対数変換されており、頻度情報が抑制されていることがわかります。対数はさまざまな底を取りますが、上式ではネイピア数（≒2.72）と呼ばれる特殊な値（e）が使用されています。ネイピア数を底とする対数はとくに自然対数（natural logarithm）と呼ばれ、Excel では ln（値）の関数で求めることができます。

■対数尤度比の計算手順

　対数尤度比を求めるには、はじめに、行方向にX頻度、X以外頻度、列方向にY頻度、Y以外頻度を配置した分割表を用意し、カイ二乗統計量の計算時と同様の手順で、実測値表と期待値表を作成しておきます(6.2.2節)。

　下記は、$X=100$、$Y=200$、$F=50$、$N=100{,}000$ の場合の例です。表中、たとえば、XとYの重なるセルはXの直後にYが出現する共起の件数を示しています。

表4　実測値表

	Y	Y以外	総頻度
X	50	50	100
X以外	150	99750	99900
合計	200	99800	100000

表5　期待値表

	Y	Y以外	総頻度
X	0.2	99.8	100
X以外	199.8	99700.2	99900
合計	200	99800	100000

　対数尤度比の公式は、対数変換された実測値と期待値の差に実測値をかけた値をセルごとに求めて合計し、定数の2をかけることを意味しています。上表の値を公式に導入すると、496.7という値が得られます。これが手元のデータから計算された対数尤度比です。

■tスコアの概要

　対数尤度比と同様、tスコアも、共起が偶然によると仮定した場合の期待値と実測値の差の大きさを評価します。tスコアは「コロケーションの確信度の指標」であり(Hunston, 2002, p.73)、tスコアの高低は、共起の有意性の強弱を示します。

　tスコアの公式は下記です。

$$t = \frac{1}{\sqrt{F}}\left(F - \frac{X \times Y}{N}\right)$$

　式にはコーパス総語数(N)が組み込まれています。Nはマイナスに続く分

数の分母に位置しているので、Nが大きければ分数の値は小さくなり、結果として、tの値は上がります。平たく言えば、コーパスサイズが大きくなれば、そこから得られる頻度の信頼度も増加するため、共起の有意性を示すtも上昇することになります。このため、異なるサイズのコーパスから得られたtスコア同士を比較することは適切ではありません。

6.3.4 指標の比較

　各指標の特徴を具体的に確認するため、「現代日本語書き言葉均衡コーパス」（文字列検索）を用いた実例分析を行います。中心語Xは「美しい」とし、共起語Yは直後位置に出現する4種の名詞（下表参照）とします。コーパスの総語数は1億480万語、「美しい」の単独頻度（X）は6364です。

　4語の単独頻度（Y）および「美しい」との共起頻度（F）を調べ、各指標値を計算したところ、下記の結果が得られました。なお、値を読みやすくするため、類似度系指標は1万倍で記載しています。また、G^2では0の自然対数が計算できないことから、該当箇所にはn/aと記載しています。

表6　「美しい＋名詞」の共起指標値

共起語	Y	F	D	J	Cos	S	MI	G^2	t
自然	23138	78	52.9	26.5	64.3	122.6	5.8	474.6	8.7
景色	1761	38	93.5	47.0	113.5	215.8	8.5	371.6	6.1
金髪	486	4	11.7	5.8	22.7	82.3	7.1	31.4	2.0
ヒトリガ	1	1	3.1	1.6	125.4	10000.0	14.0	n/a	1.0

■指標ごとの特性

　共起頻度を基準として、それとどの程度類似しているかに注目すると、各指標は3つのグループに分けられます。

　第1グループは、共起頻度への依存度が最も強い群で（F、G^2、t）、これらの指標では「美しい自然」が1位になります。第2グループは、依存度が中程度の群で（D、J）、「美しい景色」が1位になります。第3グループは、依存度が最も低い群で（MI、Cos、S）、「美しいヒトリガ」（※ヒトリガは蛾の種名）が1位になります。

　なお、「美しいヒトリガ」は、共起語の単独頻度、共起頻度ともに 1 回と
なっています。「ヒトリガ」の側から見れば、もしそれが使用されるならば
100％の確率で「美しい」と共起することを意味するため、MI などではこ
うした結びつきが高く評価されています。

　以上をまとめると、第 1 グループは一般的ではあるもののそれほど特別
な結びつきとは言えないものを、第 3 グループは低頻度ではあるものの顕
著で珍しい結びつきをするものを、第 2 グループは両者の中間で、頻度と
結びつきの顕著さがともに相応のものを、それぞれ高く評価していると言え
るでしょう。

■指標選択の指針

　3 つの指標グループはそれぞれコロケーションの重要度の異なる側面を反
映しており、それらを同時に俯瞰することで、個々の指標グループの短所が
相互に補完され、コロケーションを多角的に評価することが可能になりま
す。

　とはいえ、その都度すべての指標値を計算するわけにもいきません。多く
の指標が存在する中で、どの指標を選択すべきかという問いに答えるのは困
難ですが、仮に、分析において 1 つだけ指標を見るのであれば中庸な第 2
グループ、2 つの指標を見るのであれば対極性を持つ第 1 グループと第 3 グ
ループ、3 つの指標を見るのであれば 3 つのグループからそれぞれ代表的な
指標を選ぶというのが 1 つの目安になるでしょう。先行研究では、第 1 グ
ループでは F や G^2、第 2 グループでは D、第 3 グループでは MI などが多
く使用されています。

■計量的コロケーション研究の留意点

　もっとも、いかにうまく指標を組み合わせたとしても、指標だけでコロ
ケーションの性質のすべてが解明できるわけではありません。コロケーショ
ンを見る際、コーパス言語学者の多く、とくに Sinclair を初めとする新
Firth 派（2.2.5 節）の研究者は、コロケーションにおける慣用性やイディオム
性を強調し、その指標として頻度を重視する傾向があります。しかし、

McEnery & Hardie（2012）も指摘するように、コロケーションには、語そのものの慣用的な結びつきによるものだけでなく、語が表出する意味の結びつきの結果として付随的に生じたものもあります。たとえば、house が construct より build と強く結びつくというのは前者の例ですが、そもそも house と build が結合するのは、2つの語が結びついているというよりも、それぞれの語が表わす意味が整合しているからに他なりません（p.163）。こうした2種類のコロケーションの違いは、計量指標を使っても正しく取り出すことは困難です。コロケーション研究にあたっては、個別語を超えたコロケーション単位を重視する視点とともに、コロケーションを構成する個々の語の語彙意味論（lexical semantics）にも適切な注意を払っていくことが不可欠であると言えるでしょう。

6.4　本章のまとめ

　コーパス研究において、得られた頻度データから意味のある解釈を行うためには、頻度そのものの性質を正しく理解し、頻度情報の適切な処理方法を知る必要があります。本章では、最初に頻度そのものについて述べ、続いて、頻度の比較やコロケーションの量的観察手法を概観しました。

　6.1節では、頻度には粗頻度・調整頻度・標準化頻度の3種があることを指摘しました。調整頻度はサイズの異なるコーパス間での頻度の比較に、標準化頻度はコーパスにおける任意の語群内での個々の語の位置を明確にする場合に使用されます。

　6.2節では、母集団に対する標本と位置づけられた複数のコーパスを使って任意の語の頻度を比較する場合、標本内での見かけ上の差が母集団においても真に意味のある差になっているかどうかを仮説検定という手続きによって確認する必要があることを指摘しました。その際に使用するカイ二乗統計量についても説明しました。

　6.3節では、コロケーションに見られる語と語の共起現象に注目し、共起を計量化する手法として、共起現象の頻度を測るもの、強度を測るもの、有意性を測るものに分類して、それぞれの計算手順を解説しました。

　広義のコーパス言語学には、計量を行わない質的な研究も存在しますが、大規模コーパスから得られる頻度データを縦横に活用することによって、言語研究の客観化が図られます。この意味において、仮説検定や共起の計量法について習熟することは今後ますます重要になってくると言えるでしょう。

6.5　発展課題

(1) 100 万語のコーパスで単語 A ～ E の頻度を計測したところ、それぞれ 1、20、33、48、125 であったとします。Excel を使ってこれらの頻度を標準化し、z 得点および Z 得点（偏差値）を計算してみましょう。【6.1 節】

(2) 100 万語の X コーパスと 200 万語の Y コーパスがあるとします。単語 A の頻度を調べたところ、X コーパスでは 10 回、Y コーパスでは 30 回でした。また、単語 B の頻度は X コーパスで 10 回、Y コーパスでは 40 回でした。さらに、単語 C の頻度は X コーパスで 10 回、Y コーパスで 60 回でした。仮説検定により、コーパス間で各語の頻度に有意差があるかどうか確認してみましょう。【6.2 節】

(3) British National Corpus で、beautiful＋woman［place、face、countryside、day、house、hair］のコロケーションの中心語頻度・共起語頻度・共起頻度を調べた上で、それぞれ、F、D、J、Cos、S、MI、G^2、t の指標値を計算してみましょう。【6.3 節】

(4) 「現代日本語書き言葉均衡コーパス」で、「大型・中型・小型」＋「プロジェクト・自動車・犬」の組み合わせについて、各コロケーションの中心語頻度・共起語頻度・共起頻度を調べた上で、それぞれ、F、D、J、Cos、S、MI、G^2、t の指標値を計算してみましょう。【6.3 節】

第 2 部　コーパス研究の展開

第7章　コーパスと語彙

7.0　本章の概要

　言語の構成単位としては、テキスト・段落・文・節・句・語・語構成素などが存在しますが、コーパス研究が最も得意とするのは語のレベルの分析です。本章では、語の総体としての語彙を対象とする研究を扱います。

　たとえば、日本語の語彙の中で最もよく使われる語は何か、最もよく使われる品詞は何かと問われてみると、内省を持つ母語話者であってもすぐに答えを見出すことは難しいかもしれません。コーパス言語学は、頻度を手掛かりとして、語彙の諸相の客観的解明を目指します。

　本章では、最初に各種の語の定義について整理した後、語彙に関する先行研究を概観し、最後に、語彙表作成および分析の実例を示します。

7.1　コーパス語彙研究の目指すもの

　コーパス語彙研究の目指すものは語彙の総体的解明ですが、その際、重要になるのは、語彙のさまざまな側面を適切に切り分けて論じることです。本節ではまず、語彙や語に関する概念を整理します。

7.1.1　語と語彙

　語（word）と語彙（vocabulary）は厳密には異なる概念です。前者は個々の語を指し、後者は何らかの範囲に含まれる語の総体を指します。

■語彙の単数性

　語彙は膨大な語（厳密には後述のレマ）が集まってできた1個の不可分の総体ですから、単数で扱われます。たとえば、「多くの語」とは言えますが、「多くの語彙」とは言えません。同様に、「語数」とは言えますが、「語彙数」とは言えません。語彙は量の大小で修飾すべき概念であり、伊藤（2002）は「語彙数」という慣用的な言い方を批判しています（pp.27–28）。

　もっとも、実際には両者が混在して使用されることもあります。たとえば、重要語を選んでリストにしたものは、単語表（word list）とも語彙表（vocabulary list）とも呼ばれます。単語表は収録語を個別的に見ていることになり、語彙表はリスト内の語を総体として見ていることになります。

7.1.2　語認定

　語は、語彙を構成する個別単位です。一般に「書き言葉や話し言葉で表出される1個の言語単位」（*Cobuild*）とみなされますが、コーパス言語学ではさらに細かく語を定義します。語の射程を定める作業のことを語認定（tokenization）と呼びます。

■英語の語認定の問題

　英語の場合、語は両端のスペースで物理的に区分されていますので、テキストから語を切り分けることは容易です。しかし、語の範囲についてはいくつかの微妙な問題が存在し、異綴・縮約・数字・ハイフン語など、あるいは、不規則動詞や派生形、同綴異義語や多義語、複合語などの扱いについては、先行研究でも統一的な見解が確立されていません（Gardner, 2007）。

　このため、各種のコンコーダンサもそれぞれ独自の語認定を行っています。たとえば、AntConc の初期設定では、記号や数字はスペース扱いとなり、縮約語の isn't は isn と t の2語、数字を含む 30 animals は animals の1語、ハイフン語の cross-cultural は cross と cultural の2語とされます。異なるコンコーダンサでは、異なる語認定が行われます。

　英語の語認定について絶対的な基準は存在しないため、研究にあたっては、研究者自身が語認定について基準を決定することが重要になります。

■日本語の語認定の問題

　日本語では、いわゆる付属語の扱いが問題となります。「旅行に」という句の場合、「旅行」は語彙的意味（lexical meaning）を持ち、単独で文節を構成する自立語ですが、助詞の「に」は自立語に付随する付属語です。付属語を独立した単位とみなすかどうかについてはさまざまな立場があります。

　「旅行に行きたい」という文を例にすると、学校文法では「旅行／に／行き／たい」と区分され、助詞やいわゆる助動詞も独立単位として認定されます。一方、山田孝雄氏らの提唱する文法体系では「旅行／に／行きたい」となり、助詞は認定しますが助動詞は認定されません。また、松下大三郎氏らの提唱する文法体系（徳田, 2006 他）では「旅行に／行きたい」となり、助詞も助動詞も独立単位となりません。

　国立国語研究所が行う語彙調査では、「長い単位」と「短い単位」という2種類の語の区分が立てられています（鶴岡, 2009）。「長い単位」とは、構文の構成単位で、一般に言う語に相当します。これらは細かい基準の違いにより、α単位、長単位、W（word）単位などに下位区分されます。一方、「短い単位」とは、語構成上の意味を持つ最小単位（語源単位）の単独形ないし1次結合形で、形態素に近い概念です。β単位、短単位、M（morpheme）単位などの下位区分があります。

　「スペイン風トマトソースの」という文字列で言うと、「長い単位」では「スペイン風トマトソースの」、α単位（α_0単位）では「スペイン風／トマトソースの」、W単位では「スペイン風／トマトソース／の」、長単位では「スペイン風／トマトソース／の」、β単位（短単位）では「スペイン／風／トマトソース／の」、M単位では「スペイン／風／トマト／ソース／の」のように分割されます（伊藤, 2002, p.57）。

　「長い単位」は単独で具体的な意味を持ちますが、「短い単位」では語彙的意味は希薄化されます。このため、前者は内容に重きが置かれる文学作品などの質的研究に、後者は大規模言語データの量的研究に適します。通例、コーパス研究では、「短い単位」に相当する形態素を基準として分析を行います。

　伊藤（2002）は、このほか、日本語の語認定に関わる問題として、同綴異

140

義語(「工夫(くふう)」と「工夫(こうふ)」)、可能動詞(「あえる」)、ら抜き言葉(「来れる」)、臨時一語(「経営諮問委員会委員長代理」のような1回限りで造語・使用される複合語)などを挙げています(pp.56–63)。

7.1.3　表記形・レマ・語彙素

　語彙論では、実際にテキストに出現した形と、それらを集約・抽象化した形を区別することがあります。前者を表記形(word form)と呼びます。後者には、表記形における各種の活用形(inflected form)を基本形(base form)に集約したレマ(lemma)、各種の表記形の原型となる語彙素(lexeme)、辞書の見出しとなる見出し語(headword)などがあります。レマと語彙素は実際に使用するものではなく、議論のために作った仮定の単位ですので、英語の場合、実在する表記形と区別するため、通例、全大文字で書かれます。

■語の概念図
　英語の sing を例に、語の概念間の関係を図としてまとめてみましょう。実線と破線は実在語と非実在語の別を示します。

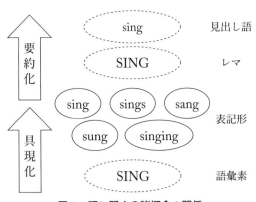

図1　語に関する諸概念の関係

　まず、語彙体系の中に SING という語彙素が潜在的に存在していると考えます。それが鋳型となって、実際のテキストの中で前後の文脈に沿う形でsing、sings、sang、sung、singing といった表記形が具現化・生成されます。

そして、それらを要約する分類上の単位として SING というレマが作られ、それを辞書に記載する場合に sing という見出し語が立つわけです。

　以上の区分は主として英語の語彙研究で採用されているものですが、日本語の場合も同様の整理が可能です。たとえば、歌う という語彙素があり、これが鋳型となって「歌わ（ない）」「歌い（ます）」「歌う」「歌え（ば）」「歌お（う）」などの表記形が具現化され、それらが 歌う というレマとして要約された後、「歌う」という見出し語として辞書に記載されるわけです。なお、形態素解析器の ChaSen では、表記形のことを表層語と呼んでいます。

■レマ化

　単語の頻度研究などでは、基本形と活用形の関係をまとめたレマテーブル（lemma table）を用意し、表記形をレマ単位に変換するレマ化（lemmatization）の作業が行われます。レマ化により、活用形個々の頻度は基本形頻度に集約されます。日本語のコーパス研究では、レマ化の作業は形態素解析のプロセスの中に組み込まれています。

　しかし、すべての活用形を基本形にまとめることの是非については議論の余地があります。一般に、活用（inflection）は、名詞・代名詞・形容詞の語形変化（declension）と動詞の活用変化（conjugation）に分けられますが、大半は機械的なルールで処理されるため、基本形にまとめることは自然です。しかし、英語で言えば、child の複数形である children や run の過去形である ran など、不規則変化形はレマ化すべきでないという考え方もあります。

7.1.4　単語家族

　活用形を基本形に集約するレマを超えて、より広範囲に語を集約する単位として単語家族（word family）があります。

■単語家族の考え方

　語の変化には、語尾が文法ルールに則って変化する活用（inflection）のほか、接頭辞（prefix）や接尾辞（suffix）などの接辞（affix）を加えることで新たな語を作り出す派生（derivation）があります。

レマが活用形を集約した単位であるのに対し、単語家族は派生形を集約した単位です。単語家族は、主として英語語彙論で使用される概念で、たとえば、creative（創造的な）、creativity（創造性）、creation（創造）、creator（創造者）などが動詞 create の大きな単語家族としてまとめられます。

単語家族という単位を採用すれば語数が圧縮され、語彙体系をよりシンプルに記述できますが、create を知っていれば creativity もわかるという前提は接辞の知識に乏しい外国人学習者には適用しにくいものです。

■日本語の単語家族

日本語語彙論では、単語家族のようなレマを超えた語の集約的単位が話題になることはあまりありません。あえて日本語に拡張して考えてみると、単語家族とは、たとえば、「飛行士」「飛行艇」「飛行権」などを「飛行」という単語家族に集約する単位であると言えるでしょう。形態素辞書である IPAによれば、上記 3 例はすべて「飛行」＋接尾辞とされます。

7.1.5　トークン・タイプ・語彙密度

表記形の数を計量する際には、2 種類の数え方が存在します。

■延べ語数と異なり語数

出現した表記形の総数を延べ語数（token または running words）と呼び、重複を省いた表記形の総数を異なり語数（type）と呼びます。

「彼／の／家／で／彼／の／兄／に／会っ／た」という文を例に考えると、形態素単位で数えた延べ語数は 10 語ですが、「彼」と「の」はそれぞれ重複しており、異なり語数は 8 語となります。ほとんどの場合、異なり語数は延べ語数より少なくなります。なお、各種のコーパスサイズを語数で表わす場合は、延べ語数を前提にしていることになります。

■トークンとタイプ

延べ語数・異なり語数の単位となる個々の表記形を指す場合、一般に、英語をカタカナにしたトークンとタイプという用語を使用します。

　他に、トークンとタイプを指して、延べ語と異なり語、姿語と見出し語
（index）、単位語と見出し語などの用語が使用される場合もあります。ただ
し、延べ語という日本語には違和感があり（伊藤, 2002, p.24）、見出し語とい
う用語は辞書の見出し語と混同する危険性があることから、本書では、トー
クンとタイプという呼称に統一します。

■語彙密度指標としての TTR

　延べ語数と異なり語数がわかれば、異なり語数を延べ語数で割った TTR
（type/token ratio）という指標を用いてテキスト内の語彙密度（lexical density）
ないし語彙多様性（lexical richness）を量的に表現することができます。テキ
ストの中にさまざまな語がどのぐらいぎっしりと詰まっているかを評価する
語彙密度と、テキストの中で語がどのぐらい多様な散らばりを見せているか
を評価する語彙多様性は、事実上、同一のものです。本書では前者の用語を
用います。

　前述の「彼／の／家／で／彼／の／兄／に／会っ／た」では、延べ語数は
10 語、異なり語数は 8 語で、TTR は 8/10 ＝ 80％となります。一方、「彼／
の／家／で／彼女／は／兄／に／会っ／た」であれば、延べ語数は 10 語、
異なり語数も 10 語で、TTR は 10/10 ＝ 100％となります。語彙密度は後者
のほうが高いと言えます。

■語彙密度の修正指標

　語彙密度は、テキストの難度（水本, 2008）や著者の文体（Hoover, 2003）の
指標として幅広く利用されますが、TTR の解釈には注意が必要です。語彙
体系内での語の数は有限ですので、テキストが長くなればどうしても同じ語
を重複せざるを得なくなり、結果として TTR が自然に低下するからです。
ゆえに、1 万語コーパスと 100 万語コーパスを比較して、両者の TTR が
10％であったとしても、両者の語彙密度が同等であるとは結論できません。

　異なるサイズのコーパス間で語彙密度を比較する場合は、コーパスサイズ
をふまえた語彙密度の修正指標を利用します（Grieve, 2007；金, 2008）。修正
指標には各種ありますが、代表的なのは、Guiraud の提唱する *R* 値（Guiraud

値とも呼ばれます）と、Herdan の提唱する C 値です。

$$R = \frac{Type}{\sqrt{Token}} \qquad\qquad C = \frac{\log_e Type}{\log_e Token}$$

　いずれの場合も、修正の鍵は、コーパスの総語数に対してなんらかの調整を行い、比較する 2 コーパス間のサイズ差を圧縮する点にあります。

　比較する X コーパスと Y コーパスのサイズがそれぞれ 1 万語と 100 万語であったとしましょう。TTR では総語数をそのまま使用するため、両者の差は 100 倍です。一方、R ではそれぞれの平方根を取るため、X は 100、Y は 1,000 になり、差は 10 倍に圧縮されます。C では、それぞれの自然対数（ネイピア数 e ＝約 2.7 を底とする特殊な対数）（6.3.3 節）を取るため、X は 9.2、Y は 13.8 になり、差は 1.5 倍にまで圧縮されます。

　従来の研究では、TTR や R が多く使われてきましたが、コーパスに顕著なサイズの差がある場合には、C の使用も検討すべきでしょう。Excel では、平方根は sqrt（値）、自然対数は ln（値）という関数で計算できます。

7.1.6　基本語

　語彙体系の中には重要な語もあれば、重要度の低いものも含まれています。一般に、ある語彙の中核をなす重要語のことを基本語（basic words）、その集合を基本語彙（basic vocabulary）と呼びます。

■基本語を決める指標

　基本語指標としては、頻度（frequency）のほか、当該語が出現するテキストの数を表わす分布度（dispersion ／ range）や、母語話者の当該語に対する心理的な馴染み度を表わす親密度（familiarity）などがあります。

　分布度は、語の汎用性を評価します。たとえば、コーパスの中に 100 種のテキストがある場合、1 種のテキストだけで 100 回出現していても、100 種のテキストで 1 回ずつ出現していてもコーパス内頻度は変わりませんが、分布度を見れば、後者の方が一般性の高い語であることがわかります。

　親密度は、語の認知的な基本性・日常語性を評価するもので、通例、母語話者に個々の語に対する馴染み度を何段階かで問い、平均値を求めて決定します。たとえば、新聞コーパスで頻度を調べると、「内閣」や「国会」といった用語が「鉛筆」や「消しゴム」などの日常語より上位になりがちですが、親密度のデータを取ると、我々の直観に近い結果が返されます。

　以上に加え、定義語彙性が考慮されることもあります。これは、当該語が辞書の定義語彙（defining vocabulary）に含まれるかどうかを基準とします。主要な学習英英辞書は、利用者が問題なく理解できるよう、定義文に使用する基本語を定めています。定義語彙は、他の語を説明するために不可欠で、かつ、外国語学習者が意味を知っていると判断される点で基本語性の指標となりますが、日本語では定義語彙の制定はそれほど一般的ではありません。

　定義語彙の発想を拡張すると、語彙体系には、他の語で言い換えられる語と、言い換えられない語が存在することになります。英語には、心理学者のCharles K. Ogden 氏が考案した Basic English という簡易言語があり、そこでは、語彙的代用不能性を基準として選定された 850 語（単語家族単位）ですべてのコミュニケーションを行うことが提唱されています。こうしたリストに掲載されていることも基本語選定の手掛かりの 1 つになるかもしれません。

■日本語語彙論における基本語
　日本語語彙論では、いわゆる基本語について、さらに細かい分類がなされます。林（1984）は、基幹語彙・基礎語彙・基本語彙・基準語彙・基調語彙の 5 区分を提示しています。林（1984）の定義に、樺島（2009）での説明を加えると、以下のようにまとめることができます。

表 1　日本語語彙論における基本語彙関連の用語

語彙種別	定義
基幹語彙	特定の言語(変種)において頻度・使用範囲が高く、その基幹部を構成する語。客観的存在で調査によって特定可。特徴語(テーマ語、ムード語)の対立概念で、基本語彙の元になるもの。
基礎語彙	身体部位・家族・色彩名など、生きていくのに必要な基本概念を表わし、どの言語においても普遍的に存在するおよそ数百の語。借用語が入りにくいことから言語類型論では言語間比較に使用。
基本語彙	何らかの目的のための選ばれた基本的な語。外国人学習者用としては千〜数千語、国語教育用では 1 万語超程度。使用率・散布度・古典作品中での共通使用度等を参考にする場合もある。
基準語彙	人が当該言語を用いて通常の社会生活を行う上で最低限必要となる語。日本語では 3 〜 4 万語。現代語や固有名詞も包含。
基調語彙	高頻度・高分布度の基幹語彙のうち、普遍的語彙を除いたもので、特定テキストにおいて多用され、当該テキストの特性を形成する少数の語。

　どのような定義を立てるにしても、頻度が語の基本性の根幹要素であることは間違いありません。ゆえに、基本語選定とコーパス研究はきわめて親和性の高い関係にあります。

7.2　先行研究

　英語・日本語を問わず、コーパスを用いた語彙研究は活発に行われており、その成果はしばしば語彙表の形でまとめられています。ここでは、関連研究のうち、主だったものを概観しておきましょう。

7.2.1　英語の語彙研究

　英語では、移民や植民地住民への教育の必要から、高頻度語選定の試みが古くから行われてきましたが、コーパスの発展によって、それらはより客観的で学術的な語彙研究へと引き継がれました。以下では過去の研究の一例を示します。

■大型コーパスの語彙調査

Brown Corpus の調査結果は Kučera & Francis (1967) で報告されました。同書では、50,406 語について、頻度・15 ジャンル中での分布度・500 サンプル中での分布度などが示されています。

British National Corpus の調査結果は Leech et al. (2001) として公開されました。同書では、書き言葉と話し言葉別に頻度が示されたほか、個々の語についてジャンル特性を示す対数尤度比などの統計量が付記されています。

Corpus of Contemporary American English (COCA) の調査結果は Davies & Gardner (2010) で報告されました。同書は、主要 5,000 語につき、31 種の詳細なジャンル別頻度や、20 ～ 30 種に及ぶ共起語を提示しています。

このほか、Browne (2013) は、Cambridge English Corpus から集めた 2 億 7 千万語の資料を調査し、1950 年代に Michael West が作成した英語の汎用的語彙リスト (General Service List) の新版を作成しました。資料に対するカバー率は、元リストが約 3,600 語 (レマ単位) で 84% であったのに対し、新版は約 2,800 語で 92% となっています。

■ジャンル変種の語彙

Biber (1988) は書き言葉と話し言葉の両方を含む 23 種のテキストを用意し、67 種の文法項目の頻度を因子分析にかけた結果、対人関与 vs 情報伝達、物語的 vs 非物語的、状況独立 vs 状況依存といったテキストの分類軸を明らかにしました。Biber の手法は多次元分析法 (multi-dimensional approach) と呼ばれ、同様の手法を使った研究が広く行われています。

■国際変種の語彙

Gries & Mukherjee (2010) は、International Corpus of English (ICE) の n グラムを語彙引力 (lexical gravity) という新しい統計量で分析して、アジア英語の語彙特性を比較しています。また、Oakes & Farrow (2007) は、英・米・豪をはじめとする 7 ヶ国の英語圏コーパスにおける単語頻度をカイ二乗統計量によって比較し、各国において特徴的な語彙 (多くは固有名詞) を特定しています。

■媒体変種の語彙

Lee（2001）は、British National Corpus の書き言葉・話し言葉セクションにおける核語彙（core vocabulary）の比率を比較し、核語彙比率が話し言葉において高いものの、両者の差はむしろ連続的なものであると指摘しています。また、本論文では、核語彙を決める指標として、言語全体における高頻度語、言語の特定媒体における高頻度語、特定話者階層による高頻度語、一般的で無標な語、認知的基本度の高い語、分布度の高い語、辞書定義に有用な語の 7 種が提唱されています。

■時代変種の語彙

Brown Corpus の比較コーパス（3.1.1 節）の開発は続いており、これまでに、1931 年、61 年、91 年、2006 年、09 年のデータが揃っています。

Baker（2009）は、4 種のイギリス英語コーパスで上位 20 語、代名詞、特徴語を比較し、1930 年代から 2000 年代に至るイギリス英語の語彙変化を分析しています。また、Hundt & Leech（2011）は、上記のイギリス英語およびアメリカ英語のコーパスを用い、1930 年代から 1990 年代における英語変化を分析した結果、(1) 制限用法内で物を受ける関係代名詞としては which より that が増加しており、その傾向はアメリカ英語で特に顕著であること、(2) on が増加して upon が減少していること、(3) upon については成句用法（例：dependent upon）が増加して一般用法（例：upon this point...）が減少していること、(4) 理由を表わす接続としては because が増加して for が減少していること、などを明らかにしています。

Fuchs（2017）は、BNC の 1994 版と 2014 版の発話を比較し、男女による 111 種の強意詞使用を調査した結果、現在でも女性のほうが強意詞を多用するものの、20 年間で男女差は縮小したと結論しています。

7.2.2　日本語の語彙研究

均衡コーパス構築以前より、国立国語研究所は日本語の語彙調査を広く行ってきました。その伝統は「現代日本語書き言葉均衡コーパス」を用いた語彙研究に継承されています。以下では過去の研究の一例を示します。

■国立国語研究所の語彙調査

　昭和以降の日本語に限って言うと、朝日新聞(資料年次：1949 ／調査語数：24 万語／調査単位：β' 単位)、婦人雑誌 2 誌(1950 ／ 20 万語／ α 単位)、総合雑誌 13 誌(1953 ／ 23 万／ β 単位)、現代雑誌 90 誌(1956 ／ 53 万／ β 単位)、新聞 3 紙(1966 ／ 300 万／短・長単位)、高校教科書(1974 年度／ 59 万／ M・W 単位)、中学校教科書(1980 年度／ 25 万／ M・W 単位)、テレビ放送(1989 ／ 14 万／長単位)、現代雑誌 70 誌(1994 ／ 106 万／ β 単位)について、それぞれ綿密な語彙調査が行われています(山崎, 2009；田中, 2009)。

　各調査の報告書には、五十音順語彙表、頻度(使用率)順語彙表、意味分類別語彙表などが掲載されています。とくに、1962 年に結果が公表された現代雑誌 90 種調査は、見出し語の整合的選定・母集団の厳密な特定・無作為抽出法の徹底といったすぐれた特徴を持ち、日本語を代表する統計的調査とされています。一連の調査で確立された資料収集法・頻度計量法・結果分析の手法は、現在のコーパス語彙研究を先取りしたものであったと言えます。

■「現代日本語書き言葉均衡コーパス」に基づく語彙調査

　「現代日本語書き言葉均衡コーパス」(BCCWJ) の構築が完了したことを受け、BCCWJ の語彙についても多角的な検討が進められています。

　田中・近藤 (2011) は、BCCWJ を構成する主要コーパスごとに 13 万種を超える巨大な単語頻度表を作成し、教育基本語を検討する立場からそれらを比較しています。作成された頻度表を概観して気付くことは、高頻度語であっても、ジャンルの影響が強く出ているという事実です。たとえば、図書館所蔵書籍の場合、使用率上位 10 語は「為る」「居る」「有る」「言う」「事」「成る」「無い」「其の」「様(ヨウ)」「一」となります。これに対し、Yahoo! 知恵袋では、上位 5 語は共通ですが、6 位以下は「無い」「成る」「思う」「良い」「御」となっています。また、新聞コーパスでは、共通する語は上位 2 語のみで、残り 8 語中、5 語は漢数字となっています。また、Tono, Yamazaki & Maekawa (2013) は、海外学習者向けに、BCCWJ から選んだ上位 5,000 語とその用例について日英 2 言語で紹介しています。

■語彙と品詞

　現代的コーパス誕生以前の研究として、樺島(1955)は名詞(N)・動詞(V)・形容詞類(A)・接続詞類(I)の各構成比について、A＝46−0.60N、logI＝12−6.6logN、V＝100−(N＋A＋I)の関係が成り立つことを示しました(係数は四捨五入)。名詞が増えれば他の品詞は減ることになります。また、水谷(1965)は、大野(1956)をふまえ、任意の3種のテキストにおける名詞比率をN、それ以外の品詞の比率をOとすると、$(N_2−N_1)/(N_3−N_1)＝(O_2−O_1)/(O_3−O_1)$の関係が成立し、名詞とその他品詞の関係は安定的であることを示しました。最近の研究として、冨士池他(2011)はBCCWJを分析し、名詞と他品詞比率の負相関を確認した上で、品詞分布から見ると白書・新聞は要約的、雑誌はありさま描写的で、知恵袋・ブログは品詞比率の分散が大きいことを明らかにしました。山崎(2014)は同じくBCCWJを使った調査を行い、短単位で見ると、助詞類Pの構成比が41%で最も多く、以下、N(38%)＞V(14%)＞M(7%)＞I(0.6%)となって、文長とNはきわめて強い正相関を示すことを示しました。

■語彙と語種

　飛田(1966)は、新聞の上位100語の語種を調べた結果、異なり語数で見て、和語比率は明治期の79%から大正期には53%に減じ、さらに昭和期には43%になっていることを明らかにしました。この間、外来語・混種語の比率はほとんど変わらず、和語の減少は漢語の上昇と対応しています。なお、1994年の現代雑誌70誌調査では、和語の比率は41.5%、漢語は45.9%、外来語は10.7%、混種語が2.0%と報告されています。

　田中(2011)は、BCCWJを用いて、語種比率とコーパス内のジャンルの関係を考察し、和語率はウェブで高く、書籍・新聞で低いこと、漢語率は新聞・書籍で高く、ウェブで低いこと、外来語比率は雑誌・ウェブで高く、書籍で低いことを明らかにしています。

　外来語の長音に関して、小椋(2017)はBCCWJと「日本語話し言葉コーパス(CSJ)」を調べ、長音省略(例：コンピュータ)は特定語に限って生じ、省略率は書き言葉で17%、話し言葉で8%であることを示しました。

7.3　英語語彙の分析実例

7.3.1　分析の枠組み

　Biber et al. (1999) は、同じ英語であっても、話し言葉 (spoken : Sp) と書き言葉 (written ： Wr) の間に文法的差異があることを示唆しています。では、語彙の計量的特徴に関してはどのような差異があるのでしょうか。

　本節で扱うリサーチクエスチョンは、話し言葉と書き言葉の間で、(1) 語彙密度に差があるか、(2) 頻度別語彙構成に差があるか、(3) 品詞構成に差があるか、(4)高頻度語・特徴語に差があるか、の 4 点です。

　使用するデータは、International Corpus of English (ICE) のイギリス英語モジュールです。書き言葉は全 200 サンプル(42 万語)で、学術書・ノンフィクション・小説などからなる公刊物が 150 種、個人の作文・書簡などの非公刊物が 50 種となっており、話し言葉は全 300 サンプル(64 万語)で、対話 (dialogue) が 180 種、独話(monologue)が 100 種となっています。

　品詞タグ付けには Brill Tagger を移植した GoTagger を、頻度分析には AntConc を利用します。表記形のレマ化は、染谷泰正氏が開発した e_lemma に修正を加えたものを使用し、AntConc 上で処理を行います。

7.3.2　結果と考察

7.3.2.1　語彙密度

　語彙密度は、テキストの中に異語が含まれる割合を計量する指標です。一般に、値が高ければ多様な語を幅広く使用していることになり、値が低ければ同種の語を繰り返し使用していることになります。

　話し言葉と書き言葉の語彙密度については相反する仮説が成り立ちます。1 つ目は、話し言葉では同じ内容の言い直しや反復が多いので語彙密度が下がり、書き言葉では論理的に議論が展開するので内容の重複が少なく、語彙密度が上がるというものです。2 つ目は、話し言葉では議論の一貫性が保持されないので同一語の反復が減って語彙密度が上がり、書き言葉では議論を一貫して発展させるので語の反復が増え、語彙密度が上がるという考え方です。

　これらの仮説の妥当性を検証するため、コーパスに出現している表記形に基づき、調査を行いました。R と C はそれぞれ Guiraud の R 値、Herdan の C 値を示します(7.1.5 節)。語彙密度分析の結果は下記の通りです。

表 2　語彙密度

	Type	Token	TTR	R	C
Sp	22246	642864	3.460	27.745	0.748
Wr	25783	421685	6.114	39.704	0.784

　どの指標値においても、書き言葉の語彙密度が高くなっており、すでに述べた 2 種の仮説に関して言えば、前者を支持する結果が得られました。

　語彙密度は、しばしばテキストの難度指標として解釈されますが、同時に、テキストの内容多様性の指標でもあります。今回の結果に限れば、書き言葉のほうが、内容が多様に展開しやすく、それゆえ語彙のばらつきが大きいと言えそうです。

7.3.2.2　頻度別語彙構成

　一般に、語彙は、少数の高頻度語と大多数の低頻度語から構成されます。最も上位の高頻度語は、通例、語彙的意味(lexical meaning)を持たない機能語(function words)や汎用的意味を持つ基本語となり、中低位語はジャンルごとの内容語(content words)となります。このとき、高頻度語が全体に占める比率が高ければ、当該テキストは一般的で限定的な内容を扱っており、比率が低ければ、より幅広い内容を扱っているものと考えられます。

　話し言葉と書き言葉の高頻度語比率については、話題が限られやすい話し言葉では比率が高く、多様な話題が扱われやすい書き言葉では比率が低いという仮説が導かれます。

　上記の仮説の妥当性を確認するため、レマ化済みのタイプの各々について構成比を調べ、とくに高頻度語とみなしうる上位 10 語(T10)、50 語(T50)、100 語(T100)、また、中低位語とみなしうる 500 語(T500)、1,000 語(T1K)、2,000 語(T2K)、3,000 語(T3K)、4,000 語(T4K)、5,000 語(T5K)

の累計構成比を求めました。略号の T は top、K は 1,000 を表わしています。頻度別語彙構成分析の結果は下記の通りです。

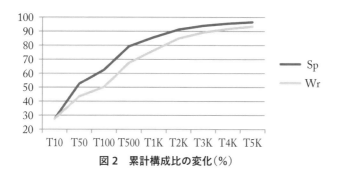

図 2　累計構成比の変化(%)

　上図を観察すると、上位 10 語ではほとんど差がありませんが、50 〜 100 語の構成比率は、話し言葉が一貫して書き言葉の場合を上回ることが確認されます。一方、500 語以上になると差は次第に縮小します。これより、話し言葉において高頻度語比率が高いという仮説はおおむね支持されたと言えるでしょう。

　なお、今回の調査結果は、コミュニケーションで一般的に使用される英語の語数の目安も示しています。コーパスにおけるタイプ数(レマ単位)は話し言葉で 16,611 語、書き言葉で 19,423 語にのぼりますが、上位 2,000 〜 3,000 語で全体の 85 〜 95%が占められます。数万語に及ぶ多様な語彙が存在するなかで、わずか数千語によってコーパス全体の約 9 割がカバーされるというのは、英語語彙の実際的なサイズを考える上で、また、教育的な基本語選定を行う上で、重要な知見と言えます。

7.3.2.3　品詞構成

　品詞構成は、テキスト特性について多くのことを教えてくれます。一般に、テキスト内に動詞や副詞が多ければ、動的でくだけた文章であり、名詞や形容詞が多ければ、かたい描写型・説明型の文章であることを示唆します。

　話し言葉と書き言葉の品詞構成については、上記より、話し言葉は動詞・

副詞中心、書き言葉は名詞・形容詞中心という仮説が導かれます。

　上記の仮説の妥当性を確認するため、主要品詞ごとに話し言葉・書き言葉中の構成比と、後者に対する前者の比率(Sp／Wr)を調べます。比率が1より高ければ、当該品詞は話し言葉のほうで、低ければ書き言葉のほうでより多く出現していることになります。品詞分析の結果は下表の通りです。

表3　主要品詞構成比(%)

POS コード	品詞	Sp	Wr	Sp／Wr
UH	間投詞	2.6	0.1	26.0
PRP	人称代名詞	11.7	6.2	1.9
RB	副詞	6.7	5.2	1.3
CC	等位接続詞	3.7	3.6	1.0
WDT	wh 決定詞	0.6	0.6	1.0
VB 他	動詞	16.6	17.4	1.0
DT	決定詞	10.1	11.1	0.9
IN	前置詞	11.9	13.5	0.9
MD	助動詞	1.4	1.6	0.9
TO	to 不定詞	2.4	2.9	0.8
CD	数詞	1.9	2.4	0.8
NNP	固有名詞	5.3	7.1	0.7
NN 他	名詞	15.3	21.6	0.7
JJ	形容詞	5.3	7.5	0.7

　まず、両変種で多用されている品詞を概観します。話し言葉では、動詞・名詞が最も多く、前置詞・人称代名詞・決定詞が続きます。書き言葉では、名詞・動詞が最も多く、前置詞・決定詞が続きます。名詞・動詞・前置詞・決定詞の4品詞が核となるのは書き言葉・話し言葉の別を超えた英語語彙の特徴であると言えます。

　次に、Sp／Wr 値に注目して両者を比較します。話し言葉の側に多いのは、間投詞・人称代名詞・副詞などです。人物中心のくだけた口語性が話し言葉の語彙的特徴と言えます。一方、書き言葉の側で多いのは名詞・固有名詞・形容詞などです。これらは書き言葉の名詞志向性をはっきりと示しています。仮説はおおむね支持されましたが、話し言葉の動詞志向性は必ずしも確認されませんでした。

7.3.2.4　高頻度語・特徴語

　任意のテキストにおける高頻度語、および、複数テキストにおける頻度の比較によって抽出された特徴語は、ともに当該テキストの言語的性質を要約したものとなります。

　話し言葉と書き言葉の高頻度語・特徴語については、従前の分析をふまえ、話し言葉では間投詞や話者・聴者を指す人称代名詞などが、書き言葉では具体的なトピックに関する名詞や動詞が多く含まれると考えられます。

　上記の仮説の妥当性を確認するため、変種別に高頻度語と対数尤度比に基づく特徴語の上位 20 語を比較します。分析の結果は下表の通りです。

表 4　高頻度語・特徴語

高頻度語				特徴語			
Sp		Wr		Sp		Wr	
the	's	the	be	uh	think	the	as
and	is	of	as	uhm	oh	of	yours
of	uh	to	I	I	've	by	will
I	't	and	on	yeah	know	for	from
to	uhm	a	was	you	mean	may	to
a	was	in	with	's	well	however	fig
that	on	is	you	't	right	such	dear
it	but	that	are	it	're	its	her
you	they	for	's	yes	what	sincerely	in
in	for	it	by	that	got	be	thus

　高頻度語では多くの語が重複していますが、uh や uhm などの間投詞、代名詞の they、縮約の t（isn't など）、but などは話し言葉でのみリストに入っています。また、be 動詞の be や are、前置詞の as、with、by などは書き言葉でのみリストに入っています。話し言葉の語彙にくだけたものが多い一方、書き言葉の語彙はよりかたく、統語的に緊密な構造を持っていることが示唆されます。

　特徴語では差がより鮮明です。話し言葉の語彙は、間投詞（uh、uhm、oh）、間投詞的に使用可能な副詞類（well、[all] right）、応答を示す yes、話者・聴者を指す人称代名詞（I、you）、縮約語（'s、't、've、're）、前方参照代名

156

詞(it や that)、I や you につなげて会話の切り出し句を構成する動詞（[I] think、[I] mean、[you] know）などによって特徴付けられます。これらは、話し言葉の語彙の口語性・双方向性・対人志向性・慣用性を示唆します。

　書き言葉の語彙は、前方照応的な決定詞(the、its)、文要素の統語的結合に関与する前置詞類(of、by、for、as、in、from、to)、文要素間の論理関係を示す副詞類(however、thus)、陳述のモダリティを示す助動詞(will、may)によって特徴づけられます。これらは書き言葉の語彙の結束性・統語的複雑性・論理性・モダリティ性などを示唆します。なお、特徴語に入っているsincerely と dear、および fig(図を表わす figure の略)は、書簡文・学術論文のジャンル特徴語であり、書き言葉全般の特徴語とは言えません。

　今回のデータでは、話し言葉の語彙の口語性は確認されたものの、書き言葉の側でトピックやジャンルに関わる具体的な名詞や動詞が多いとする仮説は必ずしも支持されませんでした。名詞や動詞は品詞という単位でまとめれば多く見えますが、個々の語として見れば大半が低頻度です。

7.3.3　結果のまとめ

International Corpus of English のイギリス英語モジュールの話し言葉と書き言葉の比較により、(1)語彙密度は書き言葉のほうが高いこと、(2)高頻度語比率は話し言葉のほうが高いこと、(3)話し言葉では間投詞・人称代名詞・副詞など、書き言葉では名詞・固有名詞・形容詞などの品詞が多いこと、(4)話し言葉では間投詞・縮約語・人称代名詞など、書き言葉では前置詞・接続副詞類・助動詞などに含まれる語が多いことがわかりました。

　以上の観察は、話し言葉が、平易な語を主体として人物間の言葉によるやりとりを写し取るものであるのに対し、書き言葉が、より多様な語彙を用い、事物の描写や説明を論理的に行うものであることを示しています。

　話し言葉と書き言葉に違いがあることは誰しも直観的に感じるところですが、どこがどのように異なっているかを正確に言い当てることは母語話者であっても容易ではありません。大規模コーパスに基づく分析は、従来、感覚的にとらえられてきた話し言葉と書き言葉の差を客観的に論じる切り口を提供してくれるものと言えるでしょう。

7.4　日本語語彙の分析実例

7.4.1　分析の枠組み

　言語にはさまざまな変種が存在しますが、それらは語彙にどのような影響を及ぼすのでしょうか。ここでは、書き言葉の変種として、書籍の日本語と政府白書の日本語を比較します。白書は、一般の書籍に比べてよりフォーマルな文体を持つと予測されます。

　本節で扱うリサーチクエスチョンは、書籍と白書の間で、(1) 語彙密度に差があるか、(2) 頻度別語彙構成に差があるか、(3) 品詞構成に差があるか、(4) 高頻度語・特徴語に差があるか、の 4 点です。得られた結果については、適宜、前節で示された英語語彙の特徴と比較します。

　使用するデータは、「現代日本語書き言葉均衡コーパス」のベストセラー書籍と白書の一部です。前者は 7 ジャンルから 10 種ずつ合計 70 サンプル、後者は 6 ジャンルから 10 種ずつ合計 60 サンプルを抽出します。語数は共に表記形基準で約 20 万語（基本形基準で約 16 万語）です。形態素解析には ChaSen（KH Coder 組み込み版）を、頻度解析には KH Coder を利用します。

7.4.2　結果と考察

7.4.2.1　語彙密度

　書籍と白書の語彙密度については、2 つの仮説が成り立ちます。1 つ目は、書籍では、同一の内容を掘り下げて描写・説明することが多いため、同一語の反復が増えて語彙密度が下がるのに対し、白書では、1 つの内容に深入りせず、多くの内容を紹介するため、同一語の反復が減って語彙密度が上がるというものです。2 つ目は、分野や読者層などを自由に決められる書籍では幅広い語彙使用が可能で語彙密度が上がり、一般国民を対象に当該分野の内容を平明に伝える目的に縛られた白書では使用可能な語彙も制約されて語彙密度が下がるという考え方です。

　これらの仮説の妥当性を検証するため、コーパスに出現している形態素に基づき、調査を行いました（以下、本節では形態素数を「語数」と呼びます）。語彙密度分析の結果は次の通りです。

158

表5　語彙密度

	Type	Token	*TTR*	*R*	*C*
書籍	15,834	196,191	8.071	35.748	0.793
白書	9,229	199,093	4.636	20.684	0.748

　いずれの指標値においても書籍の語彙密度が一貫して高くなっており、これは、後者の仮説を支持する結果と言えます。白書は、内容的には専門性が高いものですが、語彙についてはかなり制約的な使用がなされている可能性が示唆されます。

　なお、英語の単語と日本語の形態素は完全に同等のものではありませんが、仮に同列に扱って比較を行うと、白書の*C*値は英語の書き言葉の*C*値を若干下回っています。また、書籍の*C*値は英語の書き言葉の*C*値 (0.784) を若干上回る値となっています。しかし、今回のデータに限ると、語彙密度において、英語と日本語はそれほど大きく違わないと言えそうです。

7.4.2.2　頻度別語彙構成

　書籍と白書の高頻度語比率については、専門性の低い書籍のほうが高くなるのではないかという仮説が導かれます。

　上記の仮説の妥当性を確認するため、形態素の基本形 (レマ) ごとにその構成比を求め、とくに高頻度語とみなしうる上位10語、50語、100語、また、中低位語とみなしうる500語、1,000〜5,000語の累計構成比を求めました。頻度別語彙構成分析の結果は下記の通りです。

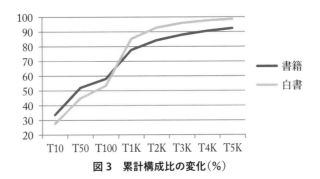

図3　累計構成比の変化 (%)

上図を観察すると、上位 100 語までの構成比率は書籍が上回っています。ただし、1,000 語以上になると、逆転して、白書が書籍を上回ることが確認されます。書籍の高頻度語比率が高いとした仮説はおおむね支持されましたが、一方で書籍には低頻度語も多いことが示されました。

今回の調査結果は、一般的な書き言葉で使用される語数の目安も示しています。コーパス内の形態素のタイプ数 (基本形) は書籍で 14,693 語、白書で 7,309 語となりますが、上位 2,000 〜 3,000 語で全体の 85 〜 95％が占められます。

一般に、日本語は欧米諸語に比べて語彙が多いことが指摘されますが (林 [監修], 1982, p.41)、英語の書き言葉・話し言葉コーパスに含まれるレマのタイプ数が 16,000 〜 19,000 語程度であり、上位 2,000 〜 3,000 語の占有率が同じく 9 割前後であったことをふまえると、今回のデータに限って言えば、両言語において、一般に使用される語彙量にそれほど本質的な差はないようです。ただし、前掲書でも指摘されているように、語彙調査は語の単位や数え方によって全く異なる結果が出るため、とくに異なる言語間で比較を行う場合は得られた結果を慎重に解釈する必要があります。

7.4.2.3　品詞構成

書籍と白書の品詞構成については、書籍では情景描写や説明などが綿密に行われるために形容詞や副詞などの修飾語が多く、白書では事実に関する陳述が中心になるため名詞が多くなるのではないかという仮説が導かれます。

上記の仮説の妥当性を確認するため、主要品詞ごとに書籍・白書中の構成比と、前者に対する後者の比率を調べます。品詞分析の結果は次の通りです。

表6　主要品詞構成比(%)

品詞	書籍	白書	白書／書籍
名詞_数	1.2	4.4	3.7
接頭辞(接頭詞)	0.5	1.1	2.1
名詞	23.6	41.6	1.8
接続詞	0.8	0.8	1.1
助詞	26.3	22.1	0.8
動詞	13.0	8.4	0.6
固有名詞	2.9	1.6	0.5
連体詞	1.1	0.5	0.5
形容詞	1.3	0.6	0.4
助動詞	9.2	3.3	0.4
副詞	2.3	0.6	0.3

　書籍の場合は、助詞と名詞が最も多用され、動詞が続きます。これに対し、白書の場合は名詞が最も多用され、助詞が続きます。名詞と助詞の2品詞が中心になるという点では両変種の傾向は一致しています。

　英語の場合は、書き言葉・話し言葉の別なく、名詞・動詞・前置詞・決定詞の4品詞が中核品詞としてほぼ均等的に使用されていました。英語の前置詞が機能的に日本語の助詞に重なると考えれば、両言語の語彙の品詞構成には重複する点も認められますが、一方で、英語に比べると日本語では動詞の構成比がやや低いようです。

　次に、白書／書籍比率に注目して両者を比較すると、仮説がおおむね支持されていることがわかります。書籍の側に多いのは、動詞、形容詞・副詞、助動詞などで、人物等の動作、事物様態の形容描写、微妙な心理的状態の表出などが書籍の語彙的特徴と言えます。一方、白書で多いのは数詞(数を表わす名詞)、接頭辞(例：全産業、総需要、第1、同図など)、名詞です。全体として名詞に偏っていること、また、「全ての産業」や「同じ図」のように説明的に言える場合であっても、接頭辞を用いて熟語的に凝縮して表現することが白書の語彙的特徴であることがわかります。

7.4.2.4　高頻度語・特徴語
　書籍と白書の高頻度語・特徴語については、従前の分析をふまえ、書籍で

は描写に関わる修飾語や心理状態を示す助動詞など、白書では専門分野に関わる各種名詞などが多く含まれるのではないかという仮説が導かれます。

　上記の仮説の妥当性を確認するため、変種別に高頻度語と対数尤度比に基づく特徴語の上位 20 語を比較します。分析の結果は下表の通りです。

表 7　高頻度語・特徴語

高頻度語				特徴語			
書籍		白書		書籍		白書	
の	ない	の	いる	た	て	等	技術
た	いる	を	等	ない	は	及び	整備
に	も	に	ある	です	言う	年度	化
は	で	する	で	ん	ね	第	について
を	ある	は	年	私	いう	地域	月
だ	こと	が	者	だ	おそれ	者	対策
が	から	て	的	ます	そう	的	における
と	か	と	れる	も	じゃ	事業	行う
する	です	だ	こと	よ		年	環境
	なる	た	なる			研究	調査

　高頻度語、とくに上位 10 語の大半は助詞で、差はほとんどありませんが、11 〜 20 位を見ると、白書の側にのみ漢字表記語が含まれています。これは、白書の語彙がよりかたいものであることを示唆します。なお、上位 20 語の大半を機能語が占めるという点では、すでに見た英語の語彙と日本語の語彙の特性は類似しています。

　一方、特徴語では両者の差がより顕著に伺えます。書籍の場合は「た」「ない」「です」「ん」「か」「だ」「ます」「よ」のように、豊富な文末表現が語彙を特徴付けています。これらは時制や心理的モダリティを表出します。白書の場合は、漢語やかたい表現が多くを占めます。とくに、「等」や「及び」、また、「〜について」「〜における」などの複合辞は、形式ばった日本語に典型的に見られるもので、白書の語彙のフォーマリティを示しています。また、「〜的」や「〜化」などは修飾内容を 1 語に凝縮して漢語名詞に取り込むもので、白書の語彙の名詞志向・熟語志向の反映と考えられます。

7.4.3　結果のまとめ

　「現代日本語書き言葉均衡コーパス」のベストセラー書籍と政府白書の比較により、(1)語彙密度は書籍のほうが高いこと、(2)高頻度語比率は書籍のほうが高いこと、(3)書籍では動詞・形容詞・副詞・助動詞など、白書では数詞・接頭辞・名詞などが多いこと、(4)書籍では文末表現、白書では漢語表現などが特徴的に使用されることがわかりました。

　以上の観察は、書籍の語彙特性が、多彩な語を用いて人物の心理や事象の様態を細かく描写する点に、白書の語彙特性が、名詞(漢語名詞)を中心として多彩な表現内容を高度に圧縮して伝達する点にあることを示しています。

　書き言葉と話し言葉のように大きく異なる変種間だけでなく、同じ書き言葉の中でも、想定される読者層や扱う内容が異なれば構成語彙が質的に変化することを示す今回の分析結果は、言語を一枚岩ではなく、細かい言語変種の総体とみなし、その差異の解明を重視するコーパス言語学のアプローチの妥当性を裏付けるものと言えます。

7.5　本章のまとめ

　言語の構成単位にはさまざまな階層がありますが、コーパス分析は、個々の語やそれらの総体としての語彙の研究にきわめて有効です。客観的な計量分析を行うことにより、テキストの持つ語彙特性を抽出し、それらをさまざまな角度から比較・考察することが可能になります。

　本章では、まず、語や語彙に関わる概念整理を行い、その後、当該分野の研究の流れを概観し、最後に、研究実例として、英語・日本語のコーパスデータを用いた語彙分析を試みました。

　7.1 節では、語彙と語の関係、語認定の問題を概観した後、表記形とレマ、単語家族、延べ語数と異なり語数、基本語などの概念を整理しました。

　7.2 節では、各種の語彙研究のうち、計量的観点からの英語・日本語の語彙研究に限って主要なものを紹介しました。

　7.3 節および 7.4 節では、研究実例として、ICE のイギリス英語モジュールを用いた英語の話し言葉と書き言葉の語彙の比較、および、「現代日本語

書き言葉均衡コーパス」を用いたベストセラー書籍と政府白書の語彙の比較を行い、マクロの視点からの語彙分析がテキストの特性を解明する上で有益であることを実証しました。

　今後、さまざまなテキストに対して同様の語彙分析を試み、分析の結果を蓄積してゆくことで、英語・日本語のそれぞれにつき、テキストタイプの差を超えた基盤的語彙特性と、個々のテキストタイプに固有の示差的語彙特性を峻別してゆくことが可能になるでしょう。

7.6　発展課題

(1) 新聞サイトからデータを収集し、表記形タイプ数とレマタイプ数を計算して、平均でいくつの表記形が 1 個のレマに集約されるか調べてみましょう。また、英語と日本語で差があるか調べてみましょう。【7.1.3 節】

(2) 辞書を参考にして、play の単語家族に含まれる語を書きだしてみましょう。【7.1.4 節】

(3) A コーパスは延べ語数が 1 万語、異なり語数が 2,500 語、B コーパスはそれぞれ 5 万語と 3,500 語だったとします。TTR、R、C の値を求めてみましょう。【7.1.5 節】

(4) 外国人向けの日本語教科書の巻末に掲載されている語彙リストと、日本語コーパスから切り出された高頻度語彙を比較し、どのような差があるか考えてみましょう。【7.1.6 節】

(5) Charles Ogden 氏の提唱する Basic English Word List に含まれる 850 語と、Michael West 氏の提唱する General Service List（GSL）および Charles Browne 氏の提唱する The New GSL の上位 1,000 語を比較し、それぞれのリスト間の違いについて考察してみましょう。【7.1.6 節】

第8章　コーパスと語法

8.0　本章の概要

　コーパスは、語彙の総体に対するマクロ的な観察だけでなく、個々の語のミクロ的な分析にも威力を発揮します。語について明らかにされるべきことは多く、語を正しく理解するには、その表記や綴り、言語（変種）内での頻度・分布度、他の語とのコロケーション、言語的生起環境、意味、構文など、多くの要因が関わってきます。

　こうした語の諸相は、従来、形態論・意味論・語用論・構文論など、それぞれの専門分野において個別に研究されてきましたが、コーパス言語学では、これらを統合し、個々の語に固有の語法（usage）を正確に観察し、体系的に記述することが目指されます。最近の研究では、語法をより広い概念でとらえ直し、振る舞い（behavior）という用語を使用することもあります。コーパスを用いた語の振る舞いの総体的研究は corpus-based behavioral profile approach などと呼ばれています（Liu, 2010）。

　広義の語法に関わるさまざまな情報を収集・分析し、分析の結果を集約しようとするコーパス言語学の方向は、辞書の目指す方向と似ており、コーパス言語学と現代辞書学はきわめて親近性が高いものです。

　本章では、まず、コーパス準拠型の英語辞書を例に取り上げ、コーパス語法研究の方向性について概観します。その後、語法分野の先行研究の一部に目を通し、最後に、実例研究として英語と日本語のデータを使った語法分析の例を示します。

8.1 コーパス語法研究の目指すもの

　伝統的に、辞書は編者の母語話者としての内省を大きなよりどころとして編纂されてきましたが、コーパスを用いることで辞書編集のあり方は大きく変化します。以下では、コーパス準拠の英語辞書を例に、コーパス語法研究の目指すところを具体的に見ていきます。

8.1.1 コーパスと英語辞書

　イギリスでは、古くより、各種の辞書が刊行されてきましたが、近刊の主要学習辞書に限れば、そのすべてにおいてコーパスが活用されています。

■コーパス準拠英英辞書

　学習英英辞書の代表格は、ロングマン社の *Longman Dictionary of Contemporary English*（*LDOCE* 6）（2014）、オックスフォード大学出版局の *Oxford Advanced Learner's Dictionary*（*OALD* 10）（2020）、コリンズ社の *Collins Cobuild Advanced Learner's Dictionary*（*Cobuild* 10）（2023）、ケンブリッジ大学出版局の *Cambridge Advanced Learner's Dictionary*（*CALD* 4）（2013）、マクミラン社の *Macmillan English Dictionary for Advanced Learners*（*MED* 2）（2007）などです（※略号後の数字は版数を示す）。

　上記の中には、コーパス言語学の誕生以前から刊行されているものもありますが、現行版はすべてがコーパス準拠となっています。

■ *Cobuild* とコーパス

　コーパスを初めて導入したのはコリンズ社の辞書でした。コリンズ社は、バーミンガム大学の John Sinclair 教授とともに Collins Birmingham University International Language Database（COBUILD）というプロジェクトを立ち上げ、モニターコーパスの代表格である Bank of English を共同構築しました（3.2.3 節）。Bank of English の分析結果を盛り込んで刊行されたのが *Collins Cobuild English Language Dictionary*（1987）です。

　Helping learners with <u>real</u> English という斬新な編集方針のもと、徹底的に

英語の「リアル」にこだわり、定義や用例のすべてをコーパス準拠とした同書は反響を呼び、1995 年に 2 版、2001 年に 3 版、以後、3 〜 4 年ごとに改訂版が刊行されています。この間、書名は何度か変更され、執筆時点での現行版はシリーズ 10 版にあたる *Collins Cobuild Advanced Learner's Dictionary* (2023)となっています。

　以下では、*Cobuild* を中心に、コーパス語法研究によって、語の頻度、定義、語義配列、コロケーション、構文の記述がどのように精緻化できるのかを見ておきましょう。

8.1.2　語の頻度

　語に関わる情報の中で、頻度は最も重要なものの 1 つです。英和辞書を含め、語義記述の検証にコーパスを活用する辞書は増えていますが、一方で、語の重要度表示は主観的判断に基づく場合も多く (石川, 2001)、客観的な語彙頻度の情報がすべての辞書で提示されているわけではありません。

■頻度ランク表示

　Cobuild は、大型コーパスから得られた頻度情報をもとに、収録語の頻度ランクを 4 段階に区分しています。頻度ランクは黒菱の数で表されます。

　例として、b で始まる単語の中から、各ランクの語のサンプルを示します。

　　最も高頻度なレベル(◆◆◆)：back、bad、bank...
　　2 番目に高頻度なレベル(◆◆◇)：baby、bag、balance、ball、ban...
　　3 番目に高頻度なレベル(◆◇◇)：background、badly...
　　それ以外の語(黒菱なし)：babble、babe、babel、baboon...

　たとえば、ball と bank のいずれの頻度が高いか、baby と babe にどの程度の頻度差があるかは、内省を持たない外国人学習者に推測することはほとんど不可能ですが、上記のような頻度ランクが明示されていれば、学習者は、信頼できる根拠に基づいて語の頻度を比較することができます。

■ *LDOCE* の頻度ランク表示

　頻度情報の明示は、コーパス準拠辞書の共通の特徴です。*LDOCE* は、下記の例のように、書き言葉(W)と話し言葉(S)別に、1(上位 1,000 語)、2(上位 2,000 語)、3(上位 3,000 語)の頻度ランクを示しています。

> back(W1S1)、bad(W1S1)、bank(W1S1)、baby(W1S1)、balance (W2S2)、ball(W2S1)　ban(W3)、background(W2S2)、badly (W3S2)、bag(W2S1)

　これにより、たとえば、ban は書き言葉で多用されるが話し言葉ではあまり使われないこと、badly や bag はいずれでも多用されるが話し言葉がより多いことなどがわかります。

　こうした頻度情報は、言語学的に興味をひくものであるのみならず、言語教育においてきわめて有用なものです。たとえば、類義語がいくつかある場合、最も頻度の高い語は、多くの場合、最も使用範囲の広い語であり、優先的に学習すべき語であると言えるでしょう。頻度情報はまた、学習者が英語を使ってコミュニケーションを行う場合にどのような語を使用するのが適切であるかについての指針も提供してくれます。

8.1.3　定義

　定義は辞書の提供する情報の中核に位置するものですが、コーパスを詳しく分析すれば、内省による定義をさらに精緻化することが可能になります。以下では例として finally を取り上げます。

■副詞 finally の定義

　finally は「最後に」と訳され、事象がある時間的スパンの最後に起こったことを意味します。しかし、大型コーパスで実例を検証すると、finally の文脈には共通性が存在していることに気が付きます。下記はその一例です。以下、本節では、Bank of English の一部を公開したコリンズ社の Wordbanks Online を検証に利用します。

Well when can you meet I asked… Charlotte said something but it was hard to hear. Sorry what, I shouted. She said: I think it's better if we don't see each other any more. No you don't understand, I replied, I need to see you, it's urgent. I need to see you. There was a long pause. Finally she said OK…

（強調筆者）

　上記では、男性が自分と会ってくれるよう女性を説得しています。女性は拒否するのですが、度重なる懇願に負け、長い沈黙の後で、ようやく承諾したとあります。この場合、finally は、単に時間軸の最後を意味するだけでなく、強い抵抗や葛藤によって、本来のタイミングが予想以上に長く引き延ばされた後、ついに耐え切れなくなって当該事象が起こったというニュアンスを含んでいるように思えます。

　そこで、finally の共起パタンを調査すると、belatedly（遅れて）や reluctantly（嫌々ながら）との共起例が見つかり、上記のニュアンスが finally の意味に含まれていることが確認できます。

```
for the Scotland national side." <p/> Finally , belatedly, on January 6, Speroni made
at which point the poor sinner finally , belatedly, had come in to be forgiven.
seemed. He still didn't know. But finally , belatedly, very likely foolishly so, he
<p/> Yugoslavia's military forces finally , belatedly completed full mobilization,
```

　おそらくは、こうしたコーパス観察と分析のプロセスをふまえ、*Cobuild* は finally を次のように定義しています。

> You use **finally** to suggest that something happens after a long period of time, usually later than you wanted or expected it to happen.

　旧来の辞書であれば、定義は前半部で終わっていたかもしれませんが、コーパス分析によって、はじめて usually 以下のニュアンスが定義できたと言えます。コーパスは、個々の語の表層的意味のみならず、母語話者の暗黙知とされてきた深層的意味についても明確な記述を可能にします。

8.1.4 語義配列

Cobuild では語に加え、語義の頻度についても調査を行い、その結果を記述に反映させています。以下では例として link を取り上げます。

■ link の語義配列

link は、名詞や動詞が混在する多義語ですが、語義は下記の順序で記載されています(日本語に訳出して略記)。

1. 関係　　　2. ～を関係付ける　　3. index-linked を参照
4. 連結　　　5. ～を連結させる　　6. 友好関係
7. 連絡手段　8. ～を…に関係付ける　9. (コンピュータ・ファイル内の)リンク
10. 鎖の輪　11. 巻きつける　　　12. link-up を参照

特定の品詞体系に基づくアノテーションに反対する Sinclair (1991) のクリーン・テキスト原則(pp.21–22)の影響もあり、一般の辞書にありがちな品詞区分はなく、語義は頻度に基づいて配列されています。よく使われる意味が前に、あまり使われない意味が後ろに記載されることで、重要な意味により早くアクセスできることになります。

伝統的な語法研究では、語義の細分化に関心が向けられる一方で、語義の軽重はあまり重視されていませんでしたが、コーパス分析によって、語義についても何がより重要で何がそうでないかを客観的に整理することが可能になります。

8.1.5 コロケーション

語は、しばしば関連する他の語とのコロケーション単位で意味を担っています。コーパスはこうしたコロケーション情報の検出にもきわめて有用です。以下では例として X + bank(銀行)という連結を取り上げます。

■ X + bank のコロケーション

bank は平易な名詞ですが、前節修飾語となると、Swiss ～などの固有名詞

は思いついても、他はなかなか想像がつきません。しかし、コーパスを観察すると、bank に前節する高頻度名詞や形容詞のリストが得られます。下記は Wordbanks Online から得られた上位共起語の例です（固有名詞除く）。共起強度は、相互情報量（6.3.2 節）に頻度の対数をかけて調整した log-log score という指標値に基づいて計算されています。

表 1　bank の前節修飾語

名詞連結（N + bank）			形容詞連結（A + bank）		
名詞	粗頻度	共起強度	形容詞	粗頻度	共起強度
investment	4871	103.6	central	3423	97.3
merchant	395	76.2	reserve	309	82.0
high-street	84	49.5	nationalized	74	58.5

high-street bank（市中銀行）など、すぐには思いつかない共起語が上位を占めました。おそらくはこうしたコーパス分析の結果をふまえ、*Cobuild* の bank の項目に設けられたコロケーションコラムには、以下の情報が示されています。

noun + **bank**:　high-street, investment, merchant, savings
adjective + **bank**:　central, commercial, nationalized, retail

コロケーションは母語話者にとっても直観だけではとらえにくいものです。*Cobuild* は、経験と勘に代え、大規模なデータを根拠とすることで、重要なコロケーションを取りこぼすことなく提示しています。

8.1.6　構文

語の振る舞いをより広範囲でとらえる場合、当該語が生起する典型的な構文について考える必要が生じます。コーパスは、元来、個別的な語や句の分析を得意としますが、構文レベルについてもコーパスで明らかになることは少なくありません。以下では例として beg を取り上げます。

■ beg の構文

　beg は多様な統語的振る舞いを見せる語ですが、*Cobuild* では下記のように
まとめられています。

> If you **beg** someone **to** do something, you ask them very anxiously or eagerly
> 　to do it.
> [V n to-inf] *I begged him to come back to England with me.*
> [V to-inf] *I begged to be allowed to leave.*
> [V + for] *We are not going to beg for help any more.*
> [V n] *They dropped to their knees and begged forgiveness.*

　一般的な辞書では、動詞は "(to) ask someone for something" といった句の
形で定義されますが、*Cobuild* は文定義 (full sentence definition) と呼ばれる独
自の方法を採用しています。文定義は意味と構文情報を一体的に示すことが
でき、上記の場合、beg の意味に加え、beg が人を主語とすることや、beg ＋
人＋ to do の構文で使用されることなどがわかります。加えて、頻度調査を
ふまえ、beg が生起しやすい 4 種の構文が明示されています。多様な構文の
中で、何が beg の最も一般的な形態であるかがここでわかります。

　それぞれの構文には用例が付いていますが、これらもまたコーパスから取
られた実例で、当該構文の具体的な使い方を示しています。なお、*Cobuild*
の用例は、かつては、コーパス実例を一字一句そのまま収録していました
が、最近では、読みやすさに配慮して一定の編集が加えられています。

8.1.7　日本語辞書とコーパス

　日本語の場合、辞書と言えば、まずもって、母語話者のための国語辞書の
ことであり、英語のように、コーパス解析をふまえた本格的な学習者用の
「日本語辞書」はいまだ整備されていません。

　しかし、「現代日本語書き言葉均衡コーパス」(BCCWJ) の公開により、今
後は、コーパス準拠の日本語辞書の開発機運が高まってくるものと予想され
ます。BCCWJ の開発プロジェクトには当初より辞書編集班が設置されてお

り、同班は、コロケーション、複合辞、ヲ格／ノコトヲ格、漢語サ変動詞自
他、動詞格、オノマトペなど、既存辞書で記述が十全でなかった点を研究課
題として取り上げ、コーパスから得られる情報に基づき、望ましい記述の方
向性を探りました(荻野, 2011)。

　成果として発表された「コロケーション辞書編纂用資料」、「動詞の格パタ
ン資料」、「複合辞辞書」、「漢語自他両用動詞辞典」、「日本語 n-gram デー
タ」、「動詞格情報辞書」、「ハ行オノマトペの語義区分試案」などは、コーパ
ス準拠日本語辞書のありようを予見させるものです。以下、複合辞と自他両
用動詞研究を例に取り上げ、内容の一端を紹介します。

■複合辞の扱い

　複合辞とは、複数の形態素がかたまって、全体として何らかの文法的機能
を担っているものを指します。複合辞は伝統的な品詞分類に当てはまらない
ため、既存辞書で見出しとして扱われることはほとんどありませんでした。
たとえば、辞書には「間」と「に」の項目はありますが、通例、「間に」と
いう項目はありません。しかし、「間に」は、それを構成する 2 つの語では
説明しきれない機能を持っています。

　近藤他(2011)は、BCCWJ におけるこうした複合辞の出現状況を子細に調
査し、複合辞の機能を体系的に整理しました。

間に¹〔格助詞/時間/体言＋助詞「の」〕
◇１９８０年代をとおして戦われたイラン - イラク戦
　争の間に、おおぜいの人びとが農村部から北部の都
　市に移り住んだ。
　　BK／イラク／アリー・M・ロジャース・東眞理子／国土社／ 2002

◇冬の間にすっかりはげてしまったペンキの、ぬりな
　おしをするのです。
　　PM／ちゃぐりん 2001 年 3 月号（第 38 巻 3 号）／今泉涼子・ちゃぐりん編集部・
　　宮崎学／家の光協会／ 2001

◇おとーさんはお仕事の激務の間に、さまざまな知識
　や草木の名前を覚えねばなりません。
　　YC／ Yahoo!知恵袋／ Yahoo!／ 2005

間に²〔接続助詞/同時/用言連体形〕
◇瞬間移動魔法が発動し、またたきする間に、ワタル
　は沼の縁へと飛ばされていた。
　　BK／ブレイブ・ストーリー 下／宮部みゆき／角川書店／ 2003

◇煮ている間に、いわしのつみれを作る。
　　PM／オレンジページ 2001 年 1 月 17 日号（第 17 巻第 2 号）／オレンジページ／

◇何でここで質問する間に、公式を見つけないのかと
　…。
　　YC／ Yahoo!知恵袋／ Yahoo!／ 2005

図 1　複合辞辞書における「間に」の項目例(近藤他, 2011)

　上記を見ると、「間に」には、助詞を介在させて体言に後続する格助詞用
法と、用言の連体形に後続する接続助詞用法の 2 種類があること、両者は

統語的位置付けだけでなく、意味も異なることが明らかにされています。

■自他両用動詞

　漢語サ変動詞の多くは、「本社が［を］を移転する」のように、自動詞・他動詞の両方で使用可能ですが、既存辞書ではこうした動詞の自他特性は十分に触れられていませんでした。そこで、矢澤・楊(2011)は、3種の国語辞書の自他分類を整理した上で、新聞、ウェブ、BCCWJ における自動詞(Xする)と他動詞(〜を X する)の粗頻度、および、他動詞／自動詞率を計算して一覧表にしました。

　下記はその一部で、右端の値は便宜のために筆者が追加した自他全体頻度に占める他動詞の百分率です。

表2　漢語自他両用動詞リスト(一部改変)

漢語	辞書 A	辞書 B	辞書 C	BCCWJ			
				Xする	をXする	他／自	他／全
一貫	自他サ	自	自	19	4	0.211	17.4
一新	自他サ	自他サ	自他サ	23	19	0.826	45.2
逸脱	自他サ	自/他	自/他	36	13	0.361	26.5
一転	自他サ	自	自/他	10	2	0.200	16.7
一服	自他サ	他/自	他/自	25	1	0.040	3.8
一変	自他サ	自他サ	自他サ	91	2	0.022	2.2
移動	自他サ	自他サ	自他サ	882	135	0.153	13.3
異動	名詞	自他サ	自他サ	20	3	0.150	13.0

　3種の辞書の自他記述はしばしばずれていますが、BCCWJ 調査によって、個々の動詞の自他特性について客観的なデータが得られました。調査された 912 語の他動詞率平均は 14.9％で、50％を超える語はありません。つまり、漢語サ変動詞は全体として自動詞用法が標準で、一部が他動詞選好を持っていることになります。

　国立国語研究所では、海外の日本語学習者を主たる対象として、BCCWJ や 11 億語の筑波ウェブコーパスの分析結果をふまえて主要動詞の用法を解説する「基本動詞ハンドブック」をオンラインで公開しています。今後、基盤

コーパスの拡大・拡充をふまえ、英語同様、日本語についてもコーパス準拠辞書の開発が急速に進むと予想されます。

8.2　先行研究

コーパスと語法研究は親和性が高く、膨大な量の研究が行われています。その全体像を示すことは本書の範囲を超えますが、以下では最近の研究のごく一部を紹介しておくことにしましょう。本章で紹介するのは主たる関心が個々の語の用法解明にあるもので、形容詞や名詞といった品詞のレベル、また、待遇表現や談話標識といった個別語を超えたレベルを扱っているものについては次章で扱います。

8.2.1　英語の語法研究

英語の語法研究は、海外はもちろん、日本でも精力的に行われてきました。以下では、国内の研究を含め、過去の研究の一例を品詞別に紹介します。

■名詞・動詞

Nordlund（2010）は、British National Corpus（BNC）を用いて grasp の用法を分析した結果、「事物を掴む」「事物以外の物を掴む」「心理的に把握する」という 3 種の基本義の構成比がそれぞれ 37％、15％、48％であることを明らかにしました。また、grasp の主語や目的語についても詳細な実例分析を加えています。

家口（2020）は be bound to の文法化（元来の意味を失って機能語的になる）を時系列コーパス COHA で検証し、無生物主語などを伴う認識的用法（～に違いない）で文法化が進んでおり、頻度増加→無生物主語使用→多様な構造中での使用、という過程を辿っていることを示しました。

Butler（2008）は、BNC を用いて、言語使用域（register）別頻度、共起形容詞、共起構造の点から idea、concept、notion という類語を調査した結果、idea が使用域を問わず最も高頻度であるのに対し、concept と notion は主に

論文で使用されること、idea は good、bad など、concept は legal、central など、notion は accepted、simple などと特徴的に結合することなどを明らかにしています。また、3 語に相当するスペイン語との比較分析も行われています。

■形容詞・副詞

　金澤 (2020) は類義とされる live/lead a ～ life に入る形容詞の頻度や初出年を時系列コーパス COHA で調査し、この型に入る形容詞は歴史的に客観的なものから主観的なものに変容しており、live は現在の生活の詳述、lead は生活の経験を含意する形容詞を取りやすいことを示しました。

　Liu (2010) は、Corpus of Contemporary American English (COCA) を用いて chief、main、major、primary、principal という類義語の用法比較を行った結果、それぞれが異なる意味特性を持つことを明らかにしています。

　Yoshimura (2007) は、Bank of English を用いて極大詞 (maximizer) である completely、entirely、totally を調査した結果、totally は形容詞修飾が多いことや、構成に関わる概念修飾には entirely が、焦点化に関わる概念修飾には totally が使用されることなどを明らかにしています。

■その他の品詞

　接続詞に関して、Yoneoka (1998) は、論文を集めた自作コーパスを用いて学術文書で文頭使用される And と But の機能を分析した結果、文頭 And／But の使用は学術文書では少ないこと、文頭 But はイギリスのほうがやや許容度が高いこと、ジャンルに加えて個人差があることなどを明らかにしています。

　談話辞・間投詞に関して、Tottie (2011) は、BNC と話し言葉を集めた London-Lund Corpus を用いて Uh と Um の用法を調査した結果、男性・年配者・教養階層のほうがフィラー (filler) 使用が多いこと、女性・若者・教養階層のほうが鼻音化した Um を使用することなどを明らかにしています。

　Kjellmer (2009) は、Cobuild Corpus の話し言葉データを用いて、mm、mhm、uh などの相槌 (backchannel) が挿入される箇所、状況、理由などを分

析した結果、女性のほうが無強勢の相槌を使いやすいことなどを明らかにしています。

8.2.2　日本語の語法研究

　日本語の語法研究にも長い歴史がありますが、最近では、コーパスを全面的に使用した研究の数も増えてきました。以下では、一例を紹介します。

■名詞・代名詞・動詞

　新屋(2010)は、「現代日本語書き言葉均衡コーパス」(BCCWJ)の書籍データを用いて類語の「状況」と「状態」を比較した結果、両語の頻度に差がないこと、前者は被修飾語＞複合語後項＞単独形の順で使用されるのに対し、後者は単独形ではほとんど使用されないこと、後者は述語位置での出現が多いこと、前者の格成分はヲ＞ニ＞ガ、後者はニ＞ヲ＞ガとなること、複合語を作る際、前者では前項が広義の所属関係を表わし、素材的に結合し(例：心理＋状況)、後者では前項が後項内容を表わし、内容的に結合する(例：放し飼い＋状態)ことなどを明らかにしています。

　高橋・東泉(2020)は、中古〜現代のコーパスを調査し、漢語名詞「無理」の意味の変遷を調べ、「無理」の単独用法(裸形式)や「無理無理」などの反復断り形が現代以降に生じた用法であることを実証しました。

　山崎(2018)は、代名詞「あれ」の3種の指示型(現場文脈・言語文脈・記憶文脈)の出現を発話コーパスで調べ、記憶文脈指示は少ないものの、内容が後出する「前置き型」が約1割存在することを示しました。

　李他(2007)は、新潮文庫・新潮選書・読売新聞のコーパスを用いて「流れる」の活用形と意味の関係を分析した研究です。タ、ル、テイル、テイタの活用形別に、文型(Xが流れる、XがYに流れる…)・名詞(具体物、抽象物、自然物…)・意味(物事が順調に進む、液体移動で他の物が運ばれる…)を組み合わせた18タイプの頻度を調べて統計分析した結果、タ・テイル形は「Xが好ましくない方向に移る」、テイタ・ル形は「自然物が外に流れ出す」という意味に関係し、このほかに「自然物が流れてゆく」、「人工物がYに流れる」といった意味があることなどを明らかにしています。

■その他

　副詞に関して、服部(2010)は、国会会議録データを用いて「全く」と「全然」を調査した結果、戦後期から最近にかけて「全く」が増加し「全然」が減少していること、「全然」は「ない」との結合が減少して「違う」との結合が増加していること、「全く」は「ない」との結合が逆に増加していることなどを明らかにしています。

　接続詞に関して、砂川他(2009)は、BCCWJ を用いて「それでいて」「そのくせ」「それなのに」を調査した結果、3語の頻度が「それなのに」＞「それでいて」＞「そのくせ」であること、公的文書で使用されにくいこと、「それなのに」と「そのくせ」は文頭で、「それでいて」では文頭・文中で出現すること、「それでいて」と「そのくせ」はテンスが関与しない超時間的な属性叙述に、「それなのに」はテンスを持ち、特定の時空間に属する事象叙述に使用されやすいことを明らかにしています。

　最近、関心の高まっている複合辞に関して、田野村(2009a)は、自作の大型コーパスを用いて、「代わりに」の持つ前件否定(例：掃除を手伝う代わりに料理を手伝う)と前件肯定(例：掃除を手伝う代わりに小遣いをもらう)を検証した結果、前件否定型の前件述語には行為・動作を表わす非過去の肯定表現が来ることや、前件肯定型の場合には「に」の脱落が許容されやすいことなどを明らかにしています。

8.3　英語語法の分析実例

8.3.1　分析の枠組み

　コーパスを用いた語法分析では類義語判別の問題がよく取り上げられます。ここでは、一例として、deeply、greatly、highly の3語を検討します。

　3語は一般的に強意副詞として概括されますが、その差ははっきりしていません。手元の英和辞書は3語にそれぞれ「とても・非常に」「大いに・非常に」「非常に・大いに」という訳語をあてています。英英辞書を見ても、deeply は "very strong, important or sincere"、greatly は "extremely or very much"、highly は "very" となっているだけで、その差は曖昧です。3語はど

のような振る舞いのパタンを持つのでしょうか。

　本節で扱うリサーチクエスチョンは、3 語について、(1) 総頻度・ジャンル別頻度に差があるか、(2) 後続語品詞に差があるか、(3) 後続語内容に差があるか、の 3 点です。

　使用するデータは、British National Corpus (BNC) です。本節ではこれを現代英語全般の資料とみなします。分析には English-Corpora.org の検索インタフェースを利用します。3 語の意味は、内部的に、それぞれ原義性の強いものから比喩性の強いものまで段階性を持ちますが (例：深く／大きく／高く→とても)、ここではそれらの区別は行いません。

8.3.2　結果と考察

8.3.2.1　頻度

　頻度は、類義語間の差異を考える上で非常に有用な指標です。ある語が他より高頻度であれば、当該語の標準性を含意します。また、頻度分析では、コーパス内総頻度に加えてテキストジャンル別の頻度を調べることで、当該語の使用環境へのジャンル影響を検討することができます。

　deeply、greatly、highly の 3 語は、いずれも最も基本的な形容詞に由来する副詞であり、幅広い英文においてそれぞれ頻繁に目にすることから、事前の仮説としては、総頻度・ジャンルともに顕著な差は存在しないのではないかと考えられます。

　上記の仮説の妥当性を確認するため、BNC の全体、および、話し言葉 (S)、小説 (F)、雑誌 (Mg)、新聞 (N)、一般教養 (NA)、学術 (A)、その他 (M) の 7 ジャンル別に頻度調査を行いました。

　頻度分析の結果は下記の通りです。なお、相互比較を行えるよう、コーパス総頻度に占める各ジャンル別の頻度は構成比 (百分率) で示しています。

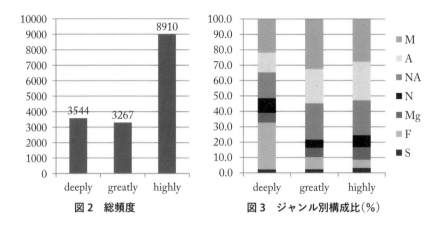

図2　総頻度　　　　　　図3　ジャンル別構成比（%）

　仮説とは異なり、総頻度・ジャンル別頻度ともに3語間に差が検出され
ました。highly の総頻度と deeply ないし greatly の総頻度の差はいずれも有
意で（p <.001）、3語の中での highly の頻度的優先性が確認されました。

　ジャンル別では、まず、3語の使用環境として、話し言葉が極端に少ない
ことが確認されました。加えて、deeply は小説および学術・教養ジャンルで
ともに使用されるのに対し、highly と greatly は学術・教養ジャンルでの選
好性が強いことが示されました。学術・教養ジャンルでの選好性は語の
フォーマリティを示唆します。

8.3.2.2　後続語品詞

　副詞の直後には、動詞・形容詞・前置詞など、さまざまな品詞が生起可能
ですが、語によって後続する被修飾語の統語特性に選好性が存在する可能性
があります。

　一部の辞書は、greatly についてのみ「動詞・過去分詞・比較級形容詞と
共起する」と注記していますが、これをふまえると、deeply や highly には
特段の品詞選好はないという仮説が成り立ちます。

　上記の仮説の妥当性を確認するため、直後位置に出現する動詞（V）・形容
詞（Adj）・前置詞（Prep）・接続詞（Conj）および句読点（Punc）の頻度が全体頻
度に占める構成比を調べました。品詞判断は BNC のタグに基づきます。後
続語品詞分析の結果は次の通りです。

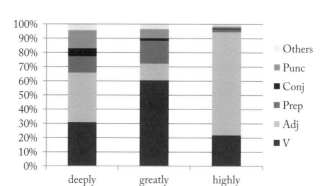

図 4　後続語品詞構成比（%）

　仮説と異なり、3 語は後続語品詞に独自の選好性を持っていることが示されました。deeply は形容詞と動詞、greatly は動詞（過去分詞含）、highly は形容詞をもっぱら修飾します。

> … I am <u>deeply concerned</u> about anybody here ／ The idea of centre is <u>deeply rooted</u> in the human mind ／ …capital statutes were <u>greatly reduced</u> in number ／ His election campaign was <u>highly successful</u>.　　　　（強調筆者）

　また、句読点に注目すると、deeply では終止事例が全体の 1 割程度存在しますが、他の 2 語では該当例は僅少です。

8.3.2.3　後続語内容

　後続語の品詞に加え、具体的にどの語が後続しているかを観察することで、副詞の振る舞いのパタンをより立体的に検討することが可能になります。一部の辞書は、deeply が感情を表わす語、greatly が肯定的含意を持つ語を伴いやすいと述べており、この点をふまえると、deeply ＋感情語彙、greatly ＋肯定的語彙という共起傾向が存在するものと考えられます。

　上記の仮説の妥当性を確認するため、直後位置に出現する語を調べました。前述のように、共起現象を観察する場合には、共起頻度と、頻度への依存度の少ない相互情報量（mutual information score：MI）などを組み合わせて

見ることが有効です（6.3.4節）。ここでは、共起頻度の高い語のうち、相互情報量5未満のものを削除し、上位10語を抽出しました。これにより、頻度が高く、かつ、一定の結合強度を持ったコロケーションが選ばれたことになります。後続語内容分析の結果は下記の通りです。

表3　deeply、greatly、highly の後続語リスト

deeply		greatly		highly	
involved		increased		successful	+ +
concerned	+	reduced		unlikely	
rooted		improved	+ +	significant	
divided		enhanced	+ +	skilled	+ +
embedded		appreciated	+	competitive	
felt	+	influenced		developed	+ +
shocked	+	increase		critical	
ingrained		admired	+	regarded	
interested	+	exaggerated		effective	+ +
held		encouraged	+ +	complex	

　広義の感情語彙（＋）に分類される語の数は、10語中、deeply が4語、greatly が2語、highly が0語、肯定的語彙（＋＋）については deeply が0語、greatly が3語、highly が4語となりました。ある程度、仮説と合致する部分もありますが、3語の弁別特性にはなっていません。

　コンコーダンス分析をふまえて後続語を検討すると、deeply は感情語彙のほか、対象への関与（involved）や強い固着（rooted、embedded、ingrained、held）に関わる語、greatly は量・質・程度の増加（increase[d]、improved、enhanced、exaggerated、encouraged）や減少（reduced）に関する語および肯定的感情表出に関する語（appreciated、admired）、highly は能力・成就・成功に関わる語（successful、skilled、effective）や重要性に関わる語（significant、critical）などと顕著に結びついていることがわかります。

　要約すれば、deeply は対象への心理的・物理的没入、greatly は程度上昇、highly は前向きな社会的状況などに関わる意味を強めることがそれぞれの主たる意味機能と言えそうです。

8.3.3　結果のまとめ

BNC を用いた分析により、3 語の強意副詞に関して、(1) 3 語は基本的に書き言葉で使用する語であること、総頻度は highly が高いこと、greatly は小説および教養・学術ジャンルで、highly と deeply は教養・学術ジャンルで多用されること、(2) deeply は動詞・形容詞、greatly は動詞、highly は形容詞を主として修飾すること、deeply のみ終止例が若干存在すること、(3) deeply は感情・関与・固着に関する語、greatly は量・質・程度の増加や肯定的感情表出に関する語、highly は能力・成就・成功・重要性に関する語を修飾しやすいことなどが明らかになりました。

ほぼ同じ訳語を当てられていることからもわかるように、3 語は同一性の高い類語とされてきましたが、コーパス観察によって、表層の共通性の裏で、ジャンル・後続語品詞・後続語内容につき、個々の語が独自の選好性を持つことが示されました。これらは、いわゆる共起制約(collocational restriction)と呼ばれるもので、これらを積極的に語法記述に取り込むことで、語の振る舞いをさらに精緻に記録することができます。

8.4　日本語語法の分析実例

8.4.1　分析の枠組み

ここでは、日本語の類義語である「書籍」「書物」「図書」を取り上げ、その差を概観します。手元の国語辞書を概観すると、「書籍」は「書物、本、図書」、「書物」は「本、書籍」、図書は「書物、本」となっており、いわゆる循環定義となっています。3 語が互いに似た意味であることはわかりますが、各語の振る舞いに差はないのでしょうか。

本節で扱うリサーチクエスチョンは、3 語について、(1) 頻度に差があるか、(2) 後続格助詞に差があるか、(3) 共起語に差があるか、の 3 点です。

使用するデータは、「現代日本語書き言葉均衡コーパス」(BCCWJ) です。検索は「中納言」を用いてコーパス全体を対象とします。形態素検索には短単位検索と長単位検索の 2 種がありますが、短単位とした場合、「図書館」や「○×図書」(会社名) といった複合形の頻度が「図書」の頻度に混入して

しまうため、ここでは長単位検索を行います。

　まず、「中納言」よりダウンロードした用例データを Excel で整理し、3種の語の頻度と後続格助詞を調べます。次に、共起語分析では、3種の語の前後 10 文字を取り出し、ChaSen（KH Coder 組み込み版）で分析します。

8.4.2　結果と考察

8.4.2.1　頻度

　日本語の場合も、頻度は、類語の関係を整理し、それぞれの振る舞いの傾向を記述する重要な手掛かりとなり得ます。「書籍」「書物」「図書」の3語は、いずれも広く使用される基本語ですが、内省で考えると、同じ漢語の中でも、いくぶん古めかしくかしこまった響きのある「書物」に比べ、一般性の高い「書籍」や「図書」の頻度が高いのではないかと考えられます。

　上記の仮説の妥当性を確認するため、コーパス調査を行いました。頻度分析の結果は下記の通りです。

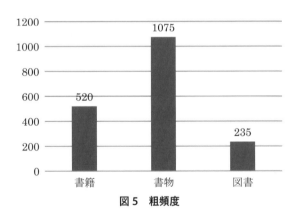

図 5　粗頻度

　「書物」と「書籍」間、「書籍」と「図書」間の差はそれぞれ有意となっています（$p < .001$）。仮説と異なり、3語の頻度については「書物」＞「書籍」＞「図書」という順位性があることが確認されました。「図書」は、「図書館」（2026 例）という複合語の件数が圧倒的に多いものの、単独使用の件数は限定的です。

8.4.2.2　格助詞

　格助詞は、体言（成分）に付属し、それらと他の成分の関係を表示する機能を持ちます。その機能は純粋に機能的なものであり、仮に意味的に完全に同質の語があれば、格助詞の共起パタンも等しくなると考えられます。

　3語の関係については、辞書でもほぼ同義語として扱われていることから、格助詞の分布パタンもおよそ同等であるという予測が成り立ちます。

　上記の仮説の妥当性を確認するため、9種の格助詞の頻度調査を行いました。通例、「が」は主格、「の」は所有格、「を」と「に」は目的格、「へ」は方向、「と」は並列、「から」と「より」は起点、「で」は手段を含意します。以下では、9種の格助詞の出現件数の合計に占める個々の格助詞件数の比率を百分率で示しています。

表4　後続格助詞構成比（%）

	が	の	を	に	へ（の）	と	から	より	で
書籍	21.4	29.9	26.2	9.2	0.7	5.9	1.1	0.4	5.2
書物	15.9	23.8	30.4	17.6	0.1	3.3	2.1	0.5	6.2
図書	10.0	43.1	31.5	5.4	1.5	6.2	0	0	2.3

　全体では、ガ格・ノ格・ヲ格・ニ格が多くなっています。ヲ格構成比については3語間で大きな差がありませんが、その他の格助詞についてははっきりした差が存在します。ガ格は「書籍」、ニ格は「書物」、ノ格は「図書」の構成比が他の語より大きくなっており、いずれも差は有意です（$p < .05$）。

　　　…膨大な書籍が出版されている…／…私がこの書物に興味を持ったのは
　　　…／…図書の整理などを担当する…　　　　　　　　　　　　　（強調筆者）

　ガ格とニ格は主に主格と目的格の標識であり、これらを伴う語は項（argument）として自立的に使用されますが、ノ格は主に所有格（属格）を示し、ノ格を伴う語は名詞句内で主要部（head）を修飾する従属構成素となります。つまり、「書籍」と「書物」が自立的に本を指すのに対し、「図書」は他の語と結合して本に関わる何らかのありようを指しやすいと言えます。

8.4.2.3 共起語

　複数語を比較する場合、それらの意味や機能が類似していれば、共起環境も必然的に類似したものになります。

　3語の共起環境については、既存の辞書定義をふまえると、およそ類似したパタンが得られるものと予測されます。

　上記の仮説の妥当性を確認するため、直近・直後の文脈を切り出し、包含される頻度上位20語を抽出しました。共起語分析の結果は下記の通りです。

表5　高頻度共起語リスト

書籍（頻度 520）				書物（頻度 1,075）				図書（頻度 235）			
雑誌	56	手	9	読む	72	多く	16	資料	19	出版	6
出版	27	書く	9	書く	50	歴史	15	返却	15	図書	6
新聞	24	場合	9	出版	38	記す	14	図書館	13	整理	6
関連	15	情報	9	見る	27	本	14	利用	12	表示	6
関係	13	多い	9	時代	22	人	13	休館	11	検索	5
刊行	12	販売	9	関係	19	思う	12	雑誌	10	見る	5
読む	12	見る	8	日本	18	他	12	送付	7	充実	5
参考	10	購入	8	古い	17	すべて	11	学校	6	予約	5
紹介	10	出る	8	刊行	16	言葉	11	関係	6	指定	4
CD	9	他	8	書物	16	哲学	10	計画	6	自由	4

　仮説と異なり、3語が本の異なる側面や機能を特化的に指すことが示されました。「書籍」は主として出版側から見た商品としての本を指し、「出版」「刊行」を経て、あるいは「販売」されて世に「出る」もので、読者が「購入」し「手」に入れるものとして定義されます。「書籍」では内容が何に「関連・関係」し、どう「参考」になるかが問われます。なお、本分析では複合語を対象外にしていますが、コーパスには「××書籍」という社名も多く存在し、「書籍」が商業出版に深く関与した語であることが傍証されます。

　一方、「書物」は読者・著者側から見た本を指し、個人が「読む」ための、あるいは作者が「書く」ためのものとして、また、「歴史」や「哲学」など、何らかの内容を「記す」ためのものとして定義されます。「書物」は、商業的流通を前提にしないので、「古い」「時代」のものや「日本」や海

外のものも「書物」と呼ばれます。「書物」の意味の汎用性は、すでに見た単独頻度の高さや項としての自立性の高さとも関係しています。

　もっとも、「書籍」と「書物」の間で重複している共起語は少なくありませんが、相互情報量を計算すると、「出版×書籍」(13.2) は「出版×書物」(12.7) より、「読む×書物」(8.5) は「読む×書籍」(7.0) より値が高くなっており、上記の解釈が一定の妥当性を持つことが裏付けられます。

　これらに対し、「図書」は、非常に意味が狭く、主として公的に所蔵された本を指し、「図書館」や「学校」において「予約」されて貸し出したり「返却」されたりするもので、読むものというよりは、「利用・検索」して「見る」ための「資料」として定義されます。また、特殊義として、建造物などの設計概要や「計画」を「表示」し、公的機関に「送付」される文書類も「図書」と呼ばれます。「図書」の意味の狭さは、単独頻度や項としての自立性の低さとも関係しています。

8.4.3　結果のまとめ

　BCCWJ を用いた分析により、3 語の類義名詞に関して、(1) 複合語を除く単独用法では「書物」の頻度が高いこと、(2)「書籍」とガ格、「書物」とニ格、「図書」とノ格の間に共起性が存在すること、(3)「書籍」には商業的出版・流通に関わる語が、「書物」には個人的読書に関わる語が、「図書」には公的所蔵文書に関わる語が多く共起することなどが明らかになりました。

　辞書における循環定義に示されるように、内省を根拠にしても、3 語の差は必ずしも明瞭ではありませんでしたが、コーパス観察により、3 語が、頻度・格・共起・意味といった諸点において、それぞれ固有の振る舞いのパタンを持つことが示されました。

8.5　本章のまとめ

　英語であれ日本語であれ、語はそれが生じる文脈の中でさまざまに特有の振る舞いを見せます。英語の場合、コーパスを用いた語法研究はしばしば辞書開発と並行的に進められてきましたが、その過程で、母語話者の内省だけ

では見落とされていた多くの言語事実が明らかになってきました。

　本章では、はじめにコーパス準拠の英語辞書を例に取り上げ、コーパスによる語法記述を概観しました。その後、コーパスを用いた語法研究の一端を紹介し、研究実例として、英語・日本語の類義語分析を試みました。

　8.1 節では、コーパス辞書として長い歴史を持つ *Cobuild* を例として、コーパスに基づく頻度・定義・語義配列・コロケーション・構文記述を概観し、日本語コーパス辞書の可能性についても述べました。

　8.2 節では、コーパスを活用した英語・日本語の語法研究の一部を紹介しました。

　8.3 節および 8.4 節では、研究実例として、British National Corpus を用いた greatly 等の類義語調査、「現代日本語書き言葉均衡コーパス」を用いた「書籍」等の類義語調査を行い、コーパス語法研究の進め方を例証しました。

　語法研究は、コーパス言語学が対象とする幅広い研究領域の中で中核的な位置を占めます。現在では、英語研究だけでなく、日本語研究においてもさまざまな興味深い語法分析の結果が報告されています。

8.6　発展課題

(1) *LDOCE* や *OALD* などのコーパス準拠辞書において、頻度・コロケーション・構文パタンなどがどのように記載されているか調べてみましょう。【8.1.1 節】

(2) 外国人日本語学習者の視点で国語辞書の任意の項目を読み直し、今後の日本語辞書にどのような情報が必要とされ、コーパスをそれにどう活用できるか考えてみましょう。【8.1.7 節】

(3) BNC を用いて、英語の類義形容詞 big と large を調査し、それぞれの振る舞いの違いを考察してみましょう。【8.3 節】

(4) 「現代日本語書き言葉均衡コーパス」を用いて、日本語の類義副詞「とても」と「非常に」を調査し、それぞれの振る舞いの違いを考察してみましょう。【8.4 節】

第9章　コーパスと文法

9.0　本章の概要

　コーパスは、すでに見た語彙や個別語の研究に加え、より高次の文法レベルの研究にも応用可能です。コーパス言語学では、多くの場合、文法を多様な言語内的・言語外的要因によって変化しうる可変的で個別的な運用ルールの総体と位置づけ、データを根拠として、その記述的解明を目指します。

　本章では、コーパス言語学における基本的な文法観を整理した後、コーパス準拠の英文法書を取り上げ、コーパス文法研究の具体的方法を概観します。その後、文法の諸相を扱った先行研究の一部を紹介し、最後に、実例研究として英語と日本語のデータを使った簡単な文法研究の例を示します。

　なお、最近では、言語学の各分野、とくに、認知言語学の分野において、コーパスデータを駆使したすぐれた文法研究が出ていますが（Deignan, 2005；李, 2011 他）、本書ではこれらの研究については触れません。

9.1　コーパス文法研究の目指すもの

　文法（grammar ／ syntax）という用語は馴染み深いものですが、実のところ、その意味は多様で、言語学の各分野は固有の文法観を持っています。以下では、コーパス言語学における基本的な文法観について述べます。

9.1.1　コーパス文法研究の方向性
　文法研究にはさまざまなタイプがありますが、ここでは、理論文法とコー

パス文法を対比させ、4つの観点からコーパス文法研究の基本的方向性を整理します。なお、以下の説明はあえて類型化したもので、実際には両者の中間地点を目指す研究も少なくありません。

9.1.1.1 運用としての文法

一口に文法研究と言っても、言語学の諸派は、それぞれ異なるレベルの文法を研究対象としています。

たとえば、Ferdinand de Saussure による構造主義文法は、言語をルールの体系としてのラング（langue）と個別発話を意味するパロール（parole）に区分し、パロールの上に位置するラングの構造解明を目指します。

Noam Chomsky による生成文法（generative grammar）は、人の脳内には普遍文法（universal grammar）と呼ばれる完全な文法体系が備わっていると考え、個々の言語運用（linguistic performance）に先立つ生得的な言語能力（linguistic competence）の解明を目指します。

一方、コーパス文法は、ラングよりもパロール、言語能力よりも言語運用、体系（system）よりも使用（use）を重視し、英語や日本語といった個別言語内での具体的な言語運用に見られる文法パタンの解明を目指します。

こうした文法観の差は、文法研究における方法論の差につながります。理論文法が上位構造としての文法体系から出発するトップダウン的アプローチを取るのに対し、コーパス文法は個別的言語運用の観察から出発するボトムアップ的アプローチを取ります。これは、認知言語学で言う用法基盤モデル（usage-based model）に近接したものです。

9.1.1.2 複数態としての文法

理論文法では、個々の言語運用がいかに多様に見えようとも、それらを生み出す文法システムは安定的で統一的な単一体系であると考えます。

一方、コーパス言語学の考える文法はより複数的です。文法とは個別的な語法の集積体であり、言語変種ごとに異なる文法の存在を認めます。たとえば、Brown Corpus の比較コーパスで文法を比較研究する場合、イギリス英語の文法とアメリカ英語の文法、また、1960 年代の文法と 1990 年代の文法

の存在を仮定していることになります。このように、複数態として文法を位置づける視点は、コーパス文法研究の大きな特徴となっています。

9.1.1.3　脱理論としての文法

　理論文法では、言語とはなんなのか、言語能力とはなんなのか、人はどのようにして言語を獲得・生成するのかといった点に関して統一的な基本仮説があり、その枠組みの中で、文法事象を整合的に説明する理論の構築が目指されます。

　一方、コーパス文法は、本質的に、脱理論を志向します。コーパス駆動型研究 (2.2.5 節) について述べたように、コーパス研究では、特定の言語理論に立脚せず、白紙の状態で言語を観察し、そこから浮かび上がってくるパタンや傾向性を記録することに重点が置かれます。

　コーパス文法は、既存の枠組みを超えた自由で斬新な文法研究を生み出す可能性を持っていますが、一方で、基礎となる理論がないため、当該分野で蓄積される個々の知見の集積が向かう先、つまりは、文法研究の究極的な目標をイメージしにくいという側面もあります。この点は、コーパス言語学が独立した言語学の一分野なのか、あるいは一種の研究技術なのか、という議論につながっていきます (2.2.5 節)。

9.1.1.4　計量対象としての文法

　理論文法では、理論の妥当性を検討するという観点から、ある表現が文法的に成立するか否か、つまりは「言えるか言えないか」が問題となります。このため、頻度ゼロの非文の考察や、低頻度の希少例の検討が重視される一方、「言える」ものの中での頻度差はあまり問題にされません。

　これに対し、コーパス文法は「言える」ことの段階性に注目し、言えるものの中で何が実際に多く「言われている」のか、そこにどのようなパタンが存在するのか探ることを主たる目的とします。この際、コーパス文法では、高頻度であることを言語表現の一般性・標準性・典型性の指標とみなします。文法を計量対象ととらえることもまた、コーパス文法の大きな特徴の 1 つです。

9.1.1.5 コーパス文法研究の今後の方向

　理論文法とコーパス文法は異なる方向性を持つものですが、最近では、両者の融合も意識され始めています。以下では、2人の研究者による理論文法とコーパス文法の位置付けを概観し、接点を探る動きについて考えます。

■理論文法とコーパス文法の対立

　Fillmore (1992) は、理論文法家を指して「安楽椅子に座る言語学者」(armchair linguists) と呼びます。彼らは、安楽椅子に腰を下ろし、鉛筆と内省だけを頼りとして「美しい言語事実」を探究する人々として描かれます。一方、コーパス文法家は、「1次的言語事実」の集積である巨大コーパスから「2次的事実」を引き出そうとして細かい頻度計算に追われる人々として描かれます。まれに両者が話すことがあっても、コーパス文法家は理論研究の客観性が理解できず、「どうして君の話が事実と言えるのかね」と問い、理論文法家はコーパス研究の意義が理解できず、「どうして君の話が面白いと言えるのかね」と問い返すばかりで、両者の話はかみ合わないとされます。

　Grefenstette (1998) は、普遍文法に対してコーパス文法を脱文法(no-grammar)と呼び、各々の研究者を共産主義と原理的資本主義に喩えます。普遍文法は、共産主義同様、多様な人間の営みの背後に統一的理論が存在すると考え、異なる考え方を排除して自らを純化しつつ、正・反の弁証法によって個別的事実から統一的理論に至ることを目指します。一方、コーパス文法は、資本主義同様、コーパス＝市場を「神の見えざる手」のような自己決定的論理が支配する場ととらえ、外部の理論でそれを侵すべきでないと考えます。そして、コーパス＝市場を無限に拡張して、「コーパスにあるものを見る」ことで、得られる利益の最大化を目指すとされます。

■接点の模索

　上記で戯画化されたような理論文法とコーパス文法の対立は言語研究にとってもちろん望ましいことではなく、2人の研究者はともに両者の連携の可能性に言及しています。自身を「安楽椅子の言語学者」と分類するFillmoreは、従来の理論研究のスタイルを捨てることはできないとしつつも、

コーパス言語学が生み出した言語資源の利用には有益性があるとはっきり述べています。

　Grefenstette も、究極的な言語モデルに到達する前段階では、テキスト内にコンピュータで認識可能な一定の構造があることを認め、まずはその構造を追及することが理に適っていると主張し、脱理論的で観察志向のコーパス文法研究と理論志向の文法研究を相互に接続すべきだと述べています。

9.1.2　コーパス文法研究の方法

　文法研究には規範文法と記述文法という 2 種類の文法観が存在し、コーパス文法は後者の立場をとります。ここでは両者を整理した後、コーパス準拠の文法書を例に取り上げ、コーパスに基づく記述文法研究の概要を紹介します。また、文法研究に特化した構文解析コーパスについて言及します。

9.1.2.1　コーパス文法と記述文法

　ギリシア・ラテンの古典語研究に端を発する伝統的な文法研究は、正用と誤用を定め、書き手が遵守すべき文法規範の確立を目指してきました。こうした文法を規範文法(prescriptive grammar)と呼びます。学校文法(pedagogical grammar)は、現代に続く規範文法の典型です。

　これに対し、現代の文法研究は、あるものをそのまま記述することを重視します。こうした文法を記述文法(descriptive grammar)と呼びます。広義の記述文法には、生成文法をはじめ、現代言語学の諸派が含まれますが、文法記述の先に普遍文法の構築を目指す生成文法に対し、文法記述そのものの精緻化を図るコーパス文法は、記述主義の伝統を最も先鋭に引き継いだものです。Anderson & Corbett(2009) は、「そこにあるものは全て正しい」とするコーパス文法が「作法やモラルとしての文法」を否定しているという批判を紹介した上で、コーパス文法の対象はモラルではなく、言語の実際的な使用法と、その変化の様相であると強調しています(pp.67–68)。

9.1.2.2　コーパス文法研究の実際

　英語では、大規模コーパスが早くから作られていたため、コーパスに基づ

く文法研究の蓄積も豊富です。ここでは、コーパス文法研究の先駆とされる *LGSWE* を例に、コーパス文法研究の目的や方法論について考えます。

■ *LGSWE* の狙い

　コーパス文法研究の中で、とくに重要な出版は、Biber et al. (1999) による *Longman Grammar of Spoken and Written English* (*LGSWE*) です。これは、4,000 万語の Longman Corpus Network を活用して編纂された初の本格的コーパス準拠文法書です。

　従来の文法研究は、文構造の形態や意味の議論に終始し、それらが「書き言葉や話し言葉の談話において実際にどのように使用されているのか」については論じてきませんでした。これは、文法研究が「構造の研究」ととらえられてきたことと、現実の言語使用を論じるための適切なデータが不足していたことに起因します。

　一方、*LGSWE* が強調するのは、語彙や文法が、実は、「コミュニケーションの動機、文脈、相手、書き言葉か話し言葉か」といった多くの外的要因に影響されており、これらが合わさって「英語使用の体系的パタン」が形成されているということです (pp.4–6)。*LGSWE* は、コーパスを駆使することによって、書き言葉や話し言葉などの談話環境ごとに、生きた文法のありようを従前にない鋭利さで記述することを狙いとしています。

■ パタンと文法素性

　LGSWE は、「データ中心主義」(data-intensive) に基づき、「コーパス準拠型アプローチ」を全面的に採用した文法書です。このため、*LGSWE* の文法記述は、編者の内省ではなく、「大規模な書き言葉・話し言葉のテキストにおいて見出された言語の構造・使用パタン」を根拠として行われます。

　ここで言う「パタン」とは、語法と文法にまたがる概念です。従来の研究が構造としての文法と、用法としての語法を分離したのに対し、*LGSWE* は新たに「文法素性」(grammatical feature) という概念を立て、語類 (word class)・構造・節・句・形態・語彙・意味、さらには語彙密度のような計量指標までを統合的に扱います。これにより、*LGSWE* は、従来の文法の範囲

を大きく拡張し、実際のコミュニケーションにおける文法の働きの全体像を
明らかにしようとしています。

■言語使用域

コーパス文法では、文法は言語変種や言語使用域（register）ごとに定義さ
れます。*LGSWE* も、会話・小説・新聞・学術文という 4 種の言語使用域ご
とに「文法上の諸特徴の実際的使用」パタンの解明を目指しています。

言語使用域が異なれば、テキストが生起・解読される談話環境（discourse
setting）が異なり、談話環境が異なれば、言語産出に関わる言語的・状況的・
社会的・心理的・語用論的要因も異なります。言語使用域ごとの分析は、文
法の実際的な機能を考える上で不可欠と言えるでしょう。

■文法記述の実例

ここでは、実例として、*LGSWE* の態（voice）に関わる記述の一部を概観し
ます（pp.475–482；pp.935–942）。一般的な文法書であれば、受動態に関わる
記載は形態と意味に絞られますが、*LGSWE* では、コーパスの量的・質的分
析をふまえ、(1) 4 種の言語使用域すべてにおいて受動態が圧倒的に少ない
こと、(2) 受動態を最も許容する言語使用域は学術文、次いで新聞であるこ
と、(3) get 受動態は原則として会話でしか起こらず、会話でもきわめて少
ないこと、(4) 学術文では achieve、associate など、新聞では accuse、an-
nounce など、会話では bother などが受動態になりやすいこと、(5) aligned、
based、born、coupled など、ほぼ常に受動態で使用される動詞や、agree、
climb、dare など、ほぼ常に能動態で使用される動詞があること、(6) 動作主
を by で明示する完全受動態（long passive）よりも動作主明示のない部分受動
態（short passive）が多いこと、(7) 定形（finite）文では完全受動態が学術文・雑
誌で一部出現するが会話ではほとんど出現しないこと、(8) by ～の部分は主
語より長くなること、(9) 主語は旧情報、by ～は新情報になりやすいこと、
などを明快かつ詳細に指摘しています。さらに、頻度を示すグラフも随所に
掲載されています。

文法と語法の垣根を取り除き、談話環境の差異に目配りしつつ、コーパス

頻度を根拠として言語記述の徹底的な精緻化を目指す *LGSWE* の方向性は、同時に、コーパス文法研究の目指すところを明確に表わしています。

9.1.2.3　コーパス文法研究と構文解析

　コーパス文法研究では、個別的な語を超えた文法パタンや構文パタンが主として扱われますが、コーパスから文法・構文パタンを機械的に抽出するのは困難です。このとき、個々の語の品詞情報に加え、センテンスのレベルで構文解析（parsing）した情報が付与されたコーパスがあれば、パタン抽出の作業量が軽減されます。こうしたコーパスを構文解析コーパス（parsed corpus）と呼びます。

　構文解析には、構文解析器（parser）と呼ばれるソフトウェアを利用します。英語では東京大学で開発されている Enju など、日本語については奈良先端科学技術大学院で開発されている CaboCha や、述語項の解析に特化した YuCha などが利用可能です。なお、日本語の構文解析はとくに「係り受け解析」と呼ばれます。

　下記は Enju と CaboCha の出力例です。

```
ROOT ROOT ROOT ROOT -1 ROOT        ROOT runs    run      VBZ VB  1
runs run  VBZ  VB    1  verb_arg12 ARG1 He      he       PRP PRP 0
runs run  VBZ  VB    1  verb_arg12 ARG2 company company  NN  NN  3
the  the  DT   DT    2  det_arg1   ARG1 company company  NN  NN  3
```

図1　Enju による構文解析例（一部）

```
太郎は花子が貸した本を読んでいた男の子に話しかけた。
<PERSON> 太郎 </PERSON> は ---------D
  <PERSON> 花子 </PERSON> が -D       |
                    貸した -D         |
                    本を -D   |
                   読んでいた -D |
                    男の子に -D
                    話しかけた。
```

図2　CaboCha による構文解析例（一部）

　英語の分析サンプルは、He runs the company の述語＝項（argument）関係

を解析したもので、2 行目は述語 runs に対してその項 He が ARG1（主語・修飾先）の関係にあること、3 行目は runs に対して company が ARG2（目的語）の関係にあること、4 行目は冠詞 the に対して company が ARG1 の関係にあることを示します。

　日本語の分析サンプルは、当該文の係り受けの骨格として「太郎は／男の子に／話しかけた」という構造があり、「男の子」の修飾節として「本を読んでいた」という節が、「本」の修飾節として「花子が貸した」という修飾節が埋め込まれていることを示します。

　構文解析は、コーパス文法研究において今後活用が広がっていくと思われますが、どのような解析システムを使用するにせよ、特定の文法理論に依拠することとなります。このため、コーパス駆動型研究では、現在までのところ、構文解析情報の利用は一般的ではありません。

9.2　先行研究

　コーパス言語学では語法と文法の境界が明瞭ではありませんが、以下では、個別語を超えた品詞・構文・談話などを扱った研究を主として紹介します。

9.2.1　英語の文法研究

　コーパス準拠の英語文法研究では、品詞・構文・談話構造内の内部的なパタンの多様性や変容性に注目した研究が多く存在します。以下では、国内の研究を含め、過去の研究の一例を品詞・構文別に紹介します。

■名詞・動詞

　小寺（1998）は、Cobuild Corpus を用いて、抽象名詞の例として knowledge、education、sensitivity の前部位置での不定冠詞出現（例：to have a good education）を調査した結果、出現率は 8 〜 23％であること、形容詞修飾が付いたり修飾語が長くなったりすると出現率が上昇すること、後置修飾では出現率が上昇しないことを明らかにし、抽象名詞の意味を限定するのは不定冠詞であって修飾語ではないと結論しています。

　Davidse et al. (2008) は、Cobuild Corpus の新聞データを用いて kind [sort, type] of などのタイプ名詞句を調査しています。名詞句内で左側（前方）に出現するものは主観的判断を、右側（後方）に出現するものは客観的属性を表出するという傾向を検証した上で、当該句の用法パタン別に詳細な出現状況分析を行っています。

　Nesselhauf & Römer (2007) は、British National Corpus (BNC) の話し言葉データを用いて未来を表す進行形（例：He's arriving tomorrow）を調査した結果、going、coming、doing が多いこと、当該用法比率は staying、happening、coming、selling で高いこと、時間を表わす副詞句と多く共起するのは doing、having であること、大半が人称主語であること、疑問文は少ないことなどを示し、話し言葉における未来を表す進行形が高度にパタン化されていることを明らかにしています。

■形容詞・副詞

　國森（2000）は、*Oxford English Dictionary* (*OED*) をコーパスとして用いて、ed 型形容詞（例：horned frog ［角を持ったカエル］）を調査しています。所有性、譲渡不可能性に関わる恒常性・包摂性、特徴性をスコア化し、得られた仮説に基づく作例の許容性を母語話者に判定させた結果、当該形容詞が成立するには、被修飾名詞（frog）が修飾名詞（horn）を所有しており、それを譲渡できず、それによって被修飾名詞の特徴が際立つことが条件になることを明らかにしています。

　Liu（2008）は、BNC を用いて 110 種類の接続副詞（linking adverbials）を調査した結果、頻度は付加型（例：again、also）＞逆接型（however、though）＞因果型（so、therefore）＞順序型（finally、eventually、then）で、小説と新聞では当該副詞は総じて低頻度であるが、前者では口語的副詞が、後者では特定の副詞（meanwhile、in short）が相対的に多用されることなどを明らかにしています。

■構文

　英語では、動詞＋［人＋物］／［物 to 人］、能動態／受動態、will／be

going to、A's B ／ B of A のように、同じ内容を異なる構文で表現することがあります。こうした構文選択がどのように生じているか、つまりはどのような語が来たときにどちらの構文が選ばれるかを検討する上で、コーパス頻度は大きな手掛かりを与えてくれます。

Gries & Stefanowitsch (2004) は、通例、語と語の間に認められるコロケーションを語と構文の間に拡張しました。そして、構文 (construction) と、構文内のスロットを埋める語 (collexeme) が共起する現象をコロストラクション (collostruction) と呼び、その関連強度 (association measure) を統計的に探る新しい構文研究の手法を提案しました。

まず、比較する構文の両方と共起する語群を選びます。次に、各構文の総頻度・そのうち当該語を含む頻度・それ以外の頻度を表に書き出します。これは、カイ二乗検定の説明で示した実測値表 (6.2.2 節の表 2) と同じです (A と B をコーパスでなく構文タイプとみなす)。この表に対して比率検定を行い、「語と構文の共起は偶然である」という帰無仮説を棄却できるか調べます。p 値が小さければ両者は偶然を超えて強く結び付いています。ゆえに p 値の昇順で並べ替えることで各構文と相性のよい語が特定され、それらを分析することで構文選択のメカニズムの理解が深まるのです。コロストラクション研究は、2000 年代以降、認知言語学の分野で急速に普及し、この手法を用いた研究が内外で広く実践されています。

9.2.2　日本語の文法研究

「現代日本語書き言葉均衡コーパス」(BCCWJ) の公開を機に、日本語のコーパス文法研究も活発化しています。田野村 (2009b) も言うように、「コーパスの時代に至って初めて、内省による把握の及ばない複雑で微妙な文法の領域を精密に観察することが可能」になったと言えます。ここでは、過去の研究の一例を主な品詞別に示します。

■形容詞・副詞

李他 (2009) は、新聞や文学作品コーパスを用いて、「恐ろしい夢」「恐ろしくまずい」のように形容詞の連体形と連用形で意味機能が変化する現象を

分析した結果、約4：6で連用形が多いこと、「新しい」「若い」「白い」などは連体形で、「大きい」「強い」「早い」などは連用形で主として使用することを明らかにしています。

　杉本（2009b）は、Yahoo! 知恵袋データを用いて非規範的形容詞である「違かった」の出現を調査した結果、規範用法である「違った」が変化の瞬間を含意し、「調理方法」「目の色」「意見」などを連体修飾して現在の意味を表わすことができるのに対し、「違かった」は「違っていた」の逸脱的代用表現として、過去の継続的状態を表わし、「場合」「時」などの形式名詞としか共起せず、内の関係の連体修飾を行えないことを明らかにしています。

　スルダノヴィッチ他（2008）は、BCCWJ の白書・教科書を含む13種のコーパスを用いて推量副詞（例：「かならず」「ぜったい」「かならずしも」）の出現を調査した結果、白書や自然言語処理の論文では「かならずしも」が、インフォーマル会話では「ぜったい（に）」などがとくに多用されている反面、BCCWJ の書籍やウェブコーパス（JpWaC）では推量副詞の出現に偏りがなかったと指摘しています。さらに、スルダノヴィッチ他（2009）では、書籍と JpWaC を用いて推量副詞とモダリティ形式の関係を比較した結果、多くの副詞では類似したモダリティ共起がみられ、推測・確信・不確定・推定の4種のモダリティタイプの中で、推測モダリティ（「（の）だろう」「と思う」）と確信モダリティ（「はず」「のだ」「に違いない」）の共起が多いことを明らかしています。

■助詞
　田野村（2009b）は、自作コーパスを用いて、正用である「そうも言う」に助詞が余剰付加された「そうとも言う」を分析しています。まず、「そうとしか＋否定述語」と「そうとも＋肯定述語」の出現を検証した結果、「と」が付加しやすいのは、肯定述語よりも否定述語（例：「思えない」＞「思える」）、単純形よりも可能・自発形（例：「考えられる［ない］」＞「考える［ない］」）であることを示した上で、これらに合致しない「そうとも言う」は、テレビアニメの影響で流行しているにせよ、やがて表現として下火になると予想しています。また、「と」の余剰付加が、文法規則に基づくコピュ

ラ潜在の結果としての「そう＋と」からの類推的拡張による可能性を指摘しています。

荻野(2009)は、BCCWJ を用いて動詞ごとに格助詞パタンの分類を行った結果、白書では「を」＞「に」＞無格＞「が」＞「と」…、Yahoo! 知恵袋では無格＞「を」＞「に」＞「が」＞「は」…となることを示し、無格が会話的なウェブで多く、対象格を含意するヲ格が全般で多いこと、白書で格助詞パタン比率が高いことなどを明らかにしています。

野口・仁科(2009)は、BCCWJ・新聞・青空文庫のデータを用いてガ格と共起する名詞・用言(例：「～の方がよい」「～の点が大事だ」)を検索し、格助詞と共起する名詞・用言の組を抽出して分類語彙表で整理した結果、名詞については「抽象的関係」「人間活動の主体」「精神および行為」の意味が多いことなどを明らかにしました。

石川(2017) は、BCCWJ から収集した 700 用例に基づいて格助詞「デ」の意味役割を検討し、意味別頻度が時空間(36%)＞手段(22%)＞付帯状況(19%)＞範囲(11%)＞因果(9%)＞対比(3%)の順になること、対応分析で得られた散布図上でプロトタイプ(場所義)からの距離を計算することで、意味の派生過程をモデル化することができ、それが認知的な意味拡張モデルに合致することなどを指摘しています。

9.3　英語文法の分析実例

9.3.1　分析の枠組み

英語では、同一の意味を異なる文法形態で表現することがあります。ここでは、一例として、未来(will と be going to)、義務(must と have to)、能力(can と be able to)のモダリティを取り上げます。以下、大文字の WILL、MUST、CAN でそれぞれのモダリティタイプを示します。

いずれの場合も、否定形や可能性用法を除けば、一語助動詞(one-word modals)と準助動詞(semi-modals ／ semi-auxiliaries)は原則として同義とされますが(Carter et al., 2011)、両者間に頻度や機能差はないのでしょうか。

本節で扱うリサーチクエスチョンは、WILL、MUST、CAN の一語助動

詞・準助動詞の総頻度に占める準助動詞の比率（以下、準助動詞率）が、(1)ジャンル・産出モード、(2)過去 30 年間の年代、(3)後続動詞の 3 点で差があるかどうかです。

　分析対象は現代のアメリカ英語とし、Corpus of Contemporary American English (COCA) の 6 ジャンル（話し言葉系 2 種・書き言葉系 4 種）を調査します。検索には English-Corpora.org のオンライン検索システムを使用します。

　条件をできる限り揃えるため、調査対象は、3 人称単数代名詞である she または he を主語とし、直後に一語助動詞または準助動詞（現在形）が続き、さらにその直後に語彙的動詞が続く構文に限定します。これにより、意味機能が変化する否定形や、可能性用法の大半を除外することができます。なお、頻度は 100 万語あたりに調整して比較を行います。

9.3.2　結果と考察

9.3.2.1　ジャンル・産出モード

　一語助動詞と準助動詞の頻度は、モダリティごとに、いずれの形態が一般的であるかを決める重要な手掛かりとなります。

　では、現代アメリカ英語において、一語助動詞と準助動詞の両形態の頻度の関係はどのようになっているのでしょうか。Longman Corpus Network の分析結果を盛り込んだ Leech & Svartvik (2002) では WILL 系では「書き言葉において will が一般的」とし、Carter et al. (2011) では CAN 系では助動詞の後など「文法的に can が使えない場合に be able to で代用」するという記述が見られますが、MUST については形態選択に関する記述がありません。また、詳細なジャンル差についても触れられていません。

　そこで、まず、WILL、MUST、CAN の各モダリティについて、形態別に調整頻度の 6 ジャンル平均値を調査しました（図 3）。その後、6 ジャンル別に、準助動詞率を調査しました（図 4）。

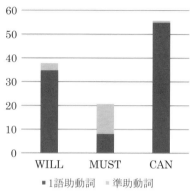

図 3　調整頻度（6 ジャンル平均）

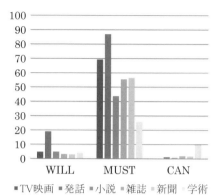

図 4　準助動詞率（6 ジャンル別）

　図 3 より、両形態を含めた全体頻度は CAN ＞ WILL ＞ MUST であること、WILL と CAN では 1 語助動詞が圧倒的である一方、MUST では両形態が拮抗し、むしろ準助動詞のほうが多いことがわかりました。また、図 4 より、準助動詞率は、WILL では総じて低いものの（5％未満）発話では相対的に高くなること（19.1％）、MUST では全体的に高く、発話（87.0％）と TV・映画（69.3％）で顕著に高いものの学術では相対的に低くなること（25.8％）、CAN では総じて低いものの（2％未満）学術では相対的に高くなること（9.6％）がわかりました。

　一般に、平易な基本語の組み合わせで表現される準助動詞は、一語助動詞よりもくだけた文体で使用されると予測されます。今回の分析でも、WILL と MUST については、話し言葉系ジャンルで準助動詞率が上昇しており、この傾向にあてはまることが確認されました。be going to、have to は、ともに、構成語が本義を失って機能語化される脱語彙化（delexicalization）が起こっています。一方、be able to 中の able に本義が残る CAN においては、この傾向は見られませんでした。

　今回の分析では、先行研究の指摘が裏付けられただけでなく、3 種のモダリティ間での形態選択傾向の違いや、ジャンルおよび産出モードの影響性を明らかにすることができました。

204

9.3.2.2　時代変化

　文法は時代によって変化するもので、上記で観察した傾向についても、時系列の中で一定の変化を遂げて今に至っている可能性があります。

　モダリティ形態の時代変化について、Mair（2006）は、20世紀以降の be going to の増加を報告しています（p.97）。また、Leech et al.（2009）は、Brown Corpus の比較コーパスを用いた検証により、1930年代から1990年代にかけて、can を除く一語助動詞が減少し、be able to、be going to、have to が微増したと報告しています（p.72, p.97）。これらをふまえると、3種のモダリティの準助動詞率は一貫して増加しており、近年はその度合いが強まっていると予測されます。

　上記の予測の妥当性を確認するため、過去30年間にわたって5年ごとに両文法形態の頻度を調べ、準助動詞率の変化を調査しました。時系列分析の結果は下記の通りです。

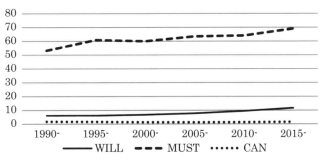

図5　アメリカ英語における準助動詞率の時系列変化（%）

　予想と異なり、30年間で準助動詞率の上昇が認められたのは MUST（53.1%→69.1%）と WILL（6.1%→11.7%）のみでした。CAN については、30年間でほとんど変化が生じておらず、準助動詞率は低いままでした（1.7%→1.5%）。現代アメリカ英語において、be able to の使用環境は想像以上に狭いと考えられます。

9.3.2.3　後続動詞

　一語助動詞と準助動詞の間に何らかの意味・機能の違いがあるとすると、

それぞれの共起動詞の内容にも違いが反映されると思われます。

　手元の辞書や文法書によれば、WILL に関して、will は「主観的知識や判断に基づく予測」を、be going to は「客観的な証拠があり、現在においてすでに事実として決定している未来の事柄」を、MUST に関して、must は「話者に起因する義務」を、have to は「外因要素から生じる必要性」を含意するとされますが、CAN に関しては意味の違いに関わる言及は認められません。先行研究をふまえると、WILL と MUST については後続動詞に何らかの質的な差が生じ、CAN では差がないという予測が成り立ちます。

　上記の予測の妥当性を確認するため、一語助動詞・準助動詞の各々について、当該表現の右側に後続する語彙的動詞上位 10 語を抽出しました。後続動詞調査の結果は下記の通りです。

表 1　高頻度後続動詞リスト

WILL		MUST		CAN	
一語助動詞	準助動詞	一語助動詞	準助動詞	一語助動詞	準助動詞
get	get	know	say	get	get
make	make	go	go	see	see
take	go	make	get	make	make
say	say	get	make	go	take
go	die	think	take	take	work
come	take	take	work	help	use
continue	come	find	pay	hear	give
give	try	look	deal	tell	keep
tell	give	feel	come	play	say
need	lose	learn	know	find	move

　一語助動詞・準助動詞の両形態に重複する共起語の数は、WILL では 10 語中 7 語、MUST では 5 語、CAN では 4 語で、予測と異なり、いずれの場合も両者の意味・機能はある程度類似していると言えます。しかし、それぞれの共起語には違いも認められます。以下では、文法形態別の特徴を整理するために、10 種の動詞を、個人の心的活動や状態の継続を含意する静的動詞と、具体的な状態変化や身体的運動を連想させる動的動詞に二分し、10 語中の静的動詞の数を比較してみましょう。

静的動詞の数は、WILL の場合、一語助動詞が 4 種（say、continue、tell、need）で準助動詞が 1 種（say）、MUST の場合、前者が 6 種（know、think、find、look、feel、learn）で後者が 2 種（say、know）となっており、一語助動詞のほうが静的動詞を取りやすいように思われます。CAN の場合は、それほど差が明確ではありませんが、前者は 4 種（see、hear、tell、find）、後者は 3 種（see、keep、say）で、やはり前者のほうが多くなっています。

両形態の機能には重なりも多く、決して相互排他的なものではありませんが、今回のデータは、個人の心的活動を含む静的な状態を説明する際には形式性の高い一語助動詞が、客観的に表れた変化や運動を描写する際には身近な語で構成される準助動詞が選好される可能性を示しています。このことは、先行研究が両形態に関して述べてきた「主観と客観」や「話者要因と話者外要因」といった差異に関係するものと言えます。

9.3.3　結果のまとめ

COCA の分析により、(1) WILL と CAN では一語助動詞が圧倒的に多く、MUST では準助動詞が拮抗すること、話し言葉では WILL と MUST の準助動詞率が高まること、(2) 過去 30 年間で MUST と WILL の準助動詞率が増加していること、(3) 一語助動詞は主として静的状態の描出に、準助動詞は変化や運動の描出に関わること、などがわかりました。

一語助動詞と準助動詞の関係は、従来の文法において明確に定義されておらず、学校教育では機械的な書き換え・言い換え練習が行われていますが、今回のコーパス調査により、2 形態の間には頻度の点で大きな差があり、後続内容についても一定の選好性を持つ可能性が示されました。今後、より大規模な調査においてこうした傾向を確認し、2 形態の後続動詞の選好性モデルについてさらに精緻に検討してゆく必要性があるでしょう。

9.4　日本語文法の分析実例

9.4.1　分析の枠組み

日本語には前項動詞と後項動詞からなる複合動詞が多く存在します。ここ

では、一例として、「出す」と「出る」を含む複合動詞を取り上げます。

　「思い出す」や「飛び出る」など、後項動詞としての「出す」や「出る」は広く使用されていますが、手元の国語辞書 5 冊を確認したところ、後項動詞としての「出す」と「出る」は立項されておらず、本動詞項目を見ても、複合動詞用法への言及は「出す」にしかありませんでした（石川, 2010）。既存辞書は複合動詞について必ずしも十分な情報を提供していないように思われますが、現代日本語において、これらの複合動詞はどのような関係にあり、どのような文法的振る舞いを見せるのでしょうか。

　本節で扱うリサーチクエスチョンは、「出す」と「出る」について、(1)本動詞と複合動詞用法の比率に差はあるか、(2)前項動詞との結合自由度に差はあるか、(3)複合動詞の意味素性に差はあるか、の 3 点です。

　データには、「現代日本語書き言葉均衡コーパス」を使用し、コーパス全体を検索対象とします。まず、文字列検索により、「出す」と「出る」を含む用例（活用形を含む）を約 3,000 件ずつランダムに収集します。その後、全例を手作業で検証し、本動詞、複合動詞、その他（「検出する」や「見出す」など）に分類したものを分析サンプルとします。なお、仮名表記は分析対象に含めません。

9.4.2　結果と考察

9.4.2.1　本動詞と複合動詞の比率

　「出す」と「出る」はともに本動詞と複合動詞の用法を持っていますが、両用法の関係は明らかではありません。前述のように、既存辞書ではいずれも後項動詞として立項されておらず、「出す」の場合にのみ本動詞項目内に後項動詞用法への言及があることをふまえると、いずれの場合も本動詞用法が多いものの、複合動詞用法の比率は「出す」が「出る」より高いと考えられます。

　上記の仮説の妥当性を確認するため、分析サンプル内での用法別構成比を求めました。構成比分析の結果は下記の通りです。

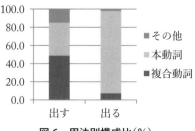

図6　用法別構成比（%）

　「出す」では複合動詞用法が優先しますが、「出る」では逆に本動詞用法が圧倒的に優先しています（いずれも $p<.001$）。両者の本動詞と複合動詞の比率にははっきりした差があり、仮説と同じく、複合動詞用法の割合は「出る」より「出す」の方が高いこと、一方、仮説と異なり、「出す」の場合は複合動詞用法が本動詞用法より多いことが確認されました。自他対称動詞でありながら、「出す」が主に後項動詞として、「出る」が本動詞として使用されるのは興味深い事実です。なお、「出る」の複合動詞用法は「出す」に比べて少ないとはいえ、全体の1割近く存在しており、辞書や文法書においても一定の言及が必要であると思われます。

9.4.2.2　前項動詞結合の自由度

　「出す」と「出る」を含む複合動詞を、前項と後項が統語規則に基づいてその都度結合したものと見るか、慣用化された不可分の単位と見るかは難しい問題です。この議論は、前項と後項の結合自由度の議論に還元されます。

　そもそも、両者の結合は完全に自由というわけではなく、たとえば、外部移動の意味で「*学び出す」や「*思い出る」とは言えません。一般に、語彙的複合動詞の結合に制約が存在することについては理論言語学の観点から各種の説明が試みられてきました。前項と後項の結合要件として、影山(1996)は「他動性調和の原則」を、松本(1998)他は「主語一致の原則」を主張し、両者の自他性ないし主語の一致が複合動詞の成立要件であるとしました（松田, 2004, pp.16–22）。また、何(2010)は、前項と後項が同種の変化を導き、その経路は1つでなければならないとする「一義的経路の原則」を提唱しました。しかし、こうした制約を満たす場合の前項動詞と後項動詞「出す」

「出る」の結合自由度については十分に調査されていないのが現状です。

　ただ、主要な国語辞書が「出す」の複合動詞用法に触れて「出る」については触れていないことをふまえると、「出す」は比較的高い結合自由度を持ち、「出る」の自由度はほとんどないものと考えられます。

　上記の仮説の妥当性を確認するため、「出す」と「出る」別に、前項動詞の頻度調査を行い、高頻度上位 1 〜 40 語（W01 〜 W40）の累計構成比の変化を調べました。分析の結果は下記の通りです。なお、前項動詞の異表記は基本形にまとめて調整しています。

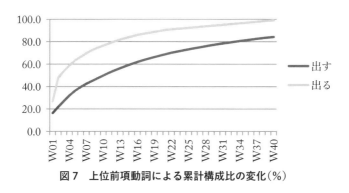

図 7　上位前項動詞による累計構成比の変化（%）

　一般に、上位語の累計構成比の高さは結合自由度の低さを意味します。上位 10 語の累計構成比は「出す」で 49.8%、「出る」で 76.5%、上位 20 語ではそれぞれ 67.6% と 89.6%、上位 30 語では 77.7% と 94.6%、上位 40 語では 82.2% と 99.1% となります。

　両者の前項動詞結合自由度には差があり、仮説と同じく、前項動詞との結合自由度は「出す」のほうが高いこと、一方、仮説と異なり、いずれの場合も自由度がそもそもきわめて低いことがわかりました。「出す」と「出る」は文法的な成立要件を満たせば多様な前項動詞と結合できるはずですが、実際の結合はかなり限定的であると言えます。この結果は、「出す」と「出る」の複合動詞が、ある程度、慣用化された単位である可能性を示唆しています。

9.4.2.3　意味素性

　後項動詞「出す」と「出る」は、ともに本動詞由来の外部移動の意味をコアとして持ち、これに加え、前者は開始アスペクトの意味を持ちます（例：「歩き出す」「泣き出す」）。しかしながら、「出す」に関して外部移動と開始のいずれの意味が優先しているのか、また、両者の外部移動の意味素性に違いがあるか否かははっきりしません。

　国語辞書5冊を確認したところ、「出す」の複合動詞用法に関して、外部移動を先に記述するものが3冊、開始を先に、あるいは開始のみを記述するものが2冊あり、この点をふまえると、「出す」の外部移動と開始の意味は拮抗していると予測されます。また、外部移動の意味差について、姫野（1999）は、「出す」と「出る」は〈外部・表面・前面への移動〉と〈表立った場への出現〉という意味を共有し、加えて、前者は〈顕在化（顕現・創出・発見)〉、後者は〈態度表明〉という意味を持つと述べています（p.101）。この点をふまえると、両者の意味には共通点と相違点があるものと予測されます。

　上記の仮説の妥当性を確認するため、まず、質的検証によって分析サンプル内の複合動詞用法の「出す」の全例を外部移動と開始の意味に区分し、両者の構成比を調査しました。次いで、開始を含意する「出す」、および、外部移動を含意する「出す」と「出る」について、それぞれの高頻度前項動詞を調査しました。分析結果は下記の通りです。

図8　「出す」の意味タイプ別構成比（%）

9.0
91.0
■ 外部移動
　開始

表2　開始の「出す」の前項動詞構成比（%）

	+出す		
言い	27.3	歩み	3.6
動き	14.5	笑い	3.6
歩き	10.0	話し	3.6
走り	9.1	降り	3.6
泣き	4.5	怒り	2.7

表3　外部移動の「出す」「出る」の前項動詞構成比（%）

+出す					+出る			
思い	17.9	踏み	2.3	届け	26.7	走り	1.8
引き	6.1	差し	2.3	申し	21.3	願い	1.8
生み	5.8	呼び	2.1	突き	5.9	飛び	1.8
作り	5.5	聞き	2.1	流れ	5.0	乗り	1.4
取り	4.5	打ち	1.9	抜け	4.5	溢れ	1.4
逃げ	3.8	切り	1.7	躍り	3.2	迸り	1.4
持ち	3.2	吐き	1.6	進み	3.2	名乗り	0.9
飛び	2.7	乗り	1.4	生れ	2.7	吹き	0.9
抜け	2.6	送り	1.4	訴え	2.3	湧き	0.9
追い	2.6	押し	1.4	はみ	1.8	溶け	0.9

　「出す」に関しては、仮説と異なり、外部移動の意味が開始よりはるかに多いことがわかりました（$p<.001$）。また、開始の意を持つ複合動詞は、意味的に、言語表出（「言い」「話し」）・感情表出（「泣き」「笑い」）・移動（「動き」「歩き」「走り」）の3種に大別されます。

　次に、外部移動の意味の差を検討します。「出す」を後項とする複合動詞の主要な意味は、原義性の強い〈外部移動〉（「引き」「取り」他）、原義が比喩的に特殊化した〈創出〉（「生み」「作り」）、〈回想〉（「思い」）の3種に分けられます。一方、「出る」の主要な意味は、〈外部移動〉（「流れ」「抜け」他）、〈創出〉（「生まれ」）、〈公的申請〉（「届け」「申し」他）の3種に分けられます。

　両者は〈外部移動〉と〈創出〉の意味を共有しています。主体の外部移動について見ると、「出す」（「逃げ」「飛び」他）、「出る」（「踊り」「進み」他）ともに、主体が自領域の外に出ていきます。〈創出〉についても、同様に、自領域の外への移動が見られます。

　しかし、両者には違いもあります。1点目は、外部移動にともなう抵抗感です。「出す」の場合、移動には抵抗感がほとんど存在せず、話者の意志によって移動は瞬時に完了し、移動後の結果状態が中心的に含意されます（「引き」「持ち」他）。一方、「出る」の場合は、抵抗に抗いながらじわじわと移動が進み、その段階的な変化の過程が中心的に含意されます（「流れ」「溢れ」「吹き」他）。

　2点目は、外部移動の方向性です。主客の対立を前提とする他動詞由来の「出す」の場合、客体は主体側に接近することもあれば（「引き」「取り」他）、主体から離れてゆくこともあります（「追い」「差し」他）。これは、主客の所属する空間が異なるか一致するかによって、内部／外部の意味が変容するためと考えられます。一方、主客関係を前提としない自動詞由来の「出る」では、移動方向の二重性は認められません。

　3点目は、それぞれが持つ比喩化した独自語義です。「出す」の〈回想〉は、客体の主体側への移動の意味が特殊化したもので、このとき、主体の中に自領域と他領域が別個に意識されています。「出る」の〈公的申請〉は、主体の外部移動の意味が特殊化したもので、移動先である前方性が上方性へと認知的に転換され、私に対する公を指すようになったと思われます。いずれの場合も、比喩化したこれらの語義が、頻度の上で原義よりも優勢となっています。

　以上で見たように、「出す」と「出る」の外部移動の意味は、単に自他の違いにとどまらず、多くの点でそれぞれの独自素性を持っていると言えます。

9.4.3　結果のまとめ

　「現代日本語書き言葉均衡コーパス」を用いた分析により、複合動詞を構成する「出す」と「出る」について、(1)「出す」は主として複合動詞で、「出る」は原則として本動詞で使用されること、(2)前項動詞との結合自由度は「出す」のほうが高いものの、いずれの場合も自由度は限定的であること、(3)「出す」の開始用法は外部移動用法より少ないこと、「出す」と「出る」が外部移動を意味する場合、両者はともに本義的意味と比喩的意味を持つが、それぞれ固有の意味素性が存在すること、などが明らかになりました。

　「出す」と「出る」をはじめとする複合動詞は、伝統的な品詞体系の隙間に落ち込みやすく、従来の文法では必ずしも十全な記述がなされていませんでしたが、大型コーパスを使用することで、それらの文法的振る舞いの核を同定し、理論モデルの一層の精緻化に貢献できる可能性があります。

9.5　本章のまとめ

　文法研究には、理論的アプローチと記述的アプローチが存在しますが、コーパスは文法記述を質量両面において改善する可能性を持っています。文法をさまざまな言語環境の中で変化しうる柔軟な動態としてとらえるコーパス文法の視点は、言語研究に新しい見方を持ち込むものと言えます。

　本章では、はじめに、コーパス文法の方向性を理論文法と対比させて整理し、続いて、コーパスに基づく文法研究を紹介し、最後に、研究実例として、英語・日本語のコーパスデータを用いた文法現象の分析を試みました。

　9.1 節では、コーパス文法研究の特性を概観した後、記述文法と規範文法の違いについて触れ、*Longman Grammar of Spoken and Written English*（*LGSWE*）を例に取り上げて、観察・計量・記述に重きを置く文法記述の新しい方法を紹介しました。また、コーパス文法研究の精緻化を促進する構文解析技術に言及しました。

　9.2 節では、コーパスに依拠した英語・日本語の文法研究の一部を紹介しました。

　9.3 節および 9.4 節では、研究実例として、COCA を用いた一語助動詞と準助動詞の比較、および「現代日本語書き言葉均衡コーパス」を用いた複合動詞調査を行い、コーパス文法研究の方法を例証しました。

　文法研究の対象となる現象はきわめて多様で、その性質もまちまちですが、客観的観察と記述を基礎とするコーパス文法研究のアプローチは、文法現象の理解を深化させる上で大きな可能性を秘めていると言えるでしょう。

9.6　発展課題

(1) Fillmore（1992）の論文を読み、Fillmore が考える理論研究とコーパス研究の融合がどのようなものであるか考えてみましょう。【9.1.1 節】

(2) *LGSWE* の Tense（時制）の項目（pp.453–460）を読み、コーパス観察の結果、英語における時制使用についてどのようなことが明らかにされたか調べてみましょう。【9.1.2 節】

(3) COCA、COHA を用いて、理由を表わす独立分詞構文 It being と副詞節 As it is（was）を検索し、それぞれがどのような共起語を伴っているか、英米差はあるか、時代差はあるかを検証してみましょう。【9.3 節】

(4)「現代日本語書き言葉均衡コーパス」を用いて、複合動詞を構成する後項動詞である「かかる」（例：「飛びかかる」）と「かける」（例：「笑いかける」）を検索し、前項動詞との結合パタンを比較してみましょう。【9.4 節】

第 10 章　コーパスと学習者

10.0　本章の概要

　コーパスと言えば、ふつう、母語話者が書いたり話したりした言語のデータベースを指しますが、特殊なコーパスとして、当該言語の学習者の産出言語を収集したものがあり、これを学習者コーパス (learner corpus) と呼びます。学習者が使用する外国語は、第 2 言語習得 (second language acquisition：SLA) の枠組みから見れば、母語である第 1 言語 (L1) と目標言語である第 2 言語 (L2) の中間言語 (interlanguage) であることから、学習者コーパスは中間言語コーパスとも呼ばれます。

　学習者コーパスは、応用言語学と言語教育学をつなぐものとして、近年、研究が急速に進んでいます。本章では、まず、学習者コーパスの概要を示した後、主要な学習者コーパスを紹介します。次いで、学習者コーパスの開発・分析に関わる先行研究を紹介し、最後に、英語と日本語の学習者コーパスを用いた研究例を示します。

10.1　学習者コーパス研究が目指すもの

　学習者コーパス研究は特に新しい研究分野であり、コーパス開発や研究が活発に進められている一方、その方向性については流動的な面も含みます。以下では、3 つの観点から学習者コーパス研究の概要を整理します。

10.1.1　研究の系譜

　学習者コーパス研究の歴史は、ベルギーのルーヴァンカトリック大学の Sylviane Granger 氏が、後述する International Corpus of Learner English (ICLE) を着想した 1990 年に遡ります（船城・望月, 2008）。Granger 氏は 1993 年にアイデアを論文として発表し（Granger, 1993）、以後、同大学のスタッフと共に ICLE プロジェクトを精力的に推進してきました。

　1998 年には、ICLE の分析結果をまとめた *Learner English on Computer* という論文集が刊行されます。本書は、学習者コーパスの構築方法のみならず、学習者コーパスと母語話者コーパスを比較して学習者の過剰使用（overuse）や過少使用（underuse）の傾向を探る中間言語対照分析（contrastive interlanguage analysis：CIA）という独自の分析手法を駆使したもので、以後の学習者コーパス研究に決定的な影響を及ぼし、同種の研究が世界中で行われるきっかけとなりました。

　こうした動きを受け、2000 年代に入って、日本でも英語学習者コーパスへの関心が高まり、2004 年には英語口頭能力試験における日本人話者の発話を書き起こした NICT JLE Corpus が、2007 年には日本人中高生の英作文を集めた Japanese EFL Learner Corpus が、2013 〜 2023 年にはアジア圏大学生の英作文と英語発話（モノローグ、ダイアローグ）を集めた International Corpus Network of Asian Learners of English が公開されています。2008 年には *Learner English on Computer* の邦訳も出て、学習者コーパスの研究手法が浸透する一助となりました。

　日本語学習者コーパスについては、1990 年代から学習者の発話・作文の収集が始まりました。1999 年には発話を集めた「KY コーパス」が、2000 年には作文を集めた「日本語学習者による日本語作文と、その母語訳との対訳データベース」が、2013 年には中国語・韓国語母語話者の作文を集めた「日本語学習者コーパス」が、2014 年には中韓母語話者の発話を縦断的に集めた「中国語・韓国語母語の日本語学習者縦断発話コーパス（C-JAS）」が、そして 2020 年には世界各国の学習者の発話・作文を大規模に収集した「多言語母語の日本語学習者横断コーパス（I-JAS）」が、それぞれ公開されています。

10.1.2　対象と手法

　学習者コーパス研究は、言語習得や言語教育との関係が深く、一般のコーパス言語学とは異なる特有の研究対象や研究手法を持っています。

■研究の対象

　一般のコーパス研究が言語や言語変種を研究対象とするのに対し、学習者コーパス研究では、言語そのものよりも、当該言語の産出者である学習者のありようが最終的な研究対象となります。Leech (1998) は、学習者コーパス研究で扱われる主なトピックとして、(1) 学習者によって過剰・過少使用される言語特徴、(2) 母語転移 (L1 transfer)、(3) コミュニケーション上の回避方略、(4) 母語話者的・非母語話者的言語使用特性、(5) 特定母語話者が苦手とする言語領域、の 5 点を挙げています。これらはいずれも学習者の言語産出に直接的に関係するものです。

　学習者コーパス研究は、第 2 言語習得論 (SLA) や外国語教育学と不可分な関係にあります (Granger, 2009)。前者の枠組みでは、多様な学習者データから共通傾向を抽出し、それを基に普遍的な言語習得モデルを確立することが目指されます。後者の枠組みでは、学習者ごとの差異や特性を抽出し、学習者の背景環境をふまえた教材や教授法の開発が目指されます。

■研究の手法

　学習者コーパス研究を特徴づける研究手法は、前述の中間言語対照分析 (CIA) です。CIA は対照言語研究 (contrastive analysis) を発展させたもので、目標言語の母語話者と学習者による言語運用の比較や、異なる母語を持つ学習者による目標言語運用の比較を行います (Granger, 1996；Granger, 1998)。前者は、母語話者と日本語話者の英語運用を比較するような研究で、学習者言語 (中間言語) の示差特性の解明に寄与します。後者は、日本語話者と中国語話者の英語運用を比較するような研究で、SLA の枠組みでは、母語環境や学習環境の差を超えた中間言語の一般性の解明に寄与します。

　母語話者と学習者の比較では、しばしば、過誤が論じられます。過誤は目標言語能力の欠如による誤り (error) と、目標言語能力を正しく適用できな

かったことによる間違い(mistake)に大別されますが、研究で重視されるのは誤りのほうです。誤りは、目標言語内(intralingual)の混同によるものと、母語と目標言語間(interlingual)の混同によるものに区分できます(Trim et al., 2002)。たとえば、英語学習者が talk about からの連想で *discuss about と言えば前者の誤りで、主格助詞を持たない中国語を母語とする日本語学習者が「*私、そこ行く」と言えば、後者の誤りです。

　学習者コーパスを用いた比較研究では、各種の誤りに加え、過剰使用や過少使用も広く論じられます。母語話者と学習者の言語運用を計量的に比較すれば、学習者が量的に逸脱して使用する語や表現が特定され、これらは母語干渉の研究や教材開発に有益な情報となります。

10.1.3　制約と課題

　学習者コーパス研究は有望な研究分野ですが、データ分析や解釈手法については制約や課題も残されています。ここでは4点について論じます。

■差異の解釈

　異なる母語を持つ学習者による目標言語運用を比較すれば各種の差異が検出されますが、それを学習者の母語の差に還元しうるかどうかは実は曖昧です。というのも母語の差以外にも、言語運用に影響する変数が無数に存在するからです。

　たとえば、データ収集要因としては、課題要因(トピック・分量)や課題実行要因(時間・参照物使用・指示内容・評価対象か否か)などがあります。

　また、学習者属性要因としては、物理的要因(性別・年齢)、能力的要因(一般知能水準・一般言語能力・目標言語習熟度・語彙力・文法力・技能別能力)、心理的要因(性格・学習動機・学習意欲)、学習的要因(学習歴・学校種別・母語話者指導経験・使用教科書・教授法)、環境的要因(海外滞在歴・周辺での目標言語使用状況・児童期の目標言語接触経験)などがあります。これらに加え、学習者の定義自体も影響要因となるでしょう。目標言語を業務で使用している人が当該言語の学習を継続しているような場合、こうした人々を当該言語の利用者(user)とみなして学習者から除外するか、広く学習

者に含めるかによってもデータの性質は変わってきます。

Altenberg(1997)は、ICLE の分析をふまえ、学習者は一人称をはじめとする話者関与度の高い文体を使用しがちで、それは学習者が書き言葉と話し言葉の差異を充分に意識していないためであると結論しましたが、その後、Ädel(2008)は同じデータを再分析し、Altenberg(1997)が報告した差異は、実は比較したコーパスにおけるデータ収集要因の差異(時間制限の有無、辞書使用の有無)によるものであったことを明らかにしました。

学習者コーパスの開発者は、トピックや習熟度などの主要要因を厳密に統制したり、逆に、統制を緩めてデータの多様性を極大化したりすることで影響要因の低減を図っていますが、影響要因を完全に消去することはできないため、差異の解釈にあたってはとくに慎重な検討が必要になります。

■母語話者との比較

中間言語対照分析(CIA)において母語話者を比較モデルにすることには根強い批判があります。Bley-Vroman(1983)は母語話者をモデルとすることで学習者言語をそれ自身として観察できなくなる点を、Leech(1998)は「母語話者」という概念が曖昧で、その言語使用が必ずしも手本にならない点を、Timmis(2015)は母語話者の価値観の押し付けに通じる点をそれぞれ指摘しています。

こうした批判に対し、Granger(2009)は、母語話者との比較は新しい発見を促す「強力な支援技術」であるものの、CIA の必須要素ではないとします。また、習得目標として単一の言語モデルを措定する第 2 言語習得研究(SLA)に比べ、多様な母語話者データを活用できる CIA はむしろ自由度が高いとも述べています。Granger(2015)は、この点をさらに敷衍し、母語話者データは英語変種や言語使用域の多様性に、学習者データはタスクや属性の多様性に注意を払ってデータを比べるべきだとする改良版の「CIA2 モデル」を提唱しています。

■学習者コーパスで測れないもの

学習者コーパスを分析すれば、学習者の目標言語運用の全貌がわかると考

えがちですが、実際には、学習者コーパスで測れないものも存在します。

　たとえば、目標言語の受容能力(読解力・聴解力)、自身の言語産出の許容性に対する学習者の確信度、各種の学習者属性要因、コーパスに未出現の項目などは学習者コーパスでは調査できません (Nesselhauf, 2004)。最後の点については、未出現であることが、学習者が知らない(使用できない)ことを意味するのか、コーパスサイズの制約によるものかが判断できないためです。これはコーパス言語学全体の問題でもありますが (2.2.2 節)、規模が小さい学習者コーパスでは未出現例がとくに多くなりがちです。

　もっとも、こうした制約があるからと言って、学習者コーパスそのものが否定されるわけではありません。迫田(2011)は、未出現項目に関して、それが「未習得かどうかを明らかにしたければ、その項目を引き出すような抽出調査を行うべきである」としています。また、前出の Nesselhauf(2004)は、学習者による言語運用の総体を理解するには、「コーパス分析と実験手法の組み合わせ」が必要だと主張しています。

■分析結果の教育への応用
　学習者コーパスの分析結果を教育に応用しようとするのは自然な発想ですが、安易な応用については批判的見解も存在します。

　とくに、英語の場合は、1990 年代以降、国際英語(international English)・共通言語 (lingua franca)・世界英語 (World Englishes) といった側面が強調されるようになっており、こうした立場に立てば、通用性 (intelligibility) を持ち、意思疎通ができているのであれば、細かい差異や「誤り」をあげつらうことは不適切であるという考え方も出てきます。Jenkins (2005) は、非母語話者の英語も「代替的・正統的な英語」であるとし、学習者言語や中間言語として区別したり、その「誤り」を論じたりすることを批判しています。

　Granger (2009) は、これに対し、対照分析の結果を無批判に応用することの危険性を認めた上で、分析で得られた差異を教授項目として採用するか無視するかは教師が決定すべき事柄であると強調しています。また、不可算名詞の可算化(*informations、*an advice)など、学習者コーパス分析を通して各国の上級学習者に共通する「誤り」が同定できれば、それらを新しい言語基

準として積極的に位置付けてゆくことも可能であると述べています。

10.2　さまざまな学習者コーパス

　最近では、一般に公開された一定規模の学習者コーパスも増えてきました。以下では、代表的な学習者コーパスの一部を紹介します。

10.2.1　英語学習者コーパス

　世界の英語学習者は膨大な数にのぼり、その学習目的、学習環境、母語、習熟度などもさまざまです。こうした多様性をカバーするため、各種のコーパスが開発されています。

10.2.1.1　ICLE

International Corpus of Learner English (ICLE) は、一般公開されているものとしては、世界最大の英語学習者コーパスです。

■開発の経緯

　前述のように、ICLE は、Granger (1993) の着想を出発点とするもので、Granger 氏が率いるルーヴァンカトリック大学の研究チームと、各国に配置された協力研究者によってデータの収集が進められてきました。

　ICLE の初版 (11 母語・250 万語) は Granger et al. (2003) として、2 版 (16 母語・370 万語) は Granger et al. (2009) として、それぞれ、書籍に付属する CD-ROM の形でデータが公開されました。一方、3 版 (25 母語・570 万語) となる Granger et al. (2020) では、データはオンライン公開に変更されています。

■データの収集

　ICLE は主として欧州圏の学習者を対象としています。2 版にはドイツ語やフランス語などの西欧諸語に日本語と中国語を含めた 16 言語、3 版にはギリシア語・ペルシア語・韓国語なども含む計 25 言語を母語とする中〜上

級の大学 3 〜 4 年生による合計約 9,500 種、570 万語の作文が収録されてい
ます。母語別モジュールのサイズはおよそ 20(中国語は 40)万語です。

　収録作文は、指定トピックに基づく論述文と、大学の文学科目の試験にお
ける論述解答(25%未満)です。論述文には過度に専門的なものは含まれず、
「科学技術の時代に夢や空想を抱けるか」「大学の学位は社会で通用するか」
「アフリカでの AIDS 蔓延の原因は貧困なのか」などの一般的トピックに基
づくものとなっています。トピックは多彩で全体で 900 種類を超えていま
す (Granger et al., 2003, p.18)。作文の長さは 500 語以上 1,000 語未満で、時
間制限を設けるか否か、辞書を使用するか否かは任意です。3 版の場合、作
文の平均の長さは 605 語、時間制限なしが 61%、辞書なしが 50%となって
います (Granger et al., 2020, p.33)。母語話者の助力を得ることは禁止されて
います。

■データの利用
　ICLE3 版はオンラインで公開されています(要登録・有償)。検索語を入
力すると、当該語を含む用例がコンコーダンス形式で表示されます。データ
は CLAWS でタグ付けされているため、レマや品詞で検索を行うことも可
能です。また、検索した用例をダウンロードすることもできます。

　ICLE 自身に比較用の母語話者データは含まれていませんが、母語話者作
文を集めた Louvain Corpus of Native English Essays (LOCNESS) というコー
パスが別に作成されています。LOCNESS は、イギリス人の高校修了試験
(A level) における論説問題の解答、イギリス人・アメリカ人大学生の作文な
ど、32 万語分のデータで、ライセンスを入手すれば使用できます。

10.2.1.2　JEFLL Corpus
　Japanese EFL Learner Corpus (JEFLL Corpus) は、日本人の中高生の英作
文を収集したユニークなコーパスです。

■開発の経緯
　学習者コーパスの大半は、母語話者との比較研究を成立させるため、でき

る限り上級の学習者データを収集していますが、投野由紀夫氏が構築した
JEFLL Corpus は、入門期の学習者の英語産出研究の目的で開発されていま
す。作文は約 10 年をかけて収集され、2007 年にオンラインコーパスとして
一般公開されました。また、同年には、コーパス分析結果をまとめた論文集
として投野 (編)(2007) が公刊されました。

■データの収集

　JEFLL Corpus には、日本人中高生約 1 万人による 67 万語の作文が収録
されています。トピックには論述型と叙述・説明型があり、「怖い夢」「お年
玉で買いたいもの」「地震の時に持ち出すもの」「学校の文化祭について」
「朝ご飯はパンかご飯か」「浦島太郎のその後を考える」の 6 種類です。執
筆時間は 20 分で、辞書使用は禁止されています。英語が不得手な生徒から
も産出を引き出すために、英単語がわからない場合は、部分的に日本語を
使ったり、日本語をローマ字表記したりすることが認められています。

　データ収集にあたっては、日本語によるトピック説明と英作文例を記載し
た資料を渡して作文を書かせています。ゆえに、分析においては、提示され
た英作文例の語彙や表現の転移の可能性について検討する必要があります。

■データの利用

　JEFLL Corpus は、本書執筆時点では小学館コーパスネットワーク上で公開
されています。下記はコーパスに収録された great の用例データの一部です。

```
[JP:sono_naka_de] club's musicul is very great .
The art contest was great .
It was very great , we won the [JP:kinshou] .
```

　上記には、「その中で」「金賞」など、中高生が言おうとして言えない英語
表現がはっきり示されています。こうしたコーパスは世界的にも類例のない
もので、入門期学習者の研究にとって非常に有益です。

　なお、JEFLL Corpus にも比較用の母語話者データは含まれていません。
British National Corpus と比較した先行研究もありますが、書き手のレベル

224

や言語タイプの差を考えると、英米児童の作文などを別個に収集して比較資料としたほうが妥当性の高い分析ができると考えられます。

10.2.1.3　ICNALE

International Corpus Network of Asian Learners of English (ICNALE) はアジア圏に特化した国際英語学習者コーパスです。

■開発の経緯

ICNALE は、神戸大学の石川慎一郎研究室で開発されているアジア圏学生による英語産出を集めたコーパスです。2007 年から構築を開始し、2020 年には収集サンプルが 1 万 5 千件、語数が 350 万語に達し、世界最大級のアジア圏英語学習者国際コーパスとなっています。

■データの収集

ICNALE は、アジア圏の 10 地域の大学生の英語産出データを広範に収集しており、200 〜 300 語の作文を集めた Written Essays (Ishikawa, 2013)、学生作文を専門家が校閲した Edited Essays (Ishikawa, 2018)、1 分間独話を集めた Spoken Monologues (Ishikawa, 2014)、絵描写・対話・ロールプレイなどのタスクを含む英語口頭能力試験—OPI (Oral Proficiency Interview) —型の対話を集めた Spoken Dialogues (Ishikawa, 2019)、学生作文・発話に対する評価データを集めた Global Rating Archive (Ishikawa, 2020) の 5 つのモジュールで構成されます。ICNALE は、先行の学習者コーパス開発を参考とした 7 つの基本理念に基づいています。

1 点目は、分析の信頼性を担保するサイズの確保です。学習者の多様性をカバーできるよう、全体で 4,500 人以上のデータを収集しています。

2 点目は、ICLE で手薄になっているアジア圏に特化することです。一般に、英語使用者は、母語話者圏である Inner Circle、英米旧領等を中心とした Outer Circle、それ以外の Expanding Circle に区分され (Kachru, 1985)、各々が使用する英語は ENL (English as a Native Language)、ESL (English as a Second Language)、EFL (English as a Foreign Language) と呼ばれます。

ICNALE はアジア圏における 3 種の英語すべてをカバーしており、World Englishes の研究にも利用できるよう意図されています。

　3 点目は、比較用の英語母語話者データの収集です。これにより、同一条件での母語話者・学習者比較が可能になります。

　4 点目は、データ収集条件の統制です。トピックはアルバイト (It is important for college students to have a part-time job.) と禁煙 (Smoking should be completely banned at all the restaurants in the country.) の 2 種に限定され、すべてのモジュールにおいて同一のトピックが使われています。作文の場合、語数は 200 語〜 300 語、執筆時間は 20 〜 40 分で、辞書使用は禁止され、スペルチェッカの使用が必須となっています。こうした内容・形式の統制により、ICNALE では、従来の学習者コーパス以上にデータの均質性が高く、差が出にくくなっています。逆に言えば、こうした統制を経てなお検出された差異は中間言語対照分析の対象とする妥当性があると言えます。

　5 点目は、学習者属性データの収集です。すべての学習者について、性別・年齢・専攻・学習動機・学習背景等を調査しています。習熟度については、全員に TOEIC 等の標準テストまたは語彙力テストの受験を義務付けました。語彙力テストのスコアは回帰分析をふまえて TOEIC スコアに換算した上で、全員を CEFR (Common European Framework of Reference for Languages) に基づく B2+ (785 点以上)、B1_2 (670 点以上)、B1_1 (550 点以上)、A2 (550 点未満) の 4 レベルに区分しています。

　6 点目は、データの無償公開です。公開データにはダウンロード版とオンライン版 (ICNALE *Online*) があり、オンライン版では独自の検索インタフェースを開発しています。

　7 点目は、マルチモーダルデータの収集です。Spoken Monologues では音声ファイルが、Spoken Dialogues ではインタビュー風景を録画したビデオデータがそれぞれ公開されています。ビデオ分析により、たとえば、学習者の発話内容とボディランゲージ使用の関係なども研究できます。

■データの利用

　ICNALE *Online* では、コンコーダンス検索 (KWIC)、コロケーション検

索 (Collocation)、単語頻度検索 (Wordlist)、特徴語検索 (Keywords) の 4 種を
サポートしています。オンライン上で、母語話者との比較、アジア圏の他の
学習者との比較、習熟度別の比較が可能で、中間言語対照分析で得られた差
異が何に起因するのかを詳しく検討できます。

10.2.1.4 LINDSEI

Louvain International Database of Spoken English Interlanguage (LINDSEI)
は学習者の話し言葉を収集したコーパスです。

■開発の経緯

LINDSEI は、前述の ICLE プロジェクトから派生したもので、書き言葉
と話し言葉の比較研究の目的で、1995 年より収集が開始されました。
Gilquin et al. (Eds.) (2010) に添付の CD-ROM の形で公開されています。

■データの収集

LINDSEI には、ブルガリア・中国・オランダ・フランス・ドイツ・ギリ
シア・イタリア・日本・ポーランド・スペイン・スウェーデンの 11 種の言
語を母語とする学習者による約 550 件、130 時間分のインタビューに基づく
書き起こしデータが収録されています。データ量は 100 万語 (うち学習者発
話分は 80 万語) に達します。個々の母語モジュールには約 50 件、10 万語分
のデータが含まれています。インタビューは規定トピック・自由討論・画像
描写から構成されており、コーパスには、書き起こししたテキストのほか、
学習者やインタビュアーについての属性情報も記録されていますが、音声
データは含まれません。

■データの利用

オンライン公開はされておらず、Gilquin et al. (Eds.) (2010) に添付の
CD-ROM を用いて検索を行うことになります。下記はコーパスに収録され
た great の用例データの一部です。

```
… to attend an an great festival.. in Jamaica…
… a great musician came to Jamaica…
<A> I see okay great good thank you…
…this paint <\B> <A> great okay how different is…
```

　散見される記号は発話者タグです。タグは 2 つがペアになって該当の語・語句をはさむようになっています。ここでは <A> と <B> がインタビュアーと 発 話 者 を 示 し ま す。こ の ほ か、<begin laughter>、<giggle>、<cough>、<in a small voice> などの音声的特徴もタグとして書き込まれています。

　LINDSEI には母語話者データは含まれていませんが、母語話者発話を集めた Louvain Corpus of Native English Conversation（LOCNEC）というコーパスが別に作成されており、比較研究が可能です。

10.2.1.5　NICT JLE Corpus

　The National Institute of Information and Communication Technology Japanese Leaner English Corpus（NICT JLE Corpus）は、日本語話者の英語発話を収集した大型の発話コーパスです。

■開発の経緯

　NICT JLE Corpus は、情報通信研究機構（NICT）に在籍していた和泉絵美氏らが開発した発話コーパスです。アルク社が実施する SST（Standard Speaking Test）という英語の口頭能力試験（OPI）の録音データを書き起こし、コーパスとして整備したもので、データは和泉他（編）（2004）に添付のCD-ROM およびウェブサイト上で公開されています。

■データの収集

　NICT JLE Corpus には、SST における 1,281 人、325 時間分の発話の書き起こしデータが収録されています。SST は、全米外国語教育協会（ACT-FL）とアルク社が共同開発した日本人向けの口頭能力試験で、ウォームアップ（3 〜 4 分）、イラスト描写（2 〜 3 分）、ロールプレイ（1 〜 4 分）、イラストに基づくストーリー描写（2 〜 3 分）、まとめ（1 〜 2 分）から構成されてい

ます。評価は、訓練を受けた評価者が言語機能・内容・発話の形・正確さを
総合的に判断し、9段階で与えられます。

　コーパスには、SSTの9段階評価に加え、性別・年齢・海外経験・英語
資格などの学習者属性情報が記録されています。また、学習者による誤用タ
イプを示す詳細なタグが付与されていますので、誤りパタンに特化した分析
も可能です。さらに、母語話者が同じ条件で発話を行ったデータが収録され
ていますので、母語話者と学習者の比較研究も可能です。

■データの利用

　NICT JLE Corpusのデータはウェブサイトからも入手可能です。下記は
greatの用例データの一部です。

```
… how long is this?</B><B>That's great so O K. I will take it.</B>
<B><OL>So</OL> I'm great <OL>today</OL>.</B>
… <F>mm</F> <R>it</R> <SC>it</SC> I think it was great.</B>
… <R>and</R> and <F>er</F> so great stereo set. And <??></??>…
```

　<B>は受験者発話、<F>は言い淀みなどのフィラー、<OL>はオーバー
ラップ、<R>は反復（repetition）、<SC>は自己言い直し（self-correction）、
<??>はデータ不明瞭を意味します。これらを活用することで多彩な発話研
究が可能です。なお、これまでに触れたICLE（日本人データ）、JEFLL、
Nagoya、NICTの各コーパスの概要と研究事例は投野他（2013）に、国内の
学習者コーパスの開発史は石川（2015）にまとめられています。

10.2.2　日本語学習者コーパス

　日本語学習者コーパスの開発は2010年代に入って急速に進み、現在では
複数のコーパスが利用可能です。

10.2.2.1　「作文対訳DB」

　「日本語学習者による日本語作文と、その母語訳との対訳データベース」
（作文対訳DB）は、本格的な日本語学習者コーパスの先駆と呼べるもの

です。

■開発の経緯

　「作文対訳 DB」は、国立国語研究所の宇佐美洋氏らによる「日本語学習者による言語運用とその評価をめぐる調査研究」の中で開発されました。1999 年にプロジェクトを開始し、中国・韓国など 7 ヶ国でデータを集め、2000 年に初版を CD-ROM で公開しました。2001 年にはカンボジア・モンゴルのデータと日本語母語話者のデータを加えた 2 版を公開し、オンラインでのデータ配布が始まりました（宇佐美, 2001；宇佐美, 2002）。2009 年にはデータの追加とオンラインシステムの改良が行われて現在に至っています。

■データの収集

　「作文対訳 DB」（2009 年版）に含まれるのは、20 ヶ国で収集した学習者作文と、比較用の日本語母語話者作文の合計約 1,500 編で、1 編の長さは 400 〜 800 字です。20 ヶ国のうち、100 編以上の作文が収集されているのは韓国・マレーシア・タイ・インド・カンボジア・ブラジルの 6 ヶ国です。トピックは、自国の行事・たばこ・ワープロソフト・外国からの援助・自国の料理・外国語学習・自国の歴史上の事件・学校教育・大学受験・仕事の 10 種です。

　「作文対訳 DB」では、学習者自身の母語訳と、教師による添削文も収集されており、学習者の母語産出と日本語産出を比較したり、学習者の日本語作文内の誤りを添削文と照らし合わせて研究したりすることが可能です。

■データの利用

　オンライン版では、約 1,500 編のファイルから必要なファイルを抽出・ダウンロードすることができますが、実際の分析は各自が適当なソフトウェアなどを用いて行います。

　注意すべきは、学習者の大半が初級者であるため、データ量が少なく、不適切な仮名書きや誤りが大量に含まれていることです。下記はコーパスに収

録された「私」を含む用例データの一部です。

> さいきん私の学校で数学について多い学生は困っていました。
> 私はいくら漢字をおぼえても書かなかった漢字が来月読めません。
> 私たち家でいっしょつにそつじした。仕事を分担させた。

　誤りは、表記・文法・構造などの多層に及んでおり、本来的には、量的分析よりも質的分析に適したデータであると言えます。

■関連コーパス

　「作文対訳DB」の話し言葉版として、同じ研究グループにより、2002年から「日本語学習者による日本語／母語発話の対照言語データベース」（発話対照DB）の開発が進められています（宇佐美他, 2004）。これまでに、中国語・韓国語・タイ語・日本語の母語話者（それぞれ50～70名）に対して、朗読・スピーチ・ロールプレイの3種のタスクを行わせ、発話を書き起こししています。本コーパスは、「作文対訳DB」の基本構造を踏襲しており、学習者は日本語発話に加え、同じ内容を母語でも発話しています。

　現在は、文字化データと発話ごとの属性リストが専用のウェブサイトでオンライン公開されています。音声データの公開がなされれば、今後、学習者の言語産出をより多角的に研究することが可能になるでしょう。

10.2.2.2　「I-JAS」

　「多言語母語の日本語学習者横断コーパス（I-JAS）」は、インタビュー発話などを集めた800万語超の大型コーパスです。これからの日本語学習者研究や習得研究の基礎資料になるものとして期待されています。

■開発の経緯

　I-JASは、国立国語研究所の迫田久美子氏らが開発したコーパスです。2012年にプロジェクトが開始され、2020年に完成版が公開されました。開発過程や利用法は迫田・石川・李（2020）に詳しくまとめられています。

■データの収集

　I-JAS は、口頭能力試験（OPI）に準じるインタビューの形式で、日本語学習者 1,000 名（海外教室環境学習者 850 名、国内教室環境学習者 100 名、国内自然環境学習者 50 名）と母語話者 50 名のデータを集めています。学習者の習熟度は 2 種の試験（J-CAT、SPOT）で調査しています。

　インタビューには 5 種のタスクが含まれます。まず、(1) ストーリーテリング（10 分）では、2 種類のイラスト（各 4 〜 5 コマ）を見て、それぞれのストーリーを説明します。(2) 対話（30 分）では、昨日の出来事・日本のサブカルチャー・出身地（の料理・産物／誕生日の祝い方）・将来の夢・住むのは都会か田舎か、などの内容について会話します。対話の内容は、時制やテキストタイプの多様性が引き出せるように決定されています。(3) ロールプレイ（10 分）では、アルバイト中の学生の役を演じ、出勤日数の削減の依頼と、仕事内容の変更指示に対する断りを行います。(4) 絵描写（5 分）では指定された 1 枚の絵の状況を描写します。これは「テイル」形などを引き出すためのタスクで、一部参加者のみ実施しています。最後に、(5) ストーリーライティング（20 分）では、ストーリーテリングと同じイラストを見て、コンピュータ上で作文します。このほか、一部参加者からはメール作文とトピック作文も収集しています。

■データの利用

　I-JAS は、BCCWJ と共通のオンライン検索システム「中納言」から利用できます。文字列検索と、短単位を対象とする形態素検索が可能で、結果画面から、発話を書き起こした PDF とテキストファイル、また、学習者の背景情報（母語、日本語学習の動機づけ、渡日経験、2 種のテスト得点など）を記録した「フェイスシート」を参照できます。テキストファイルをまとめてダウンロードして、自分自身で分析することも可能です。

■関連コーパス

　I-JAS は、ある特定の時期に様々な学習者のデータを一度に集めた横断型の（cross-sectional）コーパスですが、学習者コーパスには、1 人ないし少数の

学習者の産出を継続して集めた縦断型 (longitudinal) もあります。同じく迫田氏が構築した「中国語・韓国語母語の日本語学習者縦断発話コーパス (C-JAS)」は、日本在住の中国語・韓国語母語話者各 3 名を対象に、3 年間で 8 回のインタビューを行ってデータを収集しています。また、神戸大学石川慎一郎研究室では、I-JAS のストーリーライティング課題を使って日本人の小中高大生 700 名の作文を集めた「JASWRIC」というコーパスを 2022 年に公開しました。I-JAS との比較により、L1 と L2 の発達の違いが分析できます。

10.2.2.3 「KY コーパス」

「KY コーパス」は、日本語学習者による話し言葉を集めた最初期のコーパスの 1 つで、小規模ながら、今も研究に広く利用されています。

■開発の経緯

KY コーパスは、1996 〜 1998 年度にかけて行われた「第 2 言語としての日本語の習得に関する総合研究」というプロジェクトにおいて、山内博之・鎌田修の両氏が開発した学習者の発話コーパスです (鎌田, 2006)。1999 年に初版が、2004 年に文字化の修正を行った 1.2 版が公開されています。

■データの収集

KY コーパスは、日本語の口頭能力試験 (OPI) における受験者発話を書き起こしたもので、90 名分のデータが収録されています。元のデータは、OPI の試験官等から提供された音声データに基づいています。

KY コーパスは非常に小規模ですが、均衡性が確保されるよう巧みに設計されており、90 名の学習者は中国語・英語・韓国語の母語話者がそれぞれ 30 名ずつで、すべてのモジュールで OPI による評価レベルが初級 5 名、中級 10 名、上級 10 名、超級 5 名になるよう調整されています。

山内 (n.d.) は、OPI コーパスでは、発話者の習熟度がわかり、インタビュー構成が明快でデータの比較が行いやすく、質問者と発話者の関係がはっきりしていて話者ごとの発話単位の定量化が容易であると述べています。

■データの利用

　KY コーパスは、著作者に申請を行うことでデータの提供を受けられます。コーパスには、試験官 (T) と受験者 (S) を表わすコードが付与されていますので、S 部分のみを取り出すことで、学習者間の比較が可能になります。

　学習者発話は、口語体であること、発話の重なりがあること、誤りを多く含むことなどの理由から形態素解析になじみにくいデータと言えますが、機械処理による形態素解析の結果を手作業で修正した「タグ付き KY コーパス」(李他, 2008) がオンラインで公開されています。

10.3　先行研究

　学習者コーパス研究の特徴は言語教育学や言語習得論と密接に関連していることです。英語・日本語ともに、関連の研究が近年急増しています。

10.3.1　英語学習者コーパス研究

　英語学習者コーパス研究では、学習者の言語使用全般が対象になりますので、研究も多岐に渡ります。ここでは、主要な研究を語彙タイプ別に紹介します。なお、特に言及しない場合は ICLE に基づく研究です。

■語彙全般

　Ringbom (1998) は、欧州圏学習者が高頻度語を集中使用し、be、have、do などの機能的動詞や、think、get などの基本動詞を多用すると指摘しています。Granger & Rayson (1998) は、フランス語話者が副詞・限定詞・代名詞を過剰に、名詞を過少に使用すること、動詞では不定詞を過剰使用することを報告しています。Osborne (2008b) は、フランス語話者を分析し、上級学習者でも三人称 s 脱落、副詞位置誤り、形容詞複数化 (*vasts amounts など)、集合名詞複数使用といった誤りが母語話者の数倍から数百倍に上ること、慣用連語 (phraseology) の誤りは、同時に使用された語句の特徴が相互干渉する混合 (blending)、コロケーションのつながりが統語規則に優先する固

着(bonding)、上位単位に埋め込まれた文要素の特性が曖昧になる埋没(burying)によることなどを指摘しています。投野(編)(2007)は、JEFLL Corpus を分析し、学年進行につれて限定詞・前置詞・形容詞叙述用法・焦点化副詞(only、especially)・動詞活用形(不定詞・ing・過去・過去分詞)・will 以外の助動詞などが増加するとしています(pp.37–116)。

■冠詞・代名詞

　Díez-Bedmar & Papp(2008)は、冠詞の存在しない中国語の話者と、英語と異なる冠詞体系を持つスペイン語の話者を比較し、前者の冠詞使用の逸脱度が大きいとしています。和泉・井佐原(2004)は、NICT JLE コーパスを用い、習熟度が上昇するにつれて冠詞エラーは減少するものの、不要な箇所に冠詞を付ける余剰エラーや、不適な冠詞を使用する置換エラーは微増するとしています。Petch-Tyson(1998)は、I や you に表出される「書き手・読み手の可視性」(writer-reader visibility)に注目し、可視性の高さはスウェーデン＞フィンランド＞オランダ＞フランス＞アメリカの順であると指摘しています。

■動詞・助動詞

　Housen(2002)は、習熟度の異なるドイツ語とフランス語話者を分析し、ing ／ be 現在形→ be ＋ ing ／ be 過去→不規則変化過去→規則変化過去→規則変化現在→不規則変化現在／完了という動詞獲得順序仮説を検証しています。Altenberg(2002)は、スウェーデン語話者による使役 make の過剰使用が母語干渉の結果であると指摘しています。Aijmer(2002)は、スウェーデン・フランス・ドイツ語話者の助動詞過剰使用が口語志向性によると指摘しています。山本(2018)は、JEFLL と母語話者コーパスで動詞(look at X)、ゼロ動詞派生名詞(a look)、軽動詞＋ゼロ動詞派生名詞(have a look at X)を調べ、日本人作文には軽動詞表現が稀であると指摘しています。

■副詞

　Lorenz(1998)は、ドイツ語話者による誇張詞と緩和詞、とくに very や

highly などの上昇詞と slightly や a little などの減少詞の過剰使用を指摘しています。Pérez-Paredes & Díez-Bedmar (2019) は、Trinity Lancaster Corpus を用い、確信度を示す副詞(actually, really, obviously)の使用を調査した結果、対話タスクでは独話に比べて really と actually が増えて obviously が減ること、習熟度上昇によって really のヘッジ用法と actually の現実性用法が増えることなどを示しています。Tankó (2004) は、独自データにより、ハンガリー語を母語とする上級学習者による作文中での副詞的接続詞の使用を観察し、使用量は母語話者の 2 倍以上である一方、使用される語種は少ないこと、母語話者に比べ、対照や結果を示す副詞が少なく、列挙を示す副詞(also, furthermore, moreover など)が顕著に多いことなどを明らかにしています。

■構文・誤用

Virtanen (1998) は、スペインを除く欧州圏学習者が直接疑問文を過剰使用する傾向を明らかにしています。Cross & Papp (2008) は、中国語話者による「動詞＋名詞」構文の使用が、ドイツ語・ギリシア語話者以上に逸脱的で創造性が低いと述べています。O'Keeffe and Mark (2017) は、Cambridge Learner Corpus を用いて、特定の習熟度の学習者が典型的に使用(誤用)する文法項目を抽出し、1,200 以上の「文法能力記述文」を提案しました。

■慣用連語

De Cock et al. (1998) は、インタビュー発話に見られる 2–5 語結合を分析し、フランス語母語の学習者は語結合の使用頻度が高く、とくに長い語結合を多用すること、2 語結合の中では in fact や and er を過剰に、you know, sort of, I mean などを過少に使用すること、and everything や or something といった曖昧表現の使用が少なく、このことが学習者の発話の過度の堅苦しさにつながっている可能性があることなどを明らかにしています。

10.3.2　日本語学習者コーパス研究

日本語学習者の研究も増えつつあります。以下では、研究の一部を品詞別に示します。

■語彙使用

　李（2020a; 2020b）は、I-JAS における絵描写作文を分析した結果、参加者の習熟度レベルが上昇するにつれて、使用語彙の多様性（Type/ Token Ratio）、漢字・漢語使用率、内容語使用率、平均文長、使用語彙難度のすべてが上昇することを明らかにしています。

■動詞

　陳（2010）は、KY コーパス他の分析により、母語話者と比較して、学習者の統語的・語彙的複合動詞の使用率は 1/2、1/4 程度であり、とくに後者で誤用が多いことを明らかにしています。石川（2021）は、I-JAS の絵描写作文（ピクニック）を分析し、動詞習得は 4 段階に区分され、5 動詞（居る、見る、為る、作る、有る）の頻度によって学習者の習熟度を 89％の精度で推定できること、また、母語話者作文は複合動詞・慣用表現内動詞・話者評価を含意する動詞で特徴づけられることなどを示しています。

■助詞

　坂口・鄭（2007）は、各種コーパス分析より、韓国語話者は中国語話者よりも「ながら」の使用度や誤用率が高いことを示し、韓国語の類義語「면서」が持つ始点の意の用例が多いことから母語干渉が働いていると結論しています。陳（2009）は、台湾人学習者の発話コーパスなどを分析し、学習者が「でも」を多用し、発話冒頭部ではフィラーなどを伴わない単独用法で、中途部では完結表現（「でも、〜です」）で使用することなどを明らかにしています。椙本（2005）は、作文・対訳 DB の分析により、ドイツ語話者は、ドイツ語で引用節が独立的に使用されるので「A と聞く」などの表現を誤りやすく、und に限定・非限定の差がないので「A や B」とすべきところを「A と B」としがちで、wollen（つもり）が三人称主語の意思に使用できるので「ある 2 人が結婚するつもりで」などとしがちであることを指摘し、他の母語話者との比較の結果、真に母語転移による誤りは引用節に関するもののみだとしています。朴（2010）は、KY コーパス他を用い、韓国語話者が接続助詞で終わる言いさし表現（「〜なんですが／けど」）を中国語・英語話者より多用し、上

級になると「けど類」が増えることなどを明らかにしています。

10.4　英語学習者言語の分析実例

10.4.1　分析の枠組み

　英語母語話者と日本語話者の英語運用の差異を客観的に論じることは教育的に重要な意味を持ちます。果たして、日本語話者は英語運用においてどのような語彙・表現を逸脱的に使用するのでしょうか、また、それらの特徴は域内学習者の中で日本語話者に固有のものなのでしょうか。

　本節で扱うリサーチクエスチョンは、(1)日本語話者の逸脱使用語彙は何か、(2)日本語話者に固有の逸脱使用語彙は何か、の 2 点です。

　データには ICNALE Written Essays の日本人・母語話者データの一部を、分析には AntConc を利用します。学習者の習熟度レベルは区別せず、全レベルを分析対象とします。

10.4.2　結果と考察

10.4.2.1　一般的逸脱使用語彙

　Hasselgren (1994) は、幼児がお気に入りのテディベアを愛玩するように、学習者はお気に入りの語彙や表現を集中的に使用するとしています。この点をふまえると、日本語話者は英語の基本語を過剰に、馴染みの薄い語を過少に使用し、過剰・過少使用の逸脱度は対称的であると予測されます。

　上記の仮説の妥当性を確認するため、日本語話者と英語母語話者の作文を対照させ、対数尤度比統計量(log-likelihood：LL)を基準として、逸脱度上位 20 語を抽出します。そして、当該語の用例検証をふまえ、過剰・過少使用における逸脱度対称性、過剰使用語の内容、過少使用語の内容を順に検討します。分析の結果は次の通りです。

238

表1 日本語話者による過剰・過少使用語リスト

過剰使用				過少使用			
単語	LL	単語	LL	単語	LL	単語	LL
we	1076.1	job	203.6	would	563.7	been	151.3
money	435.1	but	201.8	just	311.7	financial	145.7
smoking	425.9	restaurant	201.7	as	311.3	while	127.8
people	425.6	bad	183.0	and	207.6	government	126.8
smoke	398.8	society	182.6	their	203.1	studies	126.8
think	352.3	smoker	182.0	well	198.4	issue	120.0
completely	331.3	seat	171.1	that	195.0	bans	118.7
so	295.0	example	152.4	believe	192.3	was	117.2
seats	238.1	earn	144.2	any	158.4	business	111.3
't	205.5	I	137.3	an	151.8	being	108.7

■逸脱度の対称性

　過剰使用語の統計値の平均は297.2、過少使用語の平均は187.4で、仮説と異なり、両者は非対称的で、前者の逸脱が大きいことが示されました。教育的には、まず、学習者に自身の過剰使用を意識させることが重要と言えそうです。その際、どの語を使いすぎるかを示すだけでなく、当該語を多用してしまう理由についても考えさせる必要があるでしょう。

■過剰使用語

　過剰使用語には、アルバイト・禁煙という作文トピックに関連する語が多く含まれています。禁煙トピックの場合、トピック文との同一語として smoking、その活用・派生形として smoke／smoker、内容的関連語として seat（レストランの禁煙席の意で）や bad（喫煙は悪い）などがあります。これらは、母語話者に比べ、学習者が内容的にも言語的にも与えられたトピック文により直接的・限定的に依存しがちであることを示唆します。

　より一般的な過剰使用語としては、[1] 一人称（we、I）、[2] 思考動詞（think）、[3] 接続表現（so、but、[for] example）、[4] 縮約（'t）などがあります。多くは基本語ですが、基本語であるというだけで過剰使用されているわけではないようです。以下は日本語話者の使用例です。誤用などもそのまま記載しています。また、カッコ内は書き手の習熟度レベルを示します。

[1] I agree with this idea.（初級）／ If we did not experience working earlier, we would have trouble working that time…（中級）

[2] I think that important thing is not only regulations…（中上級）

[3] They can't depend on their parents, so they must earn the cost of living…（初級）／ Part-time jobs are very hard, but to do part-time jobs are very useful …（中級）／ They can experience many things…. For example, how to use respect languages…（上級）

[4] I don't know why some people like to smoke during meal（中上級）

　上記は、日本語話者が一人称中心で陳述を行い、とくに文の切り出しで "I think" を定形的に使用すること、論理的なつなぎ言葉を過剰に挿入しがちであること、書き言葉と話し言葉の差を意識せずに口語的縮約を書き言葉内で使用しがちであることなどを例証しています。

■過少使用語
　過少使用語にもトピックに関連する語が含まれます。禁煙トピックの場合、活用・派生形として bans、内容的関連語として government などがあります。
　より一般的な過少使用語としては、[5] 婉曲助動詞（would）、[6] 情報並列語（as well、and、while）、[7] 強意語（just、any、believe）、[8] be 動詞（been、was、being）などがあります。仮説と異なり、基本語にも過少使用されるものがあることが示されました。以下は、母語話者の使用例です。

[5] I would definitely like to travel there… ／ …restaurant owners would be likely to oppose a ban…

[6] Being able to communicate socially as well as understanding the academics is an important stage. ／ Their employees would be healthier and happier ／ … while they may lose customers who are smokers, they will gain new customers.

[7] Obviously, the best solution is to just have both smoking and nonsmoking

sections. ／ I fail to understand how <u>any</u> responsible government could allow this to continue... ／ I <u>believe</u> it is a fantastic idea for college students to have a part-time job.

[8] That <u>being</u> said... ／ Firstly, having <u>been</u> a college student myself...

　これらが過少使用されているということは、日本語話者が、断定を避ける婉曲表現、情報の並列、内容の効果的強調などをうまく行えず、分詞構文・受動態・完了時制なども適切に使用できていないことを示しています。

10.4.2.2　固有逸脱使用語彙

　アジア圏には多様な英語学習者が存在しますが、上記で概観した日本語話者の過剰・過少使用語彙は総じて一般的なものであり、少なくとも同じ EFL 圏の学習者であれば、国による差は小さく、日本語話者に固有の傾向はほとんど見られないと予測されます。

　上記の仮説の妥当性を確認するため、EFL 圏の中国・台湾・韓国・タイの学習者と母語話者データを対照させ、対数尤度比統計量を基準に逸脱度上位 20 語を抽出し、日本語話者と比較します。分析の結果は下記の通りです。

表 2　各言語話者による過剰・過少使用語リスト

過剰使用				過少使用			
中国	韓国	台湾	タイ	中国	韓国	台湾	タイ
we	you	we	you	I	Japan	Japan	Japan
our	part	people	money	Japan	that	that	would
can	money	you	people	would	would	Japanese	I
us	smoking	can	good	that	their	and	Japanese
part	job	country	because	Japanese	Japanese	as	that
society	people	job	your	work	them	of	of
people	cigarette	completely	job	and	they	would	been
more	is	smoke	make	was	any	this	this
public	damage	learn	bad	this	as	able	on
job	tuition	our	can	or	and	bans	able
smoking	but	the	must	they	believe	simply	believe
time	smoke	smell	time	able	ban	been	was
harm	Korea	Taiwan	smoking	their	restaurants	enough	simply
you	university	second	restaurant	any	with	while	as
completely	time	smoking	will	simply	this	upon	a
nowadays	hard	part	smoke	were	may	employment	an
country	smoker	earn	we	upon	on	their	bans
knowledge	harmful	experiences	part	bans	enough	individual	business
China	so	besides	use	allow	simply	business	their
others	stop	according	stop	already	allow	bit	smokers

■逸脱度の対称性

　過剰使用語の統計値の平均は日本（297.2）＞中国（284.9）＞タイ（255.6）＞韓国（173.2）＞台湾（131.9）、過少使用語の場合は中国（234.8）＞タイ（199.9）＞日本（187.4）＞韓国（118.6）＞台湾（106.8）です。仮説と異なり、各国学習者の逸脱度には差があり、日本は中国・タイとともに逸脱度が高く、韓国・台湾は低いこと、一方、過剰使用の逸脱度が過少使用の逸脱度より大きく、両者が非対称となっている点では日本語話者と他国の学習者の間に差がないことなどが明らかになりました。

■過剰使用語

　日本語話者の過剰使用語 20 語のうち、他の 4 ヶ国すべてで上位 20 語に入っているのは 3 語（smoking、people、job）、3 ヶ国が 2 語（we、smoke）、

242

2 ヶ 国 が 2 語(money、completely)、1 ヶ 国 が 7 語(so、but、restaurant、bad、society、smoker、earn)でした。トピック関連語の過剰使用は学習者全般の共通傾向と言えます。一方、仮説と異なり、日本語話者だけの過剰使用語として 6 語(think、seats、't、seat、example、I)が検出されました。単数一人称、書き出しの "I think"、縮約、接続表現としての "(for) example" などの過剰使用に関しては、日本語の干渉や日本における英語教育の影響の可能性があります。

■過少使用語

　他の 4 ヶ国に共通するのは 3 語(would、their、that)、3 ヶ国は 3 語(as、and、bans)、2 ヶ国は 5 語(believe、any、been、was、business)、1 ヶ国は 2 語(an、while)で、婉曲の would、強調の believe、対比の while、完了時制などの過少使用は学習者全般の共通傾向となっています。一方、日本語話者だけの過少使用語として 7 語(just、well、financial、government、studies、issue、being)が検出されました。強調の just、情報並列の (as) well、分詞構文を作る ing 形などが日本語話者に固有の過少表現と言えます。なお、日本以外の国で Japan や Japanese が過少使用になっているのは、対照した英語母語話者に日本在住者が多く、日本への言及があったことによります。

　このように、母語を異にする学習者との国際対照を行うことで、特定学習者の逸脱使用語彙をより正確に特定できます。こうした知見を活かせば、母語別に最適化された教材開発なども可能になるでしょう。

10.4.3　結果のまとめ

　ICNALE を用いた分析により、日本語話者の語彙使用について、(1)過少使用より過剰使用の逸脱度が大きいこと、一人称・"I think"・つなぎ言葉・縮約などが過剰に、婉曲助動詞・情報並列表現・強調語・特殊構文内 be 動詞などが過少に使用されること、(2)一人称・"I think"・縮約・"(for) example" の過剰使用と、強調の just・情報並列の (as) well・分詞構文を作る being の過少使用が日本語話者の固有特徴であることなどが明らかになりました。

　母語話者との比較結果をそのまま教育に応用するのは拙速ですが、学習者コーパスから得られた知見を蓄積し、教育現場に判断材料として提供していくことの重要性は今後ますます高まっていくものと思われます。

10.5　日本語学習者言語の分析実例

10.5.1　分析の枠組み

　海外の学習者による日本語使用にも各種の逸脱が予想されます。多様な母語を持つ学習者の日本語は母語話者と比べてどのように違っているのでしょうか。

　本節で扱うリサーチクエスチョンは、学習者と母語話者間で、(1)語彙密度に差があるか、(2)高頻度使用語に差はあるか、の 2 点です。

　データには「作文対訳 DB」を使用し、アジア圏 4 ヶ国(中国・韓国・タイ・マレーシア)、ヨーロッパ圏 2 ヶ国(フランス・フィンランド)、日本で収集された作文のうち、収集国と書き手の母語が一致しているものに限って分析します。対象データ量は、およそ、韓国が 9 万語、タイ・マレーシアが 4 〜 5 万語、中国・フランス・日本が 2 〜 3 万語、フィンランドが 1 万語です。形態素解析には ChaSen を使用します。

10.5.2　結果と考察

10.5.2.1　語彙密度

　語彙密度が習熟度の指標とされることや、日本語語彙に漢語が多い(林[監修], 1982, p.60)ことをふまえると、学習者の語彙密度は母語話者より低く、とくに非漢字圏学習者の場合に低くなることが予測されます。

　上記の仮説の妥当性を確認するため、各国学習者について、Herdan の C 値を計量しました。語彙密度分析の結果は次の通りです。

244

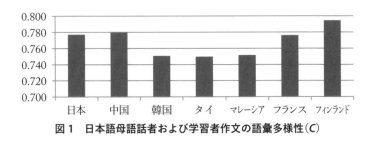

図1　日本語母語話者および学習者作文の語彙多様性（*C*）

　母語話者（*C*＝0.777）の語彙密度を基準とすると、韓国・タイ・マレーシアが基準より低いのに対し、中国・フィンランド・フランスは基準と同等かそれより高くなっていることが確認されました。仮説と異なり、学習者、とくに非漢字圏の学習者の語彙多様性が低いとは言い切れないことになります。

　「作文対訳 DB」は国ごとのトピックや習熟度比率が統制されていないため、結果の解釈は慎重に行うべきですが、今回のデータに限って言うと、語彙密度において学習者と母語話者の差はそれほど大きくないことがわかりました。

10.5.2.2　高頻度語

　多くの先行研究で高頻度語の安定性が指摘されていることをふまえると、高頻度語に限れば学習者と母語話者の差はあまりないと考えられます。

　上記の仮説の妥当性を確認するため、各国学習者と母語話者の上位 15 語を抽出しました。なお、トピックの内容に関わる固有名詞・名詞・動詞などはあらかじめリストから削除しています。分析結果は下記の通りです。表中、「ない」は否定助動詞を、「ない*」は形容詞を示します。

表 3　学習者および日本語母語話者による高頻度使用語リスト

日本	中国	韓国	タイ	マレーシア	フランス	フィンランド
する	する	する	する	する	する	する
ない	ない	ない	ない	ない	ない	ん
思う	ある	思う	ある	ある	なる	ある
ある	なる	ある	なる	なる	思う	いる
なる	言う	なる	思う	いる	使う	ない
いう	思う	いる	ん	ん	ある	なる
いる	ん	ん	言う	とても	ん	とても
ない*	いる	できる	行う	いう	とても	思う
ん	いう	ない*	いい	いい	言う	いい
できる	できる	いう	できる	できる	ない*	できる
多い	とても	言う	いる	思う	いい	行く
言う	見る	いい	行く	行く	いる	ける
考える	ない*	見る	ない*	ない*	できる	こる
ぬ	よい	よい	見る	もらう	行く	ない*
見る	行う	与える	よい	言う	よい	かう

■国別重複度

　具体的な語を見る前に国ごとの状況を概観します。母語話者の上位 15 語との重複数は、中国・韓国（12 語）＞タイ・マレーシア（11 語）＞フランス（10 語）＞フィンランド（9 語）の順で、日本以外の 6 ヶ国の平均は 10.8 語でした。上位語であっても、学習者と母語話者の間には一定のずれがあること、また、アジア圏学習者は欧州圏学習者よりも母語話者に近接した語彙使用を行っていることが示唆されました。

■単語別重複度

　母語話者の上位 15 語のうち、6 ヶ国すべてで上位 15 語に入っているものは 9 語（「する」「ない」「思う」「ある」「なる」「いる」「ない*」「ん」「できる」）、2 〜 5 ヶ国語が 3 語（「いう」「言う」「見る」）、日本のみが 3 語（「多い」「考える」「ぬ」）です。行為・存在・変化・状態・可能を表わす基本動詞や否定辞が母語話者・学習者の別なく多用されている一方、「ない」に対する「ぬ」や「思う」に対する「考える」のように、書き言葉的でフォーマリティの高い語の使用が母語話者を特徴付けています。以下に母語話者の使用

例を示します。

> だからやっぱり喫煙は吸っている本人はいいと<u>思って</u>いても周りへの影
> 響を<u>考える</u>と規制した方が良い

　上記では、個人の主観的意向の表明には「思う」が、公的な考察には「考
える」が使い分けられています。こうした類義語間の微妙なフォーマリティ
差の把握が困難であることから、学習者は類義語の中で最も平易な語に依存
する傾向があると考えられます。書き言葉性やフォーマリティは、学習者と
母語話者の語彙使用を区別する重要な視点であると言えます。以下では、2
つの観点からこの点を検証します。

■否定辞
　母語話者の上位 15 語に含まれる否定助動詞は、書き言葉性の高いものか
ら順に、「ぬ」(例:「せ<u>ぬ</u>」)、「ない」(「し<u>ない</u>」)、「ん」(「しま<u>せん</u>」)の 3 種
でした。これらの構成比を見ることで、否定助動詞を切り口として、テキス
ト全体のフォーマリティを比較することができます。比較分析の結果は下記
の通りです。

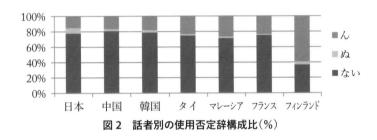

図 2　話者別の使用否定辞構成比(%)

　フィンランドを除く各国では、標準形の「ない」について母語話者と大き
な差はありません。一方、学習者は総じてかたい「ぬ」が少なく、くだけた
「ん」が多くなっています。この傾向はとくにマレーシアやフランスやタイ
で顕著です。フィンランドでは「ない」が少ない分、「ん」が極端に多く

なっています。母語話者と比べ、学習者が書き言葉である作文の中でよりく
だけた口語的表現を志向することはデータからも見て取れます。

> 国民が道を汚さぬ努力をしないという事実は(日本)／可能性に配慮でき
> ぬ喫煙者が巷にあふれている限り(日本)／自分の金がありません(タ
> イ)／自分でできるかしりません(フランス)／授業はぜんぜん分かりま
> せんでした(フィンランド)

　なお、学習者による「ん」の多用については、「〜ないです」と「〜ませ
ん」という 2 種類の丁寧形否定文において、否定辞が文の内部に埋め込ま
れる前者より、文末に来る後者のほうが統語的にわかりやすいことも関係し
ている可能性があります。この点については、母語話者の「ません」と「な
いです」の使い分けを論じた田野村(1994)の研究が参考になります。

■学習者の特徴的高頻度語
　学習者のみが上位 15 語内で使用している語の中には、「とても」(中国・
マレーシア・フランス・フィンランド)や「いい」(韓国・タイ・マレーシ
ア・フランス・フィンランド)などがあります。これらは「非常に」および
「良い」に対応する口語的な語彙です。

> おいしいけれどとてもめんどうくさい(中国)／この日とても忙しかった
> (マレーシア)／吸わない方がいいというのですけど(韓国)／それはいい
> けれども(タイ)／生活費につかった方がいいと思う(フランス)

　ここでも、フォーマリティの低い語彙への学習者の傾斜が認められます。
学習者の目標言語運用には多様な要因が影響しますが、作文中での口語志向
の一因としては、日本語教材の多くが会話中心で編纂されていることなどが
考えられます。

10.5.3 結果のまとめ

「作文対訳 DB」を用いた分析により、日本語学習者の高頻度語の使用について、(1) 語彙密度は母語話者と差がないこと、(2) 母語話者との重複度はアジア圏より欧州圏で低く、学習者は作文中でフォーマリティの低い口語的語彙を選好することなどが明らかになりました。学習者と母語話者の語彙使用の差に書き言葉性やフォーマリティが関与しているというのは興味深い知見です。

「作文対訳 DB」に限らず、日本語学習者コーパスの多くはデータ統制が厳密に行われていないため、1 個のコーパスだけで結論するのは危険ですが、仮に他のコーパスでも同様の傾向が確認されるならば、今後、これまで以上にフォーマリティに配慮した教材や教授法の開発が必要になってくると言えるでしょう。

10.6　本章のまとめ

学習者コーパスは言語の諸相の研究に新しい視点を導入します。本章では、はじめに、学習者コーパス研究の狙いや方法を概観し、その後、英語と日本語の学習者コーパスや先行研究を紹介し、最後に、研究実例として、英語・日本語の学習者コーパスを用いた学習者言語の分析を試みました。

10.1 節では、ICLE を中心とした学習者コーパス研究の系譜、対象と手法、および、制約と課題について整理しました。

10.2 節では、英語学習者コーパス 5 種と、日本語学習者コーパス 3 種を例にあげ、それらの開発の経緯やデータ収集の方法について概観しました。

10.3 節では、学習者コーパスを用いた過去の研究の一部を紹介しました。

10.4 節および 10.5 節では、研究実例として、ICNALE と「作文対訳 DB」に基づき、逸脱的な語彙使用傾向や、高頻度語彙の使用実態を概観しました。

学習者コーパスが教育現場に対して有効なフィードバックを行ってゆくためには、コーパス自体の代表性・均衡性・信頼性を高めることが不可欠です。今後は、英語・日本語ともに、国際プロジェクトなどによって、データ内容の統制を図りながら、より体系的・網羅的に学習者の言語産出データを

収集してゆく必要があるでしょう。

10.7　発展課題

(1) Jennifer Jenkins 氏の論文を読み、Lingua Franca の概念を整理した上で、氏が学習者の "error" という見方に批判的な立場を取っている理由をまとめてみましょう。【10.1 節】

(2) JEFLL Corpus を用い、日本人中高生が日本語やローマ字で書いた表現を集め、そこにどのような特徴があるか考えてみましょう。【10.2.1 節】

(3) ICNALE を用い、初級・中級・中上級・上級の英語習熟度を持つ日本語話者と英語母語話者を対照させ、レベル別に学習者の過剰・過少使用語を抽出し、どのような違いがあるか調べてみましょう。【10.2.1 節】

(4) 「日本語学習者言語コーパス」を用い、中国語話者・英語話者による「だろう」の使用にどのような違いがあるか考えてみましょう。【10.2.2 節】

参考文献

Aarts, B. (2001). Corpus linguistics, Chomsky and fuzzy tree fragments. In C. Mair & M. Hundt (Eds.), *Corpus linguistics and linguistic theory: Papers from the 20th international conference on English language research on computerized corpora (ICAME 20)* (pp.5–13). Amsterdam, The Nethelands: Rodopi.

Ädel, A. (2008). Involvement features in writing: Do time and interaction trump register awareness? In G. Gilquin, S. Papp, & M. B. Díez-Bedmar (Eds.), *Linking up contrastive and learner corpus research* (pp.35–53). Amsterdam, The Netherlands: Rodopi.

Aijmer, K. (2002). Modality in advanced Swedish learners' written interlanguage. In S. Granger, J. Hung, & S. Petch-Tyson (Eds.), *Computer learner corpora, second language acquisition and foreign language learning* (pp.55–76). Amsterdam, The Netherlands: John Benjamins.

赤野一郎・藤本和子（1994）.「コーパスに見られる分詞構文」.『英語コーパス研究』, *1*, 19–33.

Altenberg, B. (1997). Exploring the Swedish component of the International Corpus of Learner English. In B. Lewandowska-Tomaszcyk & P. J. Melia (Eds.), *PALC '97: Practical applications in language corpora* (pp.119–132). Lódz, Poland: Lódz University Press.

Altenberg, B. (2002). Using bilingual corpus evidence in learner corpus research. In S. Granger, J. Hung, & S. Petch-Tyson (Eds.), *Computer learner corpora, second language acquisition and foreign language learning* (pp.37–54). Amsterdam, The Netherlands: John Benjamins.

Altenberg, B., & Tapper, M. (1998). The use of adverbial connectors in advanced Swedish learners' written English. In S. Granger (Ed.), *Learner English on computer* (pp.80–93). Harlow, England: Addison Wesley Longman.

Anderson, W., & Corbett, J. (2009). *Exploring English with online corpora: An introduction*. Houndmills, England: Palgrave Macmillan.

Anthony, L. (2009). Issues in the design and development of software tools for corpus studies: The case for collaboration. In P. Baker (Ed.), *Contemporary corpus linguistics* (pp.87–104). London, England: Continuum.

浅原正幸・松本裕治（2003）.『ipadic version 2.7.0 ユーザーズマニュアル』. 奈良：奈良先端科学技術大学院大学情報科学研究科自然言語処理学講座.

Atkins, S., Clear, J., & Ostler, N. (1992). Corpus design criteria. *Literary and Linguistic Com-*

puting, 7(1), 1–16.

Baker, P. (2009). The BE06 corpus of British English and recent language change. *International Journal of Corpus Linguistics, 14*(3), 312–337.

Baumann, J. F., & Graves, M. (2010). What is academic vocabulary? *Journal of Adolescent and Adult Literacy, 54*(1), 4–12.

Biber, D., Conrad, S., & Reppen, R. (1998). *Corpus linguistics: Investigating language structure and use*. Cambridge, England: Cambridge University Press.［齋藤俊雄・朝尾幸次郎・山崎俊次・新井洋一・梅咲敦子・塚本聡（訳）．（2003）．『コーパス言語学：言語構造と用法の研究』．東京：南雲堂.］

Biber, D., Johansson, S., Leech, G., Conrad, S., & Finegan, E. (1999). *Longman grammar of spoken and written English*. Harlow, England: Pearson Education.

Bley-Vroman, R. (1983). The comparative fallacy in interlanguage studies: The case of systematicity. *Language Learning, 33*(1), 1–17.

Boas, H. C. (2000). *Resultative constructions in English and German* (Unpublished doctoral dissertation). University of North Carolina, Chapell Hill, NC.

朴仙花 (2010)．「OPI データにみる日本語学習者と日本語母語話者による文末表現の使用：接続助詞で終わる言いさし表現を中心に」．『言語と文化』（名古屋大学大学院国際言語文化研究科），*11*, 217–235.

Butler, C. S. (2008). The very idea! A corpus-based comparison of IDEA, CONCEPT and NOTION and their formal equivalents in Spanish. *Atlantis: Journal of the Spanish Association of Anglo-American Studies, 30*(2), 59–77.

Carter, R., McCarthy, M., Mark, G., & O'Keeffe, A. (2011). *English grammar today: An A–Z of spoken and written grammar*. Cambridge, England: Cambridge University Press.

Cheng, W. (2012). *Exploring corpus linguistics: Language in action*. London, England: Routledge.

陳曦 (2010)．「第二言語としての二種類の複合動詞の習得：コーパスによる学習者の使用実態調査をもとに」．『ことばの科学』（名古屋大学言語文化研究会），*23*, 19–35.

陳相州 (2009)．「台湾人日本語学習者の『でも』の会話使用に関する縦断研究：使用位置及び共起表現を中心に」．『言語と文化』（名古屋大学大学院国際言語文化研究科），*10*, 133–150.

張希朱 (2010)．「話者を表す『私は』の用法について：日本語母語話者と日本語学習者の意見文を比較して」．『学校教育学研究論集』（東京学芸大学），*22*, 23–35.

Clear, J. (1992). Corpus sampling. In G. Leitner (Ed.), *New directions in English language corpora: Methodology, results, software developments* (pp.21–31). Berlin, Germany: Mouton de Gruyter.

De Cock, S., Granger, S., Leech, G., & McEnery, T. (1998). An automated approach to the phrasicon of EFL learners. In S. Granger (Ed.), *Learner English on computer* (pp.67–79). Harlow, England: Addison Wesley Longman.

Cross, J., & Papp, S. (2008). Creativity in the use of verb + noun combinations by Chinese learners of English. In G. Gilquin, S. Papp, & M. B. Díez-Bedmar (Eds.), *Linking up contrastive and learner corpus research* (pp.57–81). Amsterdam, The Netherlands: Rodopi.

大学英語教育学会基本語改訂委員会（編）．（2003）．『JACET List of 8000 Basic Words』．東京：大学英語教育学会．

Davidse, K., Brems, L., & De Smedt, L. (2008). Type noun uses in the English NP: A case of right to left layering. *International Journal of Corpus Linguistics, 13*(2), 139–168.

Davies, M. (2011). The corpus of contemporary American English as the first reliable monitor corpus of English. *Literary and Linguistic Computing, 25*(4), 447–464.

Davies, M., & Gardner, D. (2010). *A frequency dictionary of contemporary American English: Word sketches, collocates, and thematic lists*. London, England: Routledge.

Deignan, A. (2005). *Metaphor and corpus linguistics*. Amsterdam, The Netherlands: John Benjamin. ［渡辺秀樹・大森文子・加野まきみ・小塚良孝（訳）．（2010）．『コーパスを活用した認知言語学』．東京：大修館書店.］

Díez-Bedmar, M. B., & Papp, S. (2008). The use of the English article system by Chinese and Spanish learners. In G. Gilquin, S. Papp, & M. B. Díez-Bedmar (Eds.), *Linking up contrastive and learner corpus research* (pp.147–175). Amsterdam, The Netherlands: Rodopi.

Ferraresi, A. (2007). *Building a very large corpus of English obtained by web crawling: ukWaC* (Unpublished master's thesis). University of Bologna, Italy.

Ferraresi, A., Zanchetta, E., Baroni, M., & Bernardini, S. (2008). Introducing and evaluating ukWaC, a very large web-derived corpus of English. In S. Evert, A. Kilgarriff, & S. Sharoff (Eds.), *Proceedings of the 4th web as corpus workshop (WAC-4): Can we beat Google?* (pp.47–54).

Fillmore, C. J. (1992). "Corpus linguistics" vs. "computer-aided armchair linguistics." In J. Svartvik (Ed.), *Directions in corpus linguistics: Proceedings from a 1991 Nobel symposium on corpus linguistics* (pp.35–66). Stockholm, Sweden: Mouton de Gruyter.

冨士池優美・小西光・小椋秀樹・小木曽智信・小磯花絵（2011）．「長単位に基づく媒体・カテゴリ間の品詞比率に関する分析」．『特定領域研究「日本語コーパス」平成 22 年度公開ワークショップ（研究成果報告会）予稿集』，273–280.

船城道雄・望月通子（2008）．「あとがき」．シルヴィアン＝グランジャー（編著），船城道雄・望月通子（訳）．『英語学習者コーパス入門：SLA とコーパス言語学の出会い』(pp.263–265)．東京：研究社.

古田八重（2004）．「比較級，最大級の共起語から見える big と large の暗示的意味」．

『英語コーパス研究』, *11*, 119–133.

Gardner, D. (2007). Validating the construct of *word* in applied corpus-based vocabulary research: A critical survey. *Applied Linguistics, 28*(2), 241–265.

Gilquin, G., De Cock, S., & Granger, S. (Eds.). (2010). *Louvain international database of spoken English interlanguage.* Louvain-la-Neuve, Belgium: Presses universitaires de Louvain.

Gilquin, G., Papp, S., & Díez-Bedmar, M. B. (Eds.). (2008). *Linking up contrastive and learner corpus research.* Amsterdam, The Netherlands: Rodopi.

Granger, S. (1993). The international corpus of learner English. In J. Arts, P. de Haan, & N. Oostdijk (Eds.), *English language corpora: Design, analysis and exploitation* (pp.57–69). Amsterdam, The Netherlands: Rodopi.

Granger, S. (1996). From CA to CIA and back: An integrated approach to computerized bilingual and learner corpora. In K. Aijmer, B. Altenberg, & M. Johansson (Eds.), *Language in contrast: Text-based cross-linguistic studies* (pp.37–51). Lund, Sweden: Lund University Press.

Granger, S. (1998). The computer learner corpus: A versatile new source of data for SLA research. In S. Granger (Ed.), *Learner English on computer* (pp.3–18). Harlow, England: Addison Wesley Longman.

Granger, S. (Ed.). (1998). *Learner English on computer.* Harlow, England: Addison Wesley Longman. ［船城道雄・望月通子（訳）. （2008）. 『英語学習者コーパス入門： SLAとコーパス言語学の出会い』. 東京：研究社.］

Granger, S. (2009). The contribution of learner corpora to second language acquisition and foreign language teaching: A critical evaluation. In K. Aijmer (Ed.), *Corpora and language teaching* (pp.13–32). Amsterdam, The Netherlands: John Benjamins.

Granger, S., Dagneaux, E., & Meunier, F. (Eds.). (2003). *International corpus of learner English.* Louvain-la-Neuve, Belgium: Presses universitaires de Louvain.

Granger, S., Dagneaux, E., Meunier, F., & Paquot, M. (Eds.). (2009). *International corpus of learner English.* Version 2. Louvain-la-Neuve, Belgium: Presses universitaires de Louvain.

Granger, S., Hung, J., & Petch-Tyson, S. (Eds.). (2002). *Computer learner corpora, second language acquisition and foreign language learning.* Amsterdam, The Netherlands: John Benjamins.

Granger, S., & Rayson, P. (1998). Automatic profiling of learner texts. In S. Granger (Ed.), *Learner English on computer* (pp.119–131). Harlow, England: Addison Wesley Longman.

Grefenstette, G. (1998). The future of linguistics and lexicographers: Will there be lexicographers in the year 3000? In T. Fontenelle, P. Hiligsmann, A. Michiels, A. Moulin, &

S. Theissen (Eds.), *EURALEX'98 proceedings, eighth EURALEX international congress on lexicography in Liège, Belgium* (pp.25–41). Liège, Belgium: University of Liège.

Gries, S. Th. (2010). Methodological skills in corpus linguistics. In T. Harris & M. M. Jaén (Eds.), *Corpus linguistics in language teaching* (pp.121–146). Bern, Switzerland: Peter Lang.

Gries, S. Th., & Mukherjee, J. (2010). Lexical gravity across varieties of English: An ICE-based study of *n*-grams in Asian Englishes. *International Journal of Corpus Linguistics, 15*(4), 520–548.

Grieve, J. (2007). Quantitative authorship attribution: An evaluation of techniques. *Literary and Linguistic Computing, 22*(3), 251–270.

Halliday, M. A. K. (1993). Quantitative studies and probabilities in grammar. In M. Hoey (Ed.), *Data, description, discourse: Papers on the English language in honour of John McH. Sinclair* (pp.1–25). London, England: Harper Collins.

Hasselgren, A. (1994). Lexical teddy bears and advanced learners: A study into the ways Norwegian students cope with English vocabulary. *International Journal of Applied Linguistics, 4*(2), 237–258.

服部匡（2010）．「『全く』と『全然』の使用傾向の変遷：国会会議録のデータより」．『同志社女子大学総合文化研究所紀要』，*27*, 162–176.

林大（監修）．宮島達夫・野村雅昭・江川清・中野洋・真田信治・佐竹秀雄（編）．(1982).『角川小事典9　図説日本語：グラフで見ることばの姿』．東京：角川書店.

林四郎（1984）．「私の基本語彙論」．『日本語学』，*3*, 16–22.

飛田良文（1966）．「明治以降の語彙の変遷」．『言語生活』，*182*.

姫野昌子（1999）．『複合動詞の構造と意味用法』．東京：ひつじ書房.

廣瀬菊雄（1989）．『公用文用字用語の要点』．東京：新日本法規出版.

Hoover, D. (2003). Another perspective on vocabulary richness. *Computers and Humanities, 37*(2), 151–178.

堀正広（2009）．『英語コロケーション研究入門』．東京：研究社.

Housen, A. (2002). A corpus-based study of the L2-aquisition of the English verb system. In S. Granger, J. Hung, & S. Petch-Tyson (Eds.), *Computer learner corpora, second language acquisition and foreign language learning* (pp.77–116). Amsterdam, The Netherlands: John Benjamins.

Huang, L. (2011). *Corpus-aided language learning. ELT Journal* (Online ed.), 1–4.

Hundt, M., & Leech, G. (2011). Small is beautiful: On the value of standard reference corpora for observing recent grammatical change. In T. Nevalainen & E. C. Traugott (Eds.), *Handbook on the history of English: Rethinking approaches to the history of English*. Oxford, England: Oxford University Press.

Hunston, S. (2002). *Corpora in applied linguistics*. Cambridge, England: Cambridge University Press.

石川慎一郎 (2001)．「英和辞書における語彙重要度指定の妥当性の検証」．『静岡県立大学短期大学部紀要』, *14*(1)，1–12.

石川慎一郎 (2008)．『英語コーパスと言語教育：データとしてのテクスト』．東京：大修館書店．

石川慎一郎 (2010)．「日本語複合動詞『〜だす』と『〜でる』について：コーパスを用いた辞書記述の精緻化」『第 37 回　語彙・辞書研究会研究発表会予稿集』，9 –18.

Ishikawa, S. (2010). Modality expression in interlanguage: A study based on learner corpus. In R. S. G. Weir & S. Ishikawa (Eds.), *Corpus, ICT, and language education* (pp.19– 30). Glasgow, Scotland: University of Strathclyde Publishing.

Ishikawa, S. (2011). A New horizon in learner corpus studies: The aim of the ICNALE project. In R. S. G. Weir, S. Ishikawa, & K. Poonpon (Eds.), *Corpora and language technologies in teaching, learning and research* (pp.3–11). Glasgow, Scotland: University of Strathclyde Publishing.

石川慎一郎 (2018)．「コロケーション」．日本語学会 (編)『日本語学大事典』(pp.437– 438)．東京：東京堂出版.

石川慎一郎・前田忠彦・山崎誠 (編著)．(2010)．『言語研究のための統計入門』．東京：くろしお出版.

伊藤雅光 (2002)．『計量言語学入門』．東京：大修館書店.

和泉絵美・内元清貴・井佐原均 (編)．(2004)．『日本人 1200 人の英語スピーキングコーパス』．東京：アルク．

和泉絵美・井佐原均 (2004)．「日本人英語学習者の英語冠詞習得傾向の分析」．和泉絵美・内元清貴・井佐原均 (編)，『日本人 1200 人の英語スピーキングコーパス』 (pp.131–139)．東京：アルク.

Jenkins, J. (2005). EFL at the gate: The position of English as a lingua franca. *Humanizing Language Teaching, 7*(2). Retrieved from http://www.hltmag.co.uk/mar05/idea.htm

何志明 (2010)．『現代日本語における複合動詞の組み合わせ：日本語教育の観点から』．東京：笠間書院

樺島忠夫 (2009)．「語彙量の実態」．計量国語学会 (編)，『計量国語学事典』(pp.93– 97)．東京：朝倉書店.

Kachru, B. B. (1985). Standards, codification and sociolinguistic realism: The English language in the outer circle. In R. Quirk & H. Widdowson (Eds.), *English in the world: Teaching and learning the language and literatures* (pp.11–30). Cambridge, England: Cambridge University Press.

影山太郎(1996).『動詞意味論：言語と認知の接点』. 東京：くろしお出版.

鎌田修(2006).「KY コーパスと日本語教育研究」.『日本語教育』, *130*, 42–51.

計量国語学会(編). (2009).『計量国語学事典』. 東京：朝倉書店.

Kennedy, G. (1998). *An introduction to corpus linguistics*. Harlow, England: Longman.

Kilgarriff, A., & Grefenstette, G. (2003). Introduction to the special issue on web as corpus. *Computational Linguistics*, *29*(3), 333–347.

金明哲(2008).「統計的にテキスト解析 (5)：統計法則と指標」.『ESTRELA』, *172*, 60–65.

Kjellmer, G. (2009). Where do we backchannel?: On the use of *mm, mhm, uh huh* and such like. *International Journal of Corpus Linguistics, 14*(1), 81–112.

小寺正洋(1998).「不定冠詞と修飾との関連性について：COBUILD *direct* のデータから」.『英語コーパス研究』, *5*, 47–62.

小島ますみ(2008).「日本人英語学習者の強意語句＋形容詞：NICE の習熟度別データの分析から」. 杉浦正利(編),『平成 17 〜 19 年度科学研究費補助金基盤研究(B)　研究成果報告書：英語学習者のコロケーション知識に関する基礎的研究』(pp.105–123). 名古屋：名古屋大学.

国立国語研究所(1952).『語彙調査：現代新聞用語の 1 例』. 東京：秀英出版.

国立国語研究所(1953).『婦人雑誌の用語：現代語の語彙調査』. 東京：秀英出版.

国立国語研究所(1957–58).『総合雑誌の用語：現代語の語彙調査』(前編・後編). 東京：秀英出版.

国立国語研究所(1962–4).『現代雑誌 90 種の用語用字』(1–3 分冊). 東京：秀英出版.

国立国語研究所(1970–3).『電子計算機による新聞の語彙調査』(1–4 分冊). 東京：秀英出版.

国立国語研究所(1983–4).『高校教科書の語彙調査』(1–2 分冊). 東京：秀英出版.

国立国語研究所(1986–7).『中学校教科書の語彙調査』(1–2 分冊). 東京：秀英出版.

国立国語研究所(1995–7).『テレビ放送の語彙調査』(1–3 分冊). 東京：秀英出版.

国立国語研究所(2005).『現代雑誌の語彙調査：1994 年発行 70 誌』. 東京：国立国語研究所.

近藤泰弘・坂野収・多田知子・岡田純子・山元啓史(2011).「BCCWJ 複合辞辞書(印刷版)」.『特定領域研究「日本語コーパス研究」成果報告』(CD-ROM).

Kučela, H., & Francis, W. N. (1967). *Computational analysis of present-day American English*. Providence, RI: Brown University Press.

國森伸子(2000).「現代英語における *ed*-adjectives 形成の条件」.『英語コーパス研究』, *7*, 21–38.

楠本徹也(2009).「無標可能表現に関する一考察」.『東京外国語大学論集』, *79*, 65–85.

Lee, D. (2001). Defining core vocabulary and tracking its distribution across spoken and written genres: Evidence of a gradience of variation from the British National Corpus. *Journal of English Linguistics, 29*(3), 250–278.

李在鎬(2011). 『コーパス分析に基づく認知言語学的構文研究』. 東京：ひつじ書房.

李在鎬・淺尾仁彦・濱野寛子・佐野香織・井佐原均(2008). 「タグ付き日本語学習者
コーパスの開発」. 『言語処理学会第 14 回年次大会発表論文集』, 658–661.

李在鎬・鈴木幸平・永田由香・黒田航・井佐原均(2007). 「動詞『流れる』の語形と
意味の問題をめぐって」. 『計量国語学』, *26*(2), 64–74.

李在鎬・横森大輔・土屋智行(2009). 「コーパス調査による形容詞の連体形と連用
形」. 『特定領域研究「日本語コーパス」平成 20 年度研究成果報告書：コーパ
スを利用した国語辞典編集法の研究』, 103–110.

Leech, G. (1998). Preface. In S. Granger (Ed.), *Learner English on computer* (pp.xiv–xx).
Harlow, England: Addison Wesley Longman.

Leech, G., Hundt, M., Mair. C., & Smith, N. (2009). *Change in contemporary English: A
grammatical study*. Cambridge, England: Cambridge University Press.

Leech, G., Rayson, P., & Wilson, A. (2001). *Word frequencies in written and spoken English:
Based on the British national corpus*. London, England: Longman.

Leech, G., & Svartvik, J. (2002). *A communicative grammar of English.* (3rd ed.). Harlow,
England: Pearson Education.

Lexical Computing Ltd. (2007). Statistics used in the Sketch Engine. London, England:
Harper Collins. Retrieved from http://wordbanks.harpercollins.co.uk/Docs/Help/
ske-stat.pdf

Liu, D. (2008). Linking adverbials: An across-register corpus study and its implications. *International Journal of Corpus Linguistics, 13*(4), 491–518.

Liu, D. (2010). Is it a *chief, main, major, primary,* or *principal* concern? A corpus-based behavioral profile study of the near-synonyms. *International Journal of Corpus Linguistics, 15*(1), 56–87.

Lorenz, G. (1998). Overstatement in advanced learners' writing: Stylistic aspects of adjective
intensification. In S. Granger (Ed.), *Learner English on computer* (pp.53–66). Harlow,
England: Addison Wesley Longman.

前川喜久雄(2011). 「特定領域研究『日本語コーパス』と『現代日本語書き言葉均衡
コーパス』」. 『「現代日本語書き言葉均衡コーパス」完成記念講演会予稿集』, 1
–10.

Mair, C. (2006). *Twentieth-century English: History, variation and standardization*. Cambridge, England: Cambridge University Press.

丸山岳彦(2011). 「コーパスデータの処理方法」. 荻野綱男・田野村忠温（編）, 『コー
パスの作成と活用』(pp.83–122). 東京：明治書院.

益岡隆志・田窪行則(1992). 『基礎日本語文法(改訂版)』. 東京：くろしお出版.

松田文子(2004). 『日本語複合動詞の習得研究：認知意味論による意味分析を通し

て』．東京：ひつじ書房．

松本曜(1998)．「日本語の語彙的複合動詞における動詞の組み合わせ」．『言語研究』，*114*, 37–83.

松尾豊・友部博教・橋田浩一・中島秀之・石塚満 (2005)．「Web 上の情報からの人間関係ネットワークの抽出」．『人工知能学会論文誌』，*20*(1E), 46–56.

McCarthy, M., & Carter, R. (2001). Size isn't everything: Spoken English, corpus, and the classroom. *TESOL Quarterly, 35*(2), 337–340.

McCarthy, M., & O'Keeffe, A. (2010). Historical perspective: What are corpora and how have they evolved? In A. O'Keeffe & M. McCarthy (Eds.), *The Routledge handbook of corpus linguistics* (pp.3–13). London, England: Routledge.

McEnery, T. (2003). Corpus linguistics. In R. Mitkov (Ed.), *The Oxford handbook of computational linguistics* (pp.448–463). Oxford, England: Oxford University Press.

McEnery, T., & Hardie, A. (2012). *Corpus linguistics*. Cambridge, England: Cambridge University Press.

McEnery, T., Xiao, R., & Tono, Y. (2006). *Corpus-based language studies: An advanced resource book*. London, England: Routledge.

Meyer, C. F. (2002). *English corpus linguistics: An introduction*. Cambridge, England: Cambridge University Press.

三上章(1960)．『象は鼻が長い：日本文法入門』．東京：くろしお出版．

三井正孝(2011)．「コーパスデータの作成：OCR ソフトを利用して」．荻野綱男・田野村忠温(編)，『コーパスの作成と活用』(pp.7–46)．東京：明治書院．

水本篤(2008)．「自由英作文における語彙の統計指標と評定者の総合的評価の関係」．『統計数理研究所共同研究リポート 215：学習者コーパスの解析に基づく客観的作文評価指標の検討』，15–28.

水谷静夫(1965)．「大野の語彙法則について」．『計量国語学』，*35*, 1–13.

望月通子(2010a)．「接尾辞『～的』の使用と日本語教育への示唆：日本人大学生と日本語学習者の調査に基づいて」．『関西大学外国語学部紀要』，*2*, 1–12.

望月通子(2010b)．「韓国人学習者の日本語作文に見る『的』付き形容動詞の使用傾向と教育への提言：学習者コーパスと母語話者コーパスの比較を通して」．『関西大学外国語学部紀要』，*3*, 1–16.

Mohammad, S., & Pedersen, T. (2003). Guaranteed pre-tagging for the Brill Tagger. In A. Gelbukh (Ed.), *Computational linguistics and intelligent text processing: 4th international conference, CICLing 2003, Mexico City, Mexico, February 16–22, 2003: Proceedings* (pp.148–157). Berlin, Germany: Springer.

村上仁一(2011)．「日英対訳データベースの作成のための 1 考察」．『言語処理学会第 17 回年次大会(NLP2011)講演論文集』，D 4–5.

村尾玲美(2008)．「NICE の習熟度レベル別データを用いた *of* の使用分析」．杉浦正利

（編），『平成 17 〜 19 年度科学研究費補助金基盤研究（B） 研究成果報告書：英語学習者のコロケーション知識に関する基礎的研究』(pp.91–104). 名古屋：名古屋大学.

中尾浩・赤瀬川史朗・宮川進悟 (2002). 『コーパス言語学の技法 I：テキスト処理入門』. 東京：夏目書房.

Nelson, M. (2010). Building a written corpus: What are the basics? In A. O'Keeffe & M. McCarthy (Eds.), *The Routledge handbook of corpus linguistics* (pp.53–65). London, England: Routledge.

Nesselhauf, N. (2004). Learner corpora and their potential for language teaching. In J. M. Sinclair (Ed.), *How to use corpora in language teaching* (pp.125–152). Amsterdam, The Netherlands: John Benjamins.

Nesselhauf, N., & Römer, U. (2007). Lexical-grammatical patterns in spoken English: The case of the progressive with future time reference. *International Journal of Corpus Linguistics, 12*(3), 297–333.

野口慎一朗・仁科喜久子 (2009). 「ジャンル別に見るガ格を取る名詞と共起する用言の差異」. 『特定領域研究「日本語コーパス」平成 20 年度公開ワークショップ（研究成果報告会）予稿集』, 167–174.

Nordlund, M. (2010). Meaning extensions of *grasp*: A corpus-based study. *Lexis, 4*, 105–122.

Oakes, M. P. (1998). *Statistics for corpus linguistics*. Edinburgh, Scotland: Edinburgh University Press.

Oakes, M., & Farrow, M. (2007). Use of the chi-squared test to examine vocabulary differences in English language corpora representing seven different countries. *Literary and Linguistic Computing, 22*(1), 85–99.

荻野孝野 (2009). 「白書および Yahoo! 知恵袋を対象にした結合価の自動抽出：格助詞パターンに着目して」. 『特定領域研究「日本語コーパス」平成 20 年度公開ワークショップ（研究成果報告会）予稿集』, 123–130.

荻野綱男 (2011). 「特定領域研究『日本語コーパス』辞書編集班」, 『特定領域研究「日本語コーパス」研究成果報告』, 41–43.

荻野綱男・田野村忠温（編）. (2011a). 『講座 IT と日本語研究 1：コンピュータ利用の基礎知識』. 東京：明治書院.

荻野綱男・田野村忠温（編）. (2011b). 『講座 IT と日本語研究 2：アプリケーションソフトの基礎』. 東京：明治書院.

荻野綱男・田野村忠温（編）. (2011c). 『講座 IT と日本語研究 3：アプリケーションソフトの応用』. 東京：明治書院.

荻野綱男・田野村忠温（編）. (2011d). 『講座 IT と日本語研究 5：コーパスの作成と活用』. 東京：明治書院.

荻野綱男・田野村忠温（編）. (2011e). 『講座 IT と日本語研究 6：コーパスとしての

ウェブ』．東京：明治書院．

荻野綱男・田野村忠温（編）．（2011f）．『講座 IT と日本語研究 7：ウェブによる情報収集』．東京：明治書院．

荻野綱男・田野村忠温（編）．（2012a）．『講座 IT と日本語研究 4：Ruby によるテキスト処理』．東京：明治書院．

荻野綱男・田野村忠温（編）．（2012b）．『講座 IT と日本語研究 8：質問調査法と統計処理』．東京：明治書院．

大名力（2008）．『平成 18 〜 20 年度科学研究費補助金基盤研究（C）　研究成果報告書：英語語法文法研究のための正規表現によるコーパス検索』．名古屋：名古屋大学．

大名力（2012）．『言語研究のための正規表現によるコーパス検索』．東京：ひつじ書房．

大野晋（1956）．「基本語彙に関する二三の研究：日本の古典文学作品に於ける」．『国語学』，*24*, 34–46.

大曾美惠子（2007）．「コーパスに見られる格助詞の運用実態」．『姫路獨協大学外国語学部紀要』，*20*, 123–134.

大津智彦（1995）．「形容詞に続く名詞節における接続詞 *that* の有無について」．『英語コーパス研究』，*2*, 45–58.

Osborne, J. (2008a). Adverb placement in post-intermediate learner English: A contrastive study of learner corpora. In G. Gilquin, S. Papp, & M. B. Díez-Bedmar (Eds.), *Linking up contrastive and learner corpus research* (pp.127–146). Amsterdam, The Netherlands: Rodopi.

Osborne, J. (2008b). Phraseology effects as a trigger for errors in L2 English: The case of more advanced learners. In F. Meunier & S. Granger (Eds.), *Phraseology in foreign language learning and teaching* (pp.67–83). Amsterdam, The Netherlands: John Benjamins.

Pérez-Paredes, P. (2010). Corpus linguistics and language education in perspective: Appropriation and the possibilities scenario. In T. Harris & M. M. Jaén (Eds.), *Corpus linguistics in language teaching* (pp.53–73). Bern, Switzerland: Peter Lang.

Petch-Tyson, S. (1998). Writer/ reader visibility in EFL written discourse. In S. Granger (Ed.), *Learner English on computer* (pp.107–118). Harlow, England: Addison Wesley Longman.

Reppen, R. (2010). *Using corpora in the language classroom*. Cambridge, England: Cambridge University Press.

Ringbom, H. (1998). Vocabulary frequencies in advanced learner English: A cross-linguistic approach. In S. Granger (Ed.), *Learner English on computer* (pp.41–52). Harlow, England: Addison Wesley Longman.

阪上辰也・杉浦正利・成田真澄 (2008)「学習者コーパス『NICE』の構築」杉浦正利 (編)『平成 17 〜 19 年度科学研究費補助金基盤研究 (B) 研究成果報告書：英語学習者のコロケーション知識に関する基礎的研究』(pp.1–14)．名古屋：名古屋大学.

齋藤俊雄・赤野一郎・中村純作. (2005).『英語コーパス言語学：基礎と実践』(改訂版)．東京：研究社

坂口昌子・鄭惠先 (2007).「ナガラ節に見られる日本語学習者の母語転移：韓国語母語話者が用いる『ながら』の始点的用法を中心に」.『京都外国語大学研究論叢』, *68*, 191–198.

迫田久美子 (2011).「第二言語習得研究の深さと広がり：学習者の学び方から教師の教え方へ」. *Japanese Studies Journal*, *53/54*, 1–18.

Scott, M. (2010). What can corpus software do? In A. O'Keeffe & M. McCarthy (Eds.), *The Routledge handbook of corpus linguistics* (pp.136–151). London, England: Routledge.

新屋映子 (2010).「類義語『状況』『状態』の統語的分析：コーパスによる数量的比較」.『計量国語学』, *27*(5), 173–193.

Sinclair, J. (1991). *Corpus, concordance, collocation*. Oxford, England: Oxford University Press.

Sinclair, J. (1996). EAGLES preliminary recommendations on corpus typology. *EAGTCWG-CTYP/P*. Pisa, Italy : ILC-CNR.

Sinclair, J. (2005). Corpus and text: Basic principles. In M. Wynne (Ed.), *Developing linguistic corpora: A guide to good practice* (pp.1–16). Oxford, England: Oxbow Books.

スルダノヴィッチ＝イレーナ・ベケシュ＝アンドレイ・仁科喜久子 (2008)「複数のコーパスに見られる副詞と文末モダリティの遠隔共起関係」.『特定領域研究「日本語コーパス」平成 19 年度公開ワークショップ予稿集』, 223–230.

スルダノヴィッチ＝イレーナ・ベケシュ＝アンドレイ・仁科喜久子 (2009)「BCCWJにおける推量副詞とモダリティ形式の共起」.『特定領域研究「日本語コーパス」平成 20 年度公開ワークショップ予稿集』, 237–244.

Srdanović, E. I., Tomaz, E., & Kilgarriff, A. (2008). A web corpus and word sketches for Japanese. *Information and Media Technologies, 3*(3), 529–551.

Stubbs, M. (2002). *Words and phrases: Corpus studies of lexical semantics*. Malden, MA: Blackwell.

椙本総子 (2005).「『作文対訳 DB』を用いた誤用と母語干渉に関する研究の可能性：ドイツ語母語話者の日本語作文とそのドイツ語訳をメインデータとして」.『第 17 回日本語教育連絡会議論集』, 25–31.

杉本武 (2009a).「コーパスからみた類義語動詞：『ねじる』と『ひねる』」.『筑波大学文藝言語研究：言語篇』, *55*, 109–122.

杉本武 (2009b).「Yahoo! 知恵袋にみる非規範的表現」.『特定領域研究「日本語コーパ

ス」平成 20 年度公開ワークショップ(研究成果報告会)予稿集』, 99–102.

杉浦正利(編). (2008).『平成 17 ～ 19 年度科学研究費補助金基盤研究(B)　研究成果
　　報告書：英語学習者のコロケーション知識に関する基盤的研究』. 名古屋：名
　　古屋大学.

砂川有里子・清水由貴子・奥川育子(2009).「コーパスを用いた類義語研究：『それな
　　のに』『そのくせ』『それでいて』の記述」.『日中言語研究と日本語教育』, 2,
　　21–33.

Sutarsyah, C., Nation, I. S. P., & Kennedy, G. (1994). How useful is EAP vocabulary for
　　ESP? A corpus based case study. *RELC Journal, 25*(2), 34–50.

田畑圭介(2008).「コーパスに基づく facility の数の分析」.『英語コーパス研究』, 15,
　　97–105.

田中章夫(2009).「語彙：概説」. 計量国語学会 (編).『計量国語学事典』(pp.74–80).
　　東京：朝倉書店.

田中牧郎(2011).「語彙レベルに基づく重要語彙リストの作成：国語政策・国語教育
　　での活用のために」. 田中牧郎・相澤正夫・斎藤達哉・棚橋尚子・近藤明日子・
　　河内昭浩・鈴木一史・平山允子『特定領域研究「日本語コーパス」言語政策班
　　報告書：言語政策に役立つ, コーパスを用いた語彙表・漢字表等の作成と活
　　用』, 77–87.

田中牧郎・近藤明日子(2011).「BCCWJ 主要コーパス語彙表」. 田中牧郎・相澤正
　　夫・斎藤達哉・棚橋尚子・近藤明日子・河内昭浩・鈴木一史・平山允子『特定
　　領域研究「日本語コーパス」言語政策班報告書：言語政策に役立つ, コーパス
　　を用いた語彙表・漢字表等の作成と活用』, 65–68.

Tankó, G. (2004). The use of adverbial connectors in Hungarian university students' argu-
　　mentative essays. In J. M. Sinclair (Ed.), *How to use corpora in language teaching*
　　(pp.157–181). Amsterdam, The Netherlands: John Benjamins.

田野村忠温(1994).「丁寧体の述語否定形の選択に関する計量的調査：『～ません』と
　　『～ないです』」.『大阪外国語大学論集』, 11, 51–66.

田野村忠温(2009a).「『代わり』の分析試論：巨大な Web コーパスに基づく考察」.
　　田野村忠温・服部匡・杉本武・石井正彦『コーパスを用いた日本語研究の精密
　　化と新しい研究領域・手法の開発Ⅲ』, 137–153.

田野村忠温(2009b).「文法の中核と周辺：コーパスが観察可能にする文法の一面」.
　　『特定領域研究「日本語コーパス」平成 20 年度公開ワークショップ(研究成果
　　報告会)予稿集』, 23–32.

田野村忠温(2011a).「テキストエディタの応用」. 荻野綱男・田野村忠温(編),『講座
　　IT と日本語研究 3：アプリケーションソフトの応用』(pp.7–98). 東京：明治書
　　院.

田野村忠温(2011b).「付録：正規表現・文字コード」. 荻野綱男・田野村忠温(編),

『講座 IT と日本語研究 3：アプリケーションソフトの応用』(pp.217–236). 東京：明治書院.

Teubert, W., & Čermáková, A. (2007). *Corpus linguistics: A short introduction*. London, England: Continuum.

Tognini-Bonelli, E. (2001). *Corpus linguistics at work*. Amsterdam, The Netherlands: John Benjamins.

Tognini-Bonelli, E. (2010). Theoretical overview of the evolution of corpus linguistics. In A. O'Keeffe & M. McCarthy (Eds.), *The Routledge handbook of corpus linguistics* (pp.14–27). Abingdon, England: Routledge.

徳田政信 (2006). 『図説 松下文法ハンドブック：一般理論文法の先駆』. 東京：勉誠出版.

投野由紀夫 (編). (2007). 『日本人中高生一万人の英語コーパス：中高生が書く英文の実態とその分析』. 東京：小学館.

Tottie, G. (2011). *Uh* and *um* as sociolinguistic markers in British English. *International Journal of Corpus Linguistics, 16*(2), 173–197.

鼈岡昭夫 (2009). 「調査単位の設計」. 計量国語学会 (編), 『計量国語学事典』(pp.143–150). 東京：朝倉書店.

都築雅子 (2004). 「コーパスと理論研究における仮説の提案と検証：結果構文の分析を通して」. 『英語コーパス研究』, *11*, 169–183.

Trim, J., North, B., & Coste, D. (2002). *Common European framework of reference for language: Learning, teaching, assessment*. Cambridge, England: Cambridge University Press. ［吉島茂・大橋理枝他 (訳). (2004). 『外国教育 II：外国語の学習・教授・評価のためのヨーロッパ共通参照枠』. 東京：朝日出版社.］

海野多枝・鈴木綾乃 (2011). 「中級日本語学習者コーパスに見られる語彙的コロケーション：動詞『する』を中心に」. 『コーパスに基づく言語学教育研究報告』(東京外国語大学), *7*, 327–345.

宇佐美洋 (2001). 『平成 11 ～ 12 年度科学研究費補助金基盤研究 (B) (2) 研究成果報告書：日本語教育のためのアジア諸言語の対訳作文データの収集とコーパスの構築』. 東京：国立国語研究所.

宇佐美洋 (2002). 「『対訳作文データベース』と日本語教育：対照言語学を教育に生かすために」. 国立国語研究所 (編), 『日本語と外国語との対照研究 X：対照研究と日本語教育』(pp.81–94). 東京：国立国語研究所.

宇佐美洋・椙本総子・籠宮隆之 (2004). 「『日本語学習者による日本語／母語発話の対照言語データベース』の設計」. 『電子情報通信学会技術研究報告』, *SP2004* (24), 29–34.

Virtanen, T. (1998). Direct questions in argumentative student writing. In S. Granger (Ed.), *Learner English on computer* (pp.94–106). Harlow, England: Addison Wesley Longman.

山崎誠（2009）．「語彙調査の方法」．計量国語学会（編），『計量国語学事典』（pp.135–143）．東京：朝倉書店．

山崎誠（2011）．「『現代日本語書き言葉均衡コーパス』の構築と活用」．『「現代日本語書き言葉均衡コーパス」完成記念講演会予稿集』，11–20．

山内博之（n.d.）．「KYコーパス」．日本語OPI研究会ウェブサイト「OPIを利用したコーパス」Retrieved from http://opi.jp/shiryo/ky_corp.html

矢澤真人・楊ソルラン（2011）．「漢語自他両用動詞辞典」．『特定領域研究「日本語コーパス」研究成果報告』（CD-ROM）．

Yoneoka, J. (1998). "But they do it!": Using corpora to research sentence-initial *Ands* and *Buts* (SIABS) in academic writing. 『英語コーパス研究』, *5*, 15–26.

吉田光演（2009）．「方法としてのコーパス？：言語研究におけるデータの扱い」．田中慎（編），『コーパスをめぐって：心理・知覚表現の分析』（pp.57–66）．東京：日本独文学会．

Yoshimura, Y. (2007). A word-based approach to the study of adverbs: *completely*, *entirely*, and *totally*. 『英語コーパス研究』, *14*, 33–53.

参考文献（増補分。出版社地名は省略）

赤野一郎・堀正広（編）（2017）．『英語コーパス研究シリーズ7：コーパスと多様な関連領域』ひつじ書房．

赤野一郎・井上永幸（編）（2018）．『英語コーパス研究シリーズ3：コーパスと辞書』ひつじ書房．

Biber, D. (1988). *Variation across speech and writing*. Cambridge University Press.

Brezina, V., & Flowerdew, L. (Eds.). (2018). *Learner corpus research: New perspectives and applications*. Bloomsbury.

Browne, C. (2013). The New General Service List: Celebrating 60 years of vocabulary learning. *The Language Teacher, 37*(4), 13–15.

伝康晴・荻野綱男（編）（2019）．『講座日本語コーパス7：コーパスと辞書』朝倉書店．

Fuchs, R. (2017). Do women (still) use more intensifiers than men? Recent change in the sociolinguistics of intensifiers in British English. *International Journal of Corpus Linguistics*, *22*(3), 345–374.

深谷輝彦・滝沢直宏（編）（2015）．『英語コーパス研究シリーズ4：コーパスと英文法・語法』ひつじ書房．

Granger, S. (2015). Contrastive interlanguage analysis: A reappraisal. *International Journal of Learner Corpus Research, 1*(1), 7–24.

Granger, S., Dupont, M., Meunier, F., Naets, H., & Paquot, M. (Eds.). (2020). *International corpus of learner English*. Version 3. Presses universitaires de Louvain.

Granger, S., Gilquin, G., & Meunier, F. (Eds.). (2015). *The Cambridge handbook of learner corpus research*. Cambridge University Press.

Gries, S. Th., & Stefanowitsch, A. (2004). Extending collostructional analysis: A corpus-based perspective on 'alternations.' *International Journal of Corpus Linguistics, 9*(1), 97–129.

堀正広 (編) (2016). 『英語コーパス研究シリーズ 5：コーパスと英語文体』ひつじ書房.

堀正広・赤野一郎 (監修) (2015–2019). 『英語コーパス研究シリーズ (1–7 巻)』ひつじ書房.

堀正広・赤野一郎 (編) (2019). 『英語コーパス研究シリーズ 1：コーパスと英語研究』ひつじ書房.

Ishikawa, S. (2013). The ICNALE and sophisticated contrastive interlanguage analysis of Asian learners of English. *Learner Corpus Studies in Asia and the World, 1*, 91–118.

Ishikawa, S. (2014). Design of the ICNALE Spoken: A new database for multi-modal contrastive interlanguage analysis. *Learner Corpus Studies in Asia and the World, 2*, 63–76.

石川慎一郎 (2015). 「学習者コーパス II：国内における英語学習者コーパスの開発と研究」投野由紀夫 (編)『英語コーパス研究シリーズ 2：コーパスと英語教育』(pp.99–130) ひつじ書房.

石川慎一郎 (2017). 「現代日本語における「デ」格の意味役割の再考：コーパス頻度調査に基づく用法記述の精緻化と認知的意味拡張モデルの検証」『計量国語学』*31*(2), 99–115.

Ishikawa, S. (2018). The ICNALE Edited Essays: A dataset for analysis of L2 English learner essays based on a new integrative viewpoint. *English Corpus Studies, 25*, 117–130.

Ishikawa, S. (2019). The ICNALE Spoken Dialogue: A new dataset for the study of Asian learners' performance in L2 English interviews. *English Teaching, 74*(4), 153–177.

Ishikawa, S. (2020). Aim of the ICNALE GRA project: Global collaboration to collect ratings of Asian learners' L2 English essays and speeches from an ELF perspective. *Learner Corpus Studies in Asia and the World, 5*, 121–144.

石川慎一郎 (2021). 「絵描写作文課題における L2 日本語学習者の動詞使用と習熟度の関係：I-JAS の SW1 課題データの計量的概観」『統計数理研究所共同研究レポート』*444*, 1–22.

樺島忠夫 (1955). 「類別した品詞の比率に見られる規則性」『国語国文』*24*(6), 385–387.

金澤俊吾 (2020). 「英語における live a/an Adj life と lead a/an Adj life に見られる意味的違いについて」『英語コーパス研究』*26*, 21–37.

小磯花絵 (編) (2015). 『講座日本語コーパス 3：話し言葉コーパス―設計と構築』朝

倉書店.

李在鎬 (2020a).「12 章：作文における産出量と語彙特徴」迫田久美子・石川慎一郎・李在鎬 (編)『日本語学習者コーパス I-JAS 入門：研究・教育にどう使うか』(pp.144–156) くろしお出版.

李在鎬 (2020b).「13 章：作文における語彙レベルとリーダビリティ」迫田久美子・石川慎一郎・李在鎬 (編)『日本語学習者コーパス I-JAS 入門：研究・教育にどう使うか』(pp.157–166) くろしお出版.

Love, R. (2020). *Overcoming challenges in corpus construction: The Spoken British National Corpus 2014*. Routledge.

前川喜久雄 (編) (2013).『講座日本語コーパス 1：コーパス入門』朝倉書店.

前川喜久雄 (監修) (2013–2019).『講座日本語コーパス (1–8 巻)』朝倉書店.

松本裕治・奥村学 (編) (2017).『講座日本語コーパス 8：コーパスと自然言語処理』朝倉書店.

西村秀夫 (編) (2019).『英語コーパス研究シリーズ 6：コーパスと英語史』ひつじ書房.

野田尚史・迫田久美子 (編) (2019).『学習者コーパスと日本語教育研究』くろしお出版.

小椋秀樹 (2017).「書き言葉と話し言葉における外来語語末長音のゆれ」『言語資源活用ワークショップ発表論文集』*2*, 223–232.

O'Keeffe, A., & Mark, G. (2017). The English grammar profile of learner competence: Methodology and key findings. *International Journal of Corpus Linguistics, 22*(4), 457–489.

Pérez-Paredes, P., & Díez-Bedmar, B. (2019). Certainty adverbs in spoken learner language: The role of tasks and proficiency. *International Journal of Learner Corpus Research, 5*(2), 253–279.

迫田久美子・石川慎一郎・李在鎬 (編) (2020).『日本語学習者コーパス I-JAS 入門：研究・教育にどう使うか』くろしお出版.

砂川有里子 (編) (2016).『講座日本語コーパス 5：コーパスと日本語教育』朝倉書店.

高橋圭子・東泉裕子 (2020).「コーパスに見る漢語『無理』の歴史」『言語資源活用ワークショップ予稿集』P3–4: 1–13.

田中牧郎 (編) (2015).『講座日本語コーパス 4：コーパスと国語教育』朝倉書店.

田野村忠温 (編) (2014).『講座日本語コーパス 6：コーパスと日本語学』朝倉書店.

Timmis, I. (2015). *Corpus linguistics for ELT: Research and practice*. Routledge.

投野由紀夫 (編) (2015).『英語コーパス研究シリーズ 2：コーパスと英語教育』ひつじ書房.

投野由紀夫・金子朝子・杉浦正利・和泉絵美 (2013).『英語学習者コーパス活用ハンドブック』大修館書店.

268

Tono, Y., Yamazaki, M., & Maekawa, K. (2013). *A frequency dictionary of Japanese core vocabulary for learners*. Routledge.

家口美智子 (2020)．「アメリカ英語における be bound to の準助動詞化の過程」『英語コーパス研究』*27*, 53–72.

山本史歩子 (2018)．「日本人中高校生の英作文における複合動詞：ゼロ動詞派生名詞とその対となる動詞の観点から」『英語コーパス研究』*25*, 41–55.

山崎誠 (2014)．「言語単位と文の長さが品詞比率に与える影響」『第 5 回コーパス日本語学ワークショップ予稿集』233–242.

山崎誠 (編) (2014)．『講座日本語コーパス 2：書き言葉コーパス―設計と構築』朝倉書店.

山崎誠 (2018)．「話し言葉における代名詞『あれ』の用法の分布」『言語資源活用ワークショップ発表論文集』*3*, 415–420.

索引

用語・概念

数字

100万語あたり調整頻度
　　→ Per Million Words Frequency
2言語コーパス　42

A–Z

α　120, 122
American National Corpus (ANC)　52
AntConc　98, 138, 151, 237
ASCII　69
Australian Corpus of English　38
BLOB Corpus　38
Bank of English　39, 40, 49, 50, 166, 168, 176
Basic English　145
B-Brown Corpus　38
BCCWJ
　　→現代日本語書き言葉均衡コーパス
BE06 Corpus　38
Bergen Corpus of London Teenage Language　15
Brill Tagger　78, 79, 151
British National Corpus (BNC)　17, 37, 39, 47, 76, 91, 104, 124, 147, 148, 175, 176, 179, 198
Brown Corpus　17, 19, 24, 37, 44, 46, 78, 91, 147, 148, 190
CaboCha　196

ChaSen　80, 81, 93, 100, 157, 184, 243
Chomsky, Noam　34, 190
CLAWS　76, 79, 222
Cobuild Corpus　176, 197
Collins Cobuild Advanced Learner's Dictionary　166
Collins Corpus　50
Corpus Concordance English　46
Corpus of Contemporary American English (COCA)　52, 147, 176, 202
Corpus of Historical American English (COHA)　38, 175, 176
corpus-based　30
CST's POS Tagger 78–79
C値　144, 152, 158, 243
e_lemma　151
English-Corpora.org　49, 53, 103, 179
Enju　196
EUC-JP　69
European Parliament Proceedings Corpus　42
Expanding Circle　224
Ferdinand de Saussure　→ Saussure
Firth, J. R.　27
Free CLAWS　77
Freiburg-Brown Corpus of American English (Frown)　38, 148
Freiburg-LOB Corpus of British English (FLOB)　38
Google ブックス　58
GoTagger　79
grep 検索　→グローバル検索
Inner Circle　224
International Computer Archive of Modern and Medieval English (ICAME)

272

分析・言及対象語等

A–Z

あ

【著者紹介】

石川慎一郎（いしかわ しんいちろう）

神戸大学大学教育推進機構／大学院国際文化学研究科／数理・データサイエンスセンター教授。

神戸市生まれ。神戸大学文学部卒業。神戸大学大学院文学研究科（修士課程）・岡山大学大学院文化科学研究科（博士課程）修了。博士（文学）。

専門分野は応用言語学。著書・編著書として、『新・日本語教育のためのコーパス調査入門』（くろしお出版、2018）、『コーパス研究の展望』（開拓社、2020）、*The ICNALE Guide: An Introduction to a Learner Corpus Study on Asian Learners' L2 English* (Routledge, 2023) 他。

ベーシック
コーパス言語学　第2版
A Basic Guide to Corpus Linguistics, Second Edition
Ishikawa Shin'ichiro

発行	2021 年 3 月 30 日　第 2 版 1 刷
	2023 年 4 月 10 日　第 2 版 2 刷
	（2012 年 4 月 5 日　初版 1 刷）

定価	1700 円＋税
著者	© 石川慎一郎
発行者	松本功
装丁者	大崎善治
印刷・製本所	三美印刷株式会社
発行所	株式会社 ひつじ書房

〒 112-0011 東京都文京区千石 2-1-2　大和ビル 2F
Tel.03-5319-4916　Fax.03-5319-4917
郵便振替 00120-8-142852
toiawase@hituzi.co.jp　https://www.hituzi.co.jp/

ISBN978-4-8234-1093-2　C1080

刊行のご案内

ベーシック新しい英語学概論
平賀正子著　定価 1700 円＋税

ベーシック応用言語学　第 2 版　L2 の習得・処理・学習・教授・評価
石川慎一郎著　定価 2100 円＋税

ベーシック英語構文文法
大谷直輝著　定価 1800 円＋税

ベーシック語彙意味論
岸本秀樹・于一楽著　定価 1700 円＋税